RECONHECIMENTO DE PADRÕES

CONSELHO EDITORIAL
André Costa e Silva
Cecilia Consolo
Dijon de Moraes
Jarbas Vargas Nascimento
Luis Barbosa Cortez
Marco Aurélio Cremasco
Rogerio Lerner

Blucher

Rogério Galante Negri

RECONHECIMENTO DE PADRÕES
Um estudo dirigido

Reconhecimento de padrões: um estudo dirigido
© 2021 Rogério Galante Negri
Editora Edgard Blücher Ltda.

Publisher Edgard Blücher
Editor Eduardo Blücher
Coordenação editorial Jonatas Eliakim
Produção editorial Isabel Silva
Diagramação Rogério Galante Negri
Revisão de texto Daniel Moreira Safadi
Capa Leandro Cunha
Imagem da capa iStockphoto

Editora BLUCHER
Rua Pedroso Alvarenga, 1245, 4º andar
CEP 04531-934 – São Paulo – SP – Brasil
Tel.: 55 11 3078-5366
contato@blucher.com.br
www.blucher.com.br

Segundo o Novo Acordo Ortográfico, conforme 5. ed. do *Vocabulário Ortográfico da Língua Portuguesa*, Academia Brasileira de Letras, março de 2009. É proibida a reprodução total ou parcial por quaisquer meios sem autorização escrita da editora.

Todos os direitos reservados pela Editora Edgard Blücher Ltda.

Dados Internacionais de Catalogação na Publicação (CIP)
Angélica Ilacqua CRB-8/7057

Negri, Rogério Galante

Reconhecimento de padrões : um estudo dirigido / Rogério Galante Negri – São Paulo : Blucher, 2021.

274 p.: il.

ISBN 978-65-5506-163-5 (impresso)

ISBN 978-65-5506-162-8 (eletrônico)

1. Linguagem de programação – Computadores 2. Sistemas de reconhecimento de padrões 3. Python (Linguagem de programação de computador) I. Título

21-3167   CDD 005

Índices para catálogo sistemático:
1. Linguagem de programação

À minha esposa, Thaís Angélica.

Prefácio

A centelha que motivou a redação deste livro surgiu com a percepção de uma frequente resistência inicial, em sua maioria apresentada por alunos de graduação e pós-graduação, quando submetidos aos tópicos e conceitos que permeiam o Reconhecimento de Padrões. Ademais, outro fator motivador corresponde à notória dificuldade que parte dos alunos demonstram em vislumbrar a relação clara e direta que existe entre a teoria e sua expressão na forma de algoritmos, e, em alguns casos, como estes algoritmos podem ser adaptados e/ou empregados no tratamento de problemas reais.

Face a esta realidade tão comum é que se tornou razoável a preparação de um material que auxilie os estudantes a imergir no universo do reconhecimento de padrões de forma guiada e gradativa, visando proporcionar uma experiência agradável e intrigante, principalmente àqueles inclinados à Matemática e à Computação.

A fim de atingir este objetivo, foi planejada a confecção de um documento que abrangesse de forma ampla os principais métodos e conceitos de Reconhecimento de Padrões segundo uma dosagem controlada, evitando assim discussões superficiais como também demasiadamente profundas. Como resultado deste processo, surge um livro amplo em termos teóricos, porém sintético, "rápido" e de cunho introdutório.

A dinâmica que caracteriza o desenvolvimento dos conceitos abordados é pautada pela exposição teórica acompanhada de imediato por sua expressão na forma de algoritmos, em linguagem Python e, com frequência, apoiada pela biblioteca Scikit-Learn. Aplicações envolvendo dados sintetizados e representações planas auxiliam na demonstração do funcionamento e propósito dos métodos estudados.

Em tempo, é de extrema importância destacar que as implementações apresentadas ao longo deste material têm como prioridade oferecer simplicidade no entendimento, o que muitas vezes as torna não otimizadas. É uma opção em favor do propósito desta obra.

Por último, deposito aqui meu humilde anseio em colaborar de alguma forma com o estudo e divulgação da área de reconhecimento de padrões.

Presidente Prudente, 4 de janeiro de 2021.

Agradecimentos

Sou grato pelos diversos professores que tive, "gradientes" que nortearam meu trajeto acadêmico até aqui. Tenho necessidade profunda de agradecer aos professores Alejandro C. Frery, Corina C. Freitas, Edilson F. Flores, Luciano V. Dutra e Sidnei J. S. Sant'Anna, que, como "vetores suporte", sempre forneceram apoio e incentivo às melhores decisões.

Também tenho um imenso sentimento de gratidão ao Instituto Nacional de Pesquisas Espaciais (Inpe) pelas diversas oportunidades oferecidas e, em especial, à Universidade Estadual Paulista "Júlio de Mesquita Filho" (Unesp), instituição que permitiu minha primeira formação e onde hoje tenho a honra e o privilégio de atuar como docente.

Por fim, agradeço à Fundação de Amparo à Pesquisa do Estado de São Paulo (Fapesp) por todo suporte prestado desde o início da minha formação acadêmica.

Meus sinceros agradecimentos.

Conteúdo

1 Introdução   **15**
   1.1 O processo de reconhecimento de padrões 15
   1.2 Paradigmas de aprendizado 17
   1.3 Definições iniciais e notações gerais 18
   1.4 Ambiente computacional 19
   1.5 O que veremos a seguir? 19

2 Teoria da decisão de Bayes   **23**
   2.1 Regra de classificação de Bayes 23
   2.2 Classificação MAP e ML 27
   2.3 Naive Bayes 28
   2.4 Funções discriminantes e superfícies de decisão 30
   2.5 Classificação por mínima distância (casos particulares) 31
   2.6 Estimação de funções densidade de probabilidade 35
       2.6.1 O conceito da estimação por máxima verossimilhança . . . 35
       2.6.2 Modelo de mistura de gaussianas e o algoritmo EM 37
       2.6.3 Método do histograma 40
       2.6.4 Janelas de Parzen 42
       2.6.5 K-vizinhos mais próximos 43
   2.7 Experimento computacional 46
   2.8 Exercícios 52

3 Classificadores lineares   **55**
   3.1 Classificadores e problemas lineares 55
   3.2 Perceptron 58
       3.2.1 Perceptron sequencial 63
       3.2.2 Aplicação sobre dados não linearmente separáveis 63
   3.3 Estimativa baseada na soma dos erros quadráticos 65

12 Reconhecimento de padrões: um estudo dirigido

3.4	Máquina de vetores suporte – versão linear	67
	3.4.1 Formalização baseada em padrões linearmente separáveis	67
	3.4.2 Formalização baseada em padrões não linearmente separáveis	71
	3.4.3 Otimização quadrática, parâmetros e o custo computacional	75
3.5	Estratégias multiclasse	75
3.6	Exercícios	78

4 Classificadores não lineares   **81**

4.1	Perceptron multicamadas e o algoritmo *backpropagation*	81
	4.1.1 Funções de ativação, taxa de aprendizado e convergência	90
	4.1.2 Indicadores de classe e a camada de saída	91
	4.1.3 Modelagem algébrica do algoritmo *backpropagation*	92
	4.1.4 Exemplos de classificação e arquiteturas	95
4.2	Classificadores lineares generalizados e o Teorema de Cover	98
4.3	Redes RBF	100
4.4	Máquinas de vetores suporte e funções kernel	105
4.5	Árvores de decisão	108
4.6	Exercícios	114

5 Combinação de classificadores   **117**

5.1	Combinação envolvendo o conceito de Bayes	118
	5.1.1 Regra do produto	118
	5.1.2 Regra da soma	119
	5.1.3 Regras do mínimo, do máximo e da mediana	121
5.2	Votação por maioria	122
5.3	*Stacking*	122
5.4	Bagging	124
5.5	AdaBoost	125
5.6	Floresta aleatória	127
5.7	Experimento computacional	128
5.8	Exercícios	131

6 Métodos de agrupamento   **133**

6.1	Breve discussão introdutória	133
6.2	Métodos hierárquicos	135
6.3	Métodos sequenciais	141
6.4	Agrupamentos via modelos de mistura	145
6.5	Agrupamento baseado na soma dos quadrados	148
	6.5.1 K-Médias	149

	6.5.2	K-Médias nebuloso	150
	6.5.3	Comparações e implementações	151
6.6	Mapas auto-organizáveis		156
6.7	Exercícios		161

7 Aprendizado semissupervisionado — 163

7.1	Rotulação de agrupamentos	165
7.2	Modelagem baseada em mistura de gaussianas	167
7.3	Autotreinamento e cotreinamento	170
7.4	Modelagem baseada em grafo	174
7.5	Exercícios	177

8 Avaliação e parametrização — 181

8.1	Avaliação de classificação		181
	8.1.1	Matriz de confusão e coeficientes de acurácia	181
	8.1.2	A medida F_β e o coeficiente de Matthews	187
8.2	Avaliação de agrupamentos		190
	8.2.1	As medidas SC e CHI	191
	8.2.2	A medida V	193
8.3	Ajuste de parâmetros		195
8.4	Exercícios		199

9 Redução de dimensionalidade e seleção de atributos — 203

9.1	Breve discussão sobre a maldição da dimensionalidade		203
9.2	Redução de dimensionalidade		205
	9.2.1	PCA	205
	9.2.2	LLE	208
9.3	Seleção de atributos		211
	9.3.1	Medidas baseadas em matrizes de espalhamento	213
	9.3.2	Abordagens subótimas	214
9.4	Exercícios		220

10 Tópicos de regressão — 223

10.1	Regressão linear	223
10.2	Regressão polinomial	227
10.3	Avaliação de subajustes e sobreajustes	228
10.4	Regressão Ridge e Lasso	231
10.5	Regressão Logit e Softmax	234
10.6	Regressão via SVM	238

14 Reconhecimento de padrões: um estudo dirigido

10.7 Regressão via CART 240
10.8 Exercícios 244

Apêndice A Brevíssima introdução ao Python **245**
    A.1 Um pouco de história 245
    A.2 Alguns itens de revisão 246
    A.3 Exercícios 258

Apêndice B Distribuições gaussianas **261**
    B.1 Distribuição gaussiana univariada 261
    B.2 Distribuição gaussiana multivariada 263

Referências **267**

Índice remissivo **273**

Capítulo 1

Introdução

1.1 O processo de reconhecimento de padrões

Reconhecimento de padrões compreende uma área de pesquisa cujo foco persiste na resolução de questões relacionadas à classificação e descrição de objetos. Com caráter multidisciplinar, especialmente dentro da informática, os estudos em Reconhecimento de Padrões fazem interface com as áreas de estatística, engenharia, inteligência artificial, ciência da computação, mineração de dados, processamento de sinais, processamento de imagens, dentre outras. Suas aplicações variam desde reconhecimento automático de caracteres, diagnósticos médicos e monitoramento de correntistas de instituições financeiras até mesmo problemas mais atuais, como sistemas de recomendação, reconhecimento facial etc.

Nos anos recentes, o aprendizado de máquina se tornou uma área de pesquisa popular, com aquecidas discussões e desenvolvimentos. Uma pergunta frequente que surge é: *qual a relação entre reconhecimento de padrões e aprendizado de máquina?* Apesar da seguinte declaração levantar a discordância de alguns, podemos responder que: *enquanto o reconhecimento de padrões tem maior foco no tratamento matemático de problemas voltados à construção de regras de associação e tomada de decisão sobre dados, o aprendizado de máquina lida com problemas similares, porém com maior enfoque e intensidade sobre os métodos computacionais em si.* De qualquer forma, é importante destacar que ambas as áreas são correlatas.

Antes de iniciar nosso estudo, devemos ter em mente que uma investigação em reconhecimento de padrão não deve abranger somente a aplicação de métodos sobre determinados conjuntos de dados. Na verdade, um *processo de reconhecimento de padrões* deve contemplar diversos estágios da investigação, que vai desde a formulação do problema e a coleta e representação dos dados até a classificação, avaliação e interpretação dos resultados. A Figura 1.1 ilustra a relação entre estes diferentes estágios.

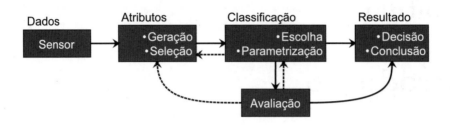

Figura 1.1 – Etapas do processo de reconhecimento de padrões.

De modo geral, nos referimos a "padrão" como um vetor cujos componentes indicam valores sobre determinados atributos do objeto, os quais foram previamente observados por um sensor. Captação das ondas de um sinal acústico, observação dos valores de transação financeira em um dado período, mensuração das respostas espectrais registradas por uma câmera digital e quantificação de variáveis climáticas em um dado instante são alguns exemplos de padrões observados nas aplicações práticas.

Em posse dos dados observados e com intuito de simplificar ou identificar informações não evidentes sobre eles, são efetuadas associações entre cada um destes dados e uma determinada classe (ou grupo), que, por sua vez, possui um significado associado. Este processo de associação padrão-classe é denominado *classificação*, o qual demanda a modelagem (i.e., escolha de um modelo e respectiva parametrização) de uma regra capaz de efetuar tal tarefa.

Como parte intermediária deste processo, destacam-se o tratamento dos dados e a avaliação dos resultados de classificação. A derivação de novos valores que podem viabilizar uma melhor descrição dos objetos observados pelo sensor leva a uma etapa conhecida como "geração (ou extração) de atributos". Por sua vez, entre os possíveis atributos gerados, é importante que sejam utilizados apenas aqueles que apresentem benefícios ao processo em termos de redução de erros e aumento da acurácia dos resultados. Para tal, devemos efetuar uma cuidadosa "seleção de atributos". A mensuração dos níveis de erro e acurácia dos resultados deve ser realizada de forma persistente e sistemática na etapa de "avaliação".

1.2 Paradigmas de aprendizado

Conforme introduzido na seção anterior, o processo de reconhecimento de padrões tem como cerne a modelagem de uma regra capaz de classificar padrões segundo grupos ou classes. O modo como a modelagem é conduzida está relacionado ao paradigma de aprendizado utilizado.

Entre diferentes tipos existentes na literatura, os aprendizados supervisionado, não supervisionado e semissupervisionado são comumente utilizados nas aplicações em reconhecimento de padrões. É importante mencionar ainda a existência de outros paradigmas, como os aprendizados por reforço, por instância e evolucionário, os quais são utilizados com maior frequência em Aprendizado de Máquina.

A principal característica que distingue os aprendizados supervisionado e não supervisionado refere-se a foma com são modeladas as regras para classificação dos padrões. Enquanto o aprendizado supervisionado realiza a modelagem com base em informações disponíveis, sobre as quais são conhecidas as respostas esperadas (i.e., a classe do respectivo padrão), o aprendizado não supervisionado fundamenta-se em analogias construídas sobre os padrões e sem qualquer informação a respeito dos retornos desejados. As informações conhecidas constituem um conjunto de padrões "rotulados". Um conjunto de padrões rotulados é denominado *conjunto de treinamento*. Por outro lado, quando não existe classe associada ao padrão, ele é dito "não rotulado".

Na situação em que as classes do problema são definidas de antemão, o aprendizado supervisionado é preferível [Zhu and Goldberg, 2009]. Porém, uma série de restrições pode surgir e tornar impeditiva a obtenção de um conjunto de dados que viabilize o treinamento supervisionado. Em circunstâncias como esta, é natural que o aprendizado não supervisionado surja como alternativa. No entanto, é importante ressaltar que as analogias deduzidas durante este tipo de aprendizado limitam o processo de classificação à geração de subgrupos compostos por padrões similares, sem um rótulo associado a estes.

Essas limitações discutidas foram ponto de partida para o desenvolvimento do paradigma semissupervisionado, habitualmente entendido como um "meio caminho" entre os aprendizados com e sem supervisão, uma vez que são utilizadas informações rotuladas e não rotuladas no processo de modelagem da regra de classificação [Chapelle et al., 2006].

1.3 Definições iniciais e notações gerais

Com o objetivo de estabelecer um padrão de notação e antecipar determinadas definições, são formalizados a seguir alguns itens elementares e de emprego intensivo ao longo das discussões que seguem. Em casos específicos, quando se fizer necessária a alteração da notação, desviando assim do padrão aqui definido, ela será justificada imediatamente.

Escalares são denotados por letra minúscula em itálico;

Vetores são denotados por letra minúscula em negrito;

Matrizes são denotadas por letra maiúscula em negrito;

Conjuntos são denotadas por letra maiúscula em fonte caligráfica;

Padrão é denotado pelo vetor $\mathbf{x} = [x_1, \ldots, x_n]$, onde cada componente expressa uma característica específica do padrão. Quando conveniente, pode aparecer na forma transposta;

Atributo corresponde a uma característica específica dos padrões, neste sentido, x_i, com $i = 1, \ldots, n$, corresponde ao i-ésimo atributo de $\mathbf{x}$;

Espaço de atributos refere-se ao conjunto que contém padrões como elementos, sendo estes denotados por $\mathcal{X}$;

Classe é denotada por ω e equivale a um rótulo que é atribuído ao padrão com intuito de qualificá-lo em relação a determinada propriedade;

Espaço de classes compreende o conjunto $\Omega = \{\omega_1, \omega_2, \ldots, \omega_c\}$, cujos elementos são classes;

Indicador de classe é um índice utilizado para relacionar, de forma indireta, um padrão a uma classe. Tal indicador é usualmente denotado por $y \in \mathcal{Y} \subset \mathbb{N}^*$, e, por sua vez, se o padrão $\mathbf{x}$ estiver associado ao indicador y, cujo valor é k, conclui-se então que $\mathbf{x}$ está associado à classe ω_k;

Espaço de indicadores compreende o conjunto de valores discretos $\mathcal{Y} = \{1, \ldots, c\}$, cujos elementos atuam como indicadores das classes $\Omega = \{\omega_1, \ldots, \omega_c\}$;

Associação é expressa através da tupla $(\mathbf{x}, \omega)$ e indica que o padrão $\mathbf{x}$ possui propriedades que o classificam/rotulam segundo a classe ω. Ademais, $(\mathbf{x}, y)$ é uma notação válida e que indiretamente indica que $\mathbf{x}$ é rotulado conforme ω_k, desde que $y = k$;

Introdução 19

Conjunto de treinamento refere-se ao conjunto $\mathcal{D} = \{(\mathbf{x}_i, y_i) \in \mathcal{X} \times \mathcal{Y} : i = 1, \ldots, m\}$, composto por padrões cuja classe associada é conhecida. De acordo com a definição matemática do ente "conjunto", não são admitidos dois ou mais elementos idênticos em sua composição. Dessa forma, admitiremos que cada tupla em $\mathcal{D}$ é distinta entre si a partir da respectiva indexação, dada por i, e não com base na configuração das componentes $\mathbf{x}_i$ e y_i;

Conjunto de classificação é representado por $\mathcal{I}$, sendo $\mathcal{I} \subset \mathcal{X}$ composto por padrões sobre os quais se deseja efetuar um processo de classificação;

Classificador é usualmente representado por uma função $f : \mathcal{X} \to \mathcal{Y}$. Para os casos de aprendizado supervisionado ou semissupervisionado, a modelagem de f faz uso de um conjunto de treinamento $\mathcal{D}$. Em relação ao paradigma não supervisionado, f é modelada de acordo com os dados em $\mathcal{I}$ e proporciona como resultado um particionamento deste conjunto em diferentes subconjuntos $\mathcal{K}_1, \ldots, \mathcal{K}_k$, tal que $\bigcup_{j=1}^{k} \mathcal{K}_j = \mathcal{I}$ e $\bigcap_{j=1}^{k} \mathcal{K}_j = \emptyset$.

Operações como a transposição e inversão matricial serão denotadas por $(\cdot)^T$ e $(\cdot)^1$. A norma euclidiana será denotada por $\| \cdot \|$ e a cardinalidade de um conjunto, pelo simbolo $\#$. Demais operadores menos frequentes serão definidos ao longo do texto.

1.4 Ambiente computacional

Para implementação dos métodos, atividades e demais experimentos, será feito uso da linguagem de programação Python 3 e das bibliotecas científicas Numpy [Van Der Walt et al., 2011], Matplotlib [Hunter, 2007] e, principalmente, Scikit-Learn [Pedregosa et al., 2011].

Como recomendação geral, é sugerida a instalação da distribuição Anaconda[1], a qual oferece maiores facilidades quanto à instalação e manutenção de bibliotecas de uso científico e ambientes de desenvolvimento para diferentes linguagens de programação, incluindo Python.

1.5 O que veremos a seguir?

O conteúdo abordado a seguir busca discutir aspectos matemáticos de diferentes métodos contidos na literatura de reconhecimento de padrões, assim como

---

[1]https://www.anaconda.com/distribution/

realizar experimentos computacionais que demonstrem seu uso e favoreçam um melhor entendimento. O diagrama ilustrado na Figura 1.2 apresenta uma organização e relação entre os tópicos a serem estudados.

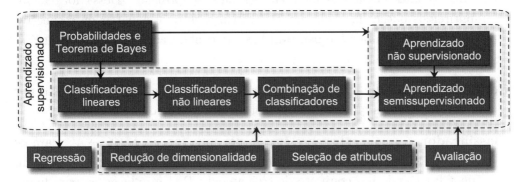

Figura 1.2 – Organização e relação entre tópicos a serem estudados.

Inicialmente, serão discutidos itens de Probabilidade e resultados derivados do Teorema de Bayes, o qual estabelece uma introdução conveniente aos métodos de reconhecimento de padrões. Técnicas de estimação de distribuição de probabilidade também são abordadas nesta fase introdutória.

Em um segundo momento, abrangendo a parte mais densa deste estudo, serão abordados métodos fundamentados sobre o paradigma de aprendizado supervisionado. Em um primeiro momento, métodos lineares são introduzidos e, posteriormente, são apresentadas generalizações que nos levarão aos métodos não lineares. A estratégia de combinação de classificadores é apresentada na sequência.

As próximas discussões são realizadas sobre métodos não supervisionados, com foco em algoritmos de agrupamento. Em comparação ao paradigma supervisionado, uma menor quantidade de tópicos será coberta. O paradigma semissupervisionado será abordado por último, encerrando assim as discussões sobre os métodos de classificação.

Técnicas para redução de dimensionalidade são expostas como forma de contornar efeitos da maldição da dimensionalidade e promover simplificações sobre a representação dos dados, quando necessário, a fim de favorecer um melhor desempenho com relação ao emprego dos métodos de classificação apresentados. Métodos para seleção de atributos compreenderão uma segunda vertente que, motivada pela necessidade de simplificar a representação dos dados através da redução do número de atributos, pode auxiliar na obtenção de resultados mais acurados.

Ferramentas de avaliação, como parte fundamental no processo de reconhecimento de padrões, são ainda incluídas e debatidas. Essas medidas são distinguidas entre aquelas empregadas para avaliação de resultados obtidos por métodos supervisionados e semissupervisionados, ou não supervisionados. Procedimentos auxiliares destinados à parametrização dos métodos são incluídos no contexto desta discussão.

Regressão de dados, apesar de não corresponder diretamente às aplicações em classificação de dados, possui forte relação e ampla aplicação nos estudos em reconhecimento de padrões. Outro ponto que justifica a inclusão deste tópico é a possibilidade de interpretar um resultado de regressão como uma regra de classificação.

Espero que goste do passeio!

"Um passeio, sem perda de generalidade" – Concepção/Desenho: Rogério G. Negri/Érica A. Maia – Inspirado em Roc 'n Rope (Konami, 1983).

Capítulo 2

Teoria da decisão de Bayes

Este capítulo discute elementos da Teoria da Decisão de Bayes com foco na definição de modelos de classificação derivados deste conceito. Partindo do pressuposto de que as probabilidades que descrevem as classes envolvidas no processo de classificação são conhecidas de antemão, os modelos fundamentados nesta teoria agem em favor da classe cuja escolha minimiza o risco de cometer uma decisão equivocada.

Além de modelos de classificação, são abordados ainda alguns conceitos de extrema importância nos estudos em Reconhecimento de Padrões. Tais conceitos referem-se às funções discriminantes, à superfície de decisão e aos métodos para estimação de parâmetros e distribuições de probabilidade.

2.1 Regra de classificação de Bayes

Um importante resultado da Inferência Estatística que relaciona a probabilidade de ocorrência de dois eventos através de suas probabilidades condicionais é conhecido como Regra de Bayes[1]:

$$P(A|B) = \frac{P(B|A)P(A)}{P(B)} \tag{2.1}$$

sendo A e B dois eventos quaisquer e $P(\cdot)$ uma função que expressa a probabilidade do respectivo evento.

Como ponto de partida, vamos admitir que os padrões são expressos de forma genérica por $\mathbf{x} = [x_1, \ldots, x_n]^T$, sobre os quais desejamos inferir sua pertinência em uma dada classe em $\Omega = \{\omega_1, \ldots, \omega_c\}$. No contexto estatístico, a seguinte

---

[1]Referenciada também como Lei ou Teorema de Bayes.

24 Reconhecimento de padrões: um estudo dirigido

regra geral pode ser empregada para tal processo de classificação:

$$(\mathbf{x}, \omega_j) \Leftrightarrow \arg \max_{\omega_j \in \Omega} P(\omega_j|\mathbf{x}) \tag{2.2}$$

em que $P(\omega_j|\mathbf{x})$, denominada por probabilidade *a posteriori*, representa a probabilidade de $\mathbf{x}$ pertencer a ω_j.

De modo geral, em um problema de classificação, a probabilidade *a posteriori* que compõe a regra expressa pela Equação 2.2 é desconhecida. No entanto, a Regra de Bayes (Equação 2.1) possibilita o seu cálculo por meio da probabilidade *a priori* $P(\omega_j)$, da *evidência* $p(\mathbf{x})$ e da função de verossimilhança $p(\mathbf{x}|\omega_j)$:

$$P(\omega_j|\mathbf{x}) = \frac{p(\mathbf{x}|\omega_j)P(\omega_j)}{p(\mathbf{x})} \tag{2.3}$$

sendo $p(\mathbf{x}) = \sum_{j=1}^{c} p(\mathbf{x}|\omega_j)P(\omega_j)$.

Uma vez conhecida $P(\omega_j|\mathbf{x})$, a classificação de $\mathbf{x}$ segundo ω_j, com $j = 1, \ldots, c$, torna-se um problema simples.

Com o objetivo de aprofundar as discussões introduzidas, vamos realizar uma análise sobre o erro cometido ao utilizar a Regra de Bayes no processo de classificação. A fim de favorecer o entendimento, considere um problema de classificação entre apenas duas classes ω_1 e ω_2 equiprováveis, cujas observações estão definidas sobre o conjunto dos números reais[2] (i.e., $\mathcal{X} \equiv \mathbb{R}$), o qual é dividido entre as regiões R_1 e R_2. Enquanto a região R_1 compreende os valores $\mathbf{x}$ tais que $P(\omega_1|\mathbf{x}) > P(\omega_2|\mathbf{x})$, temos que R_2 proporciona $P(\omega_2|\mathbf{x}) > P(\omega_1|\mathbf{x})$. A Figura 2.1 ilustra a relação entre as regiões e as probabilidades mencionadas.

Segundo essas considerações, podemos expressar a probabilidade de erro de classificação por:

$$P_{\text{erro}} = P(\mathbf{x} \in R_2, \omega_1) + P(\mathbf{x} \in R_1, \omega_2) \tag{2.4}$$

em que $P(\mathbf{x} \in R_2, \omega_1)$ quantifica a probabilidade do padrão $\mathbf{x}$ pertencer à região R_2, apesar da sua classe original ser ω_1. Partindo da Equação 2.4, desenvolvemos:

---

[2]Apesar das observações neste espaço serem de natureza escalar, os desenvolvimentos que se seguem tratam tais observações como vetores.

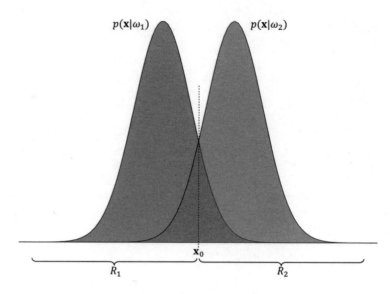

Figura 2.1 – Regiões de decisão e de erro de classificação.

$$\begin{aligned}
P_{erro} &= P(\mathbf{x} \in R_2, \omega_1) + P(\mathbf{x} \in R_1, \omega_2) \\
&= \left[\int_{R_2} p(\mathbf{x}|\omega_1)d\mathbf{x}\right] P(\omega_1) + \left[\int_{R_1} p(\mathbf{x}|\omega_2)d\mathbf{x}\right] P(\omega_2) \\
&= \frac{1}{2}\int_{R_2} p(\mathbf{x}|\omega_1)d\mathbf{x} + \frac{1}{2}\int_{R_1} p(\mathbf{x}|\omega_2)d\mathbf{x} \\
&= \frac{1}{2}\left[\int_{R_2} p(\mathbf{x}|\omega_1)d\mathbf{x} + \int_{R_1} p(\mathbf{x}|\omega_2)d\mathbf{x}\right]
\end{aligned} \quad (2.5)$$

O desenvolvimento acima mostra que o erro se torna mínimo ao garantir que $P(\omega_2|\mathbf{x}) < P(\omega_1|\mathbf{x})$, quando $\mathbf{x} \in \omega_1$, e $P(\omega_1|\mathbf{x}) < P(\omega_2|\mathbf{x})$, para $\mathbf{x} \in \omega_2$. De fato, ao mover o ponto $\mathbf{x}_0$, conforme apresenta a Figura 2.2, verifica-se que a região associada à ocorrência de erro de classificação tem sua área aumentada.

Baseados nas discussões anteriores, voltamos a admitir o espaço de classes $\Omega = \{\omega_1, \ldots, \omega_c\}$, de modo que $\mathbf{x}$ está associado a ω_i se $P(\omega_i|\mathbf{x}) > P(\omega_j|\mathbf{x})$, para $i \neq j$ e $j = 1, \ldots, c$. Ainda, a partir dos desenvolvimentos apresentados, é possível associar um risco a cada decisão tomada. Tais casos englobam questões, por exemplo, em que o impacto causado na decisão de ω_1, em vez de ω_2, apresenta maior relevância ao decidir sobre ω_2 como alternativa à ω_1.

Neste contexto, sendo R_i a região do espaço de atributos que induz a classificação em ω_i. Admitindo λ_{ki} como uma penalidade/perda relacionada à escolha equivocada da ω_i, cuja opção correta seria optar pela classe ω_k. Baseado neste

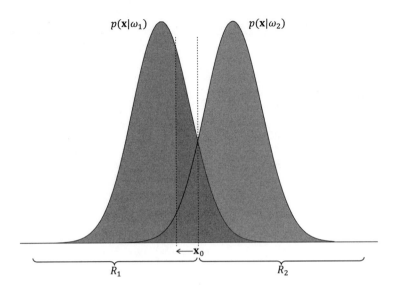

Figura 2.2 – Noção de erro dada a alteração sobre as regiões de decisão.

conceito, o risco associado à classe ω_k é dado por:

$$r_k = \sum_{i=1}^{c} \lambda_{ki} \int_{R_i} p(\mathbf{x}|\omega_k)d\mathbf{x}; \ k=1,\ldots,c \qquad (2.6)$$

A quantidade $\int_{R_i} p(\mathbf{x}|\omega_k)d\mathbf{x}$ representa a probabilidade do padrão $\mathbf{x}$, que, apesar de original da classe ω_k, ocorre na região R_i. Ainda, em um ponto de vista geométrico, r_k proporciona a "área^3 invadida" por $p(\mathbf{x}|\omega_k)$ nas regiões R_i, com $i=1,\ldots,c$ e $i \neq k$.

Uma forma de expressar o risco médio r, segundo todas as classes, é tomando a combinação linear expressa pelo risco associado a cada classe e sua proporção de ocorrência:

$$\begin{aligned} r &= \sum_{k=1}^{c} r_k P(\omega_k) \\ &= \sum_{k=1}^{c} \left[\sum_{i=1}^{c} \lambda_{ki} \int_{R_i} p(\mathbf{x}|\omega_k)d\mathbf{x} \right] P(\omega_k) \\ &= \sum_{k=1}^{c} \int_{R_i} \underbrace{\left[\sum_{i=1}^{c} \lambda_{ki} p(\mathbf{x}|\omega_k) P(\omega_k) \right]}_{l_i} d\mathbf{x} = \sum_{k=1}^{c} \int_{R_i} l_i d\mathbf{x} \end{aligned} \qquad (2.7)$$

---

[3] O termo *área* foi usado aqui de forma genérica, logo, para espaços de atributo bi/multidimensionais devemos pensar em volumes e hiper-volumes.

A manipulação algébrica realizada proporciona uma reinterpretação que expressa o risco médio em função das regiões R_i. Dessa forma, podemos concluir mais uma vez que a minimização do risco r é alcançada ao estabelecer cada região R_i, com $i = 1, \ldots, c$, tais que $l_i < l_j$, para $j = 1, \ldots, c$, e $j \neq i$.

Vale observar que l_i representa o risco em classificar $\mathbf{x}$ como ω_i, enquanto deveria ser ω_k, para $k = 1, \ldots, c$. Logo, buscamos não confundir as demais classes com ω_i.

Mais uma vez, e sem perda de generalidade, vamos admitir um problema binário com $\Omega = \{\omega_1, \omega_2\}$. Neste caso, temos as penalidades λ_{11}, λ_{21}, λ_{12} e λ_{22} e os riscos:

$$l_1 = \lambda_{11}p(\mathbf{x}|\omega_1)P(\omega_1) + \lambda_{21}p(\mathbf{x}|\omega_2)P(\omega_2)$$
$$l_2 = \lambda_{12}p(\mathbf{x}|\omega_1)P(\omega_1) + \lambda_{22}p(\mathbf{x}|\omega_2)P(\omega_2)$$

Optando pela classe ω_1 desde que $l_1 < l_2$, é estabelecida a seguinte *razão de verossimilhança*:

$$l_{12} = \frac{p(\mathbf{x}|\omega_1)}{p(\mathbf{x}|\omega_2)} > \frac{P(\omega_2)}{P(\omega_2)}\frac{\lambda_{21} - \lambda_{22}}{\lambda_{12} - \lambda_{11}} \tag{2.8}$$

De modo análogo, a razão l_{21} é obtida partindo da condição $l_2 < l_1$. Em tempo, simplificando a razão obtida ao caso em que as classes são equiprováveis (i.e., $P(\omega_1) = P(\omega_2) = \frac{1}{2}$) e assumindo que não há penalidade ao optar por ω_i quando esta é a classe esperada (i.e., $\lambda_{ij} = 0$ se $i = j$), podemos traçar as seguintes regras de decisão:

$$(\mathbf{x}, \omega_1) \Leftrightarrow p(\mathbf{x}|\omega_1) > p(\mathbf{x}|\omega_2)\frac{\lambda_{21}}{\lambda_{12}}$$
$$(\mathbf{x}, \omega_2) \Leftrightarrow p(\mathbf{x}|\omega_1) > p(\mathbf{x}|\omega_1)\frac{\lambda_{12}}{\lambda_{21}}$$

Cabe notar que, ao admitir $\lambda_{12} = \lambda_{21}$, as regras desenvolvidas recaem no caso da minimização do erro de classificação, abordado anteriormente (Equação 2.5). Por outro lado, para $\lambda_{21} > \lambda_{12}$, temos como efeito colateral uma maior tendência sobre a escolha de ω_2 em comparação a ω_1. Naturalmente, ao passo que a diferença $\lambda_{21} - \lambda_{12}$ aumenta, maior é a tendenciosidade revelada.

2.2 Classificação MAP e ML

Após as discussões sobre o erro associado à classificação pela Regra de Bayes, retornamos mais uma vez à Equação 2.2 – que estabelece associação de classe

28 Reconhecimento de padrões: um estudo dirigido

a um padrão segundo a maximização da probabilidade *a posteriori*; e à Equação 2.1 – que relaciona as probabilidades *a priori*, *a posteriori* e a função de verossimilhança. Segundo estas equações, $P(\omega_i|\mathbf{x}) > P(\omega_j|\mathbf{x})$, para $i \neq j = 1, \ldots, c$, implica na associação de $\mathbf{x}$ à classe ω_i. Por equivalência, $\dfrac{p(\mathbf{x}|\omega_i)P(\omega_i)}{p(\mathbf{x})} > \dfrac{p(\mathbf{x}|\omega_j)P(\omega_j)}{p(\mathbf{x})}$ implica a mesma associação.

Com base nesta relação de comparação, nota-se que a *evidência* $p(\mathbf{x})$ não interfere na escolha da classe que maximiza a probabilidade *a posteriori*. Como consequência, é obtido o modelo de classificação *maximum a posteriori* (MAP):

$$(\mathbf{x}, \omega_j) \Leftrightarrow \arg \max_{\omega_j \in \Omega} p(\mathbf{x}|\omega_j)P(\omega_j) \tag{2.9}$$

Por sua vez, sob a consideração de equiprobabilidade de ocorrência das classes, o modelo MAP fica restrito às funções de verossimilhanças que modelam as diferentes classes. Desta simplificação surge o modelo de classificação *maximum likelihood*[4] (ML):

$$(\mathbf{x}, \omega_j) \Leftrightarrow \arg \max_{\omega_j \in \Omega} p(\mathbf{x}|\omega_j) \tag{2.10}$$

A Figura 2.3 ilustra a aplicação dos modelos ML e MAP em um problema de classificação envolvendo duas classes (ω_1 – quadrado, ω_2 – círculos) no espaço de atributos bidimensional. As elipses concêntricas são curvas de nível relacionadas às probabilidades $p(\mathbf{x}|\omega_1)$ e $p(\mathbf{x}|\omega_2)$, cujos respectivos valores aumentam ao passo que a elipse se torna mais interna. A superfície de decisão entre as classes surge na transição entre as regiões de influência das classes, de modo que as áreas em tons mais claros demonstram valores do espaço de atributos cuja decisão é tomada em favor da classe ω_1 e, analogamente, áreas em tons mais escuros ω_2. Neste exemplo, foram admitidas as probabilidades $P(\omega_1) = 0,05$ e $P(\omega_2) = 0,95$, implicando em uma diminuição da região de decisão favorável a ω_1 e, por outro lado, provocando um aumento na região de decisão favorável a ω_2. A região que surge no canto esquerdo inferior e provoca uma nova transição é decorrente de efeitos numéricos/computacionais.

2.3 Naive Bayes

De acordo com as discussões anteriores, um padrão $\mathbf{x} \in \mathcal{X}$ é interpretado como um evento aleatório. Porém, uma vez que $\mathcal{X}$ se refere a um espaço n-dimensional

---

[4]Equivalente a "modelo de máxima verossimilhança".

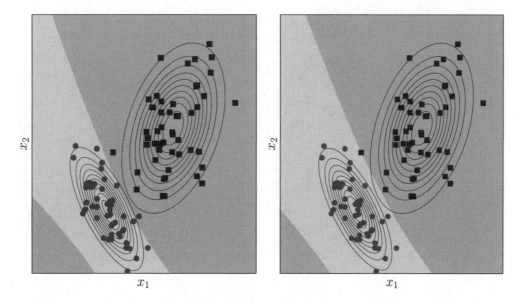

Figura 2.3 – Efeitos da classificação MAP (esquerda) e ML (direita).

qualquer, podemos reinterpretar **x** como n eventos aleatórios $x_1, \ldots, x_n$, os quais podem, ou não, ser independentes entre si.

Nas diversas aplicações envolvendo classificação ou regressão de dados, são raros os casos em que $x_1, \ldots, x_n$ são independentes, logo o estabelecimento de modelos que não levem em consideração as estruturas de correlação entre tais variáveis pode proporcionar resultados inadequados. No entanto, um modelo ingênuo (do inglês *naive*) admite $x_1, \ldots, x_n$ independentes entre si, mesmo que não sejam. Sob esta condição "forçada", temos:

$$p(\mathbf{x}|\omega_i) = p(x_1, \ldots, x_n|\omega_i) = p(x_1|\omega_i)p(x_2|\omega_i)\cdots p(x_n|\omega_i) \qquad (2.11)$$

para $i = 1, \ldots, c$.

Assim, a regra de decisão estabelecida na Equação 2.2 torna-se equivalente a:

$$(\mathbf{x}, \omega_j) \Leftrightarrow \arg\max_{\omega_j \in \Omega} \prod_{i=1}^{n} p(x_i|\omega_j) \qquad (2.12)$$

No exemplo apresentado na Figura 2.4, o modelo Naive Bayes é aplicado sobre o mesmo conjunto de dados utilizados na Figura 2.3 e comparado ao método ML. É simples notar que a superfície de decisão do modelo Naive Bayes se mostra divergente em relação ao modelo ML. O efeito observado é consequência da ausência de correlação entre os atributos x_1 e x_2.

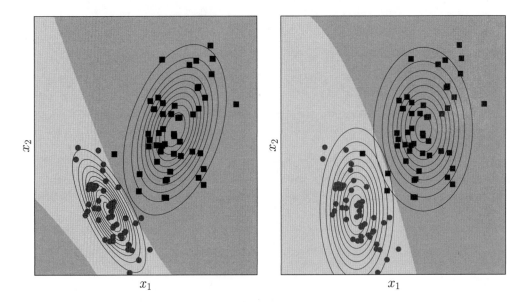

Figura 2.4 – Efeitos da classificação ML (direita) e Navie Bayes (esquerda).

2.4 Funções discriminantes e superfícies de decisão

Na Seção 2.1, foi introduzida uma relação entre determinadas regiões do espaço de atributos que, por sua vez, proporcionaram a minimização do erro de classificação e a maximização da probabilidade *a posteriori*. Baseados neste conceito, podemos estipular como regra:

$$(\mathbf{x}, \omega_i) \Leftrightarrow P(\omega_i|\mathbf{x}) - P(\omega_j|\mathbf{x}) > 0;\ i \neq j;\ j = 1, \ldots, c$$

Oportunamente, o lugar geométrico tal que $P(\omega_i|\mathbf{x}) - P(\omega_j|\mathbf{x}) = 0$ determina uma *superfície de decisão*.

Uma forma de desvencilhar as regras de decisão das respectivas regiões do espaço de atributos, simplificando, assim, a notação, consiste em reinterpretá-las como funções que realizam a discriminação de uma determinada classe com relação às demais. Tais *funções discriminantes* são expressas por:

$$g_i(\mathbf{x}) = f(P(\omega_i|\mathbf{x})) \qquad (2.13)$$

sendo $f(\cdot)$ uma função monotônica crescente ou decrescente[5], garantindo, por sua vez, que $g_i(\mathbf{x}) = g_j(\mathbf{x})$ somente quando $P(\omega_i|\mathbf{x}) = P(\omega_j|\mathbf{x})$.

---

[5]Uma função $f : \mathbb{R} \to \mathbb{R}$ é monotônica crescente se, dado $x, y \in \mathbb{R}$ e $x < y$, então $f(x) \leq f(y)$. Analogamente, f é monotônica decrescente se, dado $x, y \in \mathbb{R}$ e $x < y$, então $f(x) \geq f(y)$.

Em posse da representação na forma de funções discriminantes, uma superfície de decisão que delimita a decisão entre duas classes ω_i e ω_j passa a ser definida por $g_{ij}(\mathbf{x}) = g_i(\mathbf{x}) - g_j(\mathbf{x}) = 0$, para quaisquer $i \neq j$. O exemplo ilustrado na Figura 2.5 auxilia na caracterização do conceito de superfície de decisão, destacado pela curva de nível de valor zero.

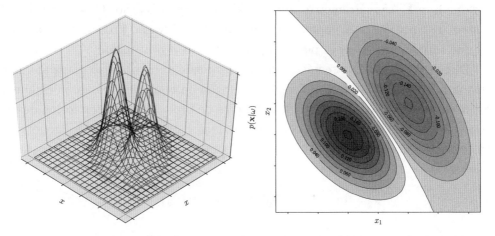

(a) Distribuições de probabilidade de classes distintas.

(b) Diferença entre as distribuições apresentadas.

Figura 2.5 – Superfície de decisão que decorre da diferença entre as distribuições de probabilidade.

Com relação ao emprego desta forma de representação, cabe ressaltar que a escolha de $f(\cdot)$ independe do modelo de classificação de Bayes empregado, no entanto, sua escolha pode proporcionar resultados sub-ótimos. Ainda, o uso desta notação pode favorecer a construção de outros métodos, assim como seu tratamento computacional. Essa última constatação ficará mais evidente nos métodos e tratamentos vistos mais adiante.

2.5 Classificação por mínima distância (casos particulares)

Como observado, através de uma simples consideração, torna-se possível reinterpretar os modelos baseados na Regra de Bayes em funções discriminantes. Dentre os três modelos de classificação apresentados anteriormente (Equações 2.2, 2.9 e 2.10), daremos foco ao modelo de classificação MAP (i.e., *maximum a priori*) e faremos a suposição de que as funções de verossimilhança $p(\mathbf{x}|\omega_i)$ se comportam

32 Reconhecimento de padrões: um estudo dirigido

segundo a distribuição gaussiana multivariada[6]:

$$\mathbf{x} \sim \mathcal{N}(\mu_i, \mathbf{\Sigma}_i); \quad \mathbf{x} \in \mathbb{R}^n$$

$$p(\mathbf{x}|\omega_i) = \frac{1}{(2\pi)^{\frac{n}{2}} |\mathbf{\Sigma}_i|^{\frac{1}{2}}} e^{-\frac{1}{2}(\mathbf{x}-\mu_i)^T \Sigma_i^{-1}(\mathbf{x}-\mu_i)} \tag{2.14}$$

em que μ_i e $\mathbf{\Sigma}_i$ são parâmetros que modelam tal distribuição. O vetor médio e a matriz de covariância, computados a partir de observação proveniente da classe ω_i, são estimadores para os parâmeros μ_i e $\mathbf{\Sigma}_i$, respectivamente[7].

Diante do modelo matemático que corresponde à distribuição gaussiana multivariada e recapitulando que a reinterpretação da regra de decisão, inicialmente expressa por comparações entre distribuições de probabilidades, na forma de funções discriminantes, implica na composição de $p(\mathbf{x}|\omega_i)$ em uma função monotônica crescente ou decrescente $f: \mathbb{R} \to \mathbb{R}$, por conveniência, ao adotar $f(x) = \ln(x)$, obtém-se:

$$g_i(\mathbf{x}) = \ln\left(p(\mathbf{x}|\omega_i)P(\omega_i)\right) = \ln\left(p(\mathbf{x}|\omega_i)\right) + \ln P(\omega_i)$$

$$= \ln\left(\frac{1}{\sqrt{2\pi |\mathbf{\Sigma}_i|}}\right) - \frac{1}{2}(\mathbf{x} - \mu_i)^T \mathbf{\Sigma}_i^{-1}(\mathbf{x} - \mu_i) + \ln P(\omega_i)$$

$$= -\frac{1}{2}\mathbf{x}^T \mathbf{\Sigma}_i^{-1}\mathbf{x} + \frac{1}{2}\mathbf{x}^T \mathbf{\Sigma}_i^{-1}\mu_i + \frac{1}{2}\mu_i^T \mathbf{\Sigma}_i^{-1}\mathbf{x} \tag{2.15}$$

$$-\frac{1}{2}\mu_i^T \mathbf{\Sigma}_i^{-1}\mu_i - \frac{1}{2}\ln 2\pi - \frac{1}{2}\ln|\mathbf{\Sigma}_i| + \ln P(\omega_i)$$

Uma vez que as parcelas $-\frac{1}{2}\mu_i^T \mathbf{\Sigma}_i^{-1}\mu_i - \frac{1}{2}\ln(2\pi)^n - \frac{1}{2}\ln|\mathbf{\Sigma}_i| + \ln P(\omega_i)$ independem de $\mathbf{x}$, podemos expressá-las como uma constante D_i relacionada ao comportamento de ω_i. Logo, a equação anterior é simplificada em:

$$g_i(\mathbf{x}) = -\frac{1}{2}\mathbf{x}^T \mathbf{\Sigma}_i^{-1}\mathbf{x} + \frac{1}{2}\mathbf{x}^T \mathbf{\Sigma}_i^{-1}\mu_i + \frac{1}{2}\mu_i^T \mathbf{\Sigma}_i^{-1}\mathbf{x} - D_i \tag{2.16}$$

Como resultado, podemos concluir que a expressão obtida para $g_i(\mathbf{x})$ consiste em uma função discriminante quadrática. Esta característica é consequência do termo $\mathbf{x}^T \mathbf{\Sigma}_i^{-1}\mathbf{x}$. Cabe ressaltar ainda que a expressão obtida compreende o caso geral de função discriminante que decorre da regra de classificação de Bayes com

---

[6]Uma breve discussão sobre a distribuição gaussiana multivariada é apresentada no Apêndice B.

[7]É importante ressaltar que existe uma compatibilidade entre a ordem/dimensão de $\mathbf{x}$, μ_i (n) e $\mathbf{\Sigma}_i$ ($n \times n$). Sendo $\mathbf{x}$ um vetor coluna (conforme definido no início do capítulo), implicando, por sua vez, que μ_i é outro vetor coluna, a operação $(\mathbf{x} - \mu_i)^T \Sigma_i^{-1}(\mathbf{x} - \mu_i)$ deve produzir um escalar. Este tipo de compatibilidade pode ficar implícita em outros instantes deste livro.

distribuição gaussiana multivariada. Diante de determinadas considerações a respeito do comportamento dos dados, tal expressão quadrática pode ser simplificada em formas lineares.

Analogamente, vamos considerar $\mathbf{x} \sim \mathcal{N}(\mu_i, \mathbf{\Sigma}_i)$, porém, independentemente das classes inseridas no problema de classificação, admitimos que as variâncias e covariâncias possuem comportamento idêntico, isto é, $\mathbf{\Sigma}_i = \mathbf{\Sigma}$ para $i = 1, \ldots, c$. Admitimos ainda que $\mathbf{\Sigma}$ é não diagonal, implicando, assim, a existência de covariâncias entre as componentes de $\mathbf{x}$[8]. Sob estas condições:

$$
\begin{aligned}
g_i(\mathbf{x}) = &-\frac{1}{2}\mathbf{x}^T\mathbf{\Sigma}^{-1}\mathbf{x} + \frac{1}{2}\mathbf{x}^T\mathbf{\Sigma}^{-1}\mu_i + \frac{1}{2}\mu_i^T\mathbf{\Sigma}^{-1}\mathbf{x} \\
&-\frac{1}{2}\mu_i^T\mathbf{\Sigma}^{-1}\mu_i - \frac{1}{2}\ln(2\pi)^n - \frac{1}{2}\ln|\mathbf{\Sigma}| + \ln P(\omega_i)
\end{aligned}
\tag{2.17}
$$

No entanto, verifica-se que: independente de $\mathbf{x}$, as parcelas $-\frac{1}{2}\ln(2\pi)^n - \frac{1}{2}\ln|\mathbf{\Sigma}| + \ln P(\omega_i)$ são constantes; segundo nossa suposição inicial, as classes são equiprováveis, tornando $\ln P(\omega_i)$ constante e $\mathbf{x}^T\mathbf{\Sigma}^{-1}\mathbf{x}$ invariante à mudança de classes, logo irrelevante para o processo de classificação. Essas observações conduzem a:

$$
g_i(\mathbf{x}) = \mathbf{x}^T\mathbf{\Sigma}^{-1}\mu_i - \frac{1}{2}\ln|\mathbf{\Sigma}|
\tag{2.18}
$$

Após manipulação algébrica da Equação 2.18, é obtida a forma equivalente $g_i(\mathbf{x}) = -\frac{1}{2}\left((\mathbf{x} - \mu_i)^T \mathbf{\Sigma}^{-1} (\mathbf{x} - \mu_i)\right)^{\frac{1}{2}}$, similar à medida conhecida por "distância de Mahalanobis"[9]. Por este motivo, as considerações feitas sobre as variâncias e covariâncias denominam a função de discriminação obtida como "classificador de mínima distância de Mahalanobis", cuja regra de decisão associada é:

$$
(\mathbf{x}, \omega_i) \Leftrightarrow \arg\max_{j=1,\ldots,c} g_j(\mathbf{x}) \equiv \arg\min_{j=1,\ldots,c} dm_j(\mathbf{x})
\tag{2.19}
$$

sendo $dm_i(\mathbf{x}) = -g_i(\mathbf{x})$.

Consideremos agora que $\mathbf{\Sigma}$ é diagonal (o que leva à suposição de covariâncias nulas – ou independência entre as componentes de $\mathbf{x}$) e que as variâncias são

---

[8]Lembre-se de que as componentes de $\mathbf{x}$ podem ser ocorrências de uma Variável Aleatória multidimensional ou de diferentes Variáveis Aleatórias unidimensionais.

[9]A distância de Mahalanobis não é, de fato, uma distância, uma vez que não atende às definições matemáticas para tal.

idênticas, ou seja, $\Sigma = \sigma^2 \mathbf{I}$. Consequentemente:

$$\begin{aligned}g_i(\mathbf{x}) &= -\frac{1}{2}\left((\mathbf{x}-\mu_i)^T\left(\sigma^2\mathbf{I}\right)^{-1}(\mathbf{x}-\mu_i)\right)^{\frac{1}{2}} \\ &= -\frac{1}{2\sigma^2}\left((\mathbf{x}-\mu_i)^T(\mathbf{x}-\mu_i)\right)^{\frac{1}{2}} = \\ &= -\frac{1}{2\sigma^2}\|\mathbf{x}-\mu_i\|\end{aligned} \qquad (2.20)$$

Uma vez que a constante $\frac{1}{2\sigma^2}$ não altera em função da mudança de classes, é possível removê-la da expressão. A Equação 2.20 revela que o processo de classificação é guiado pela distância euclidiana $de_i(\mathbf{x}) = -g_i(\mathbf{x})$, de modo similar à Equação 2.19.

Exemplos comparativos entre as superfícies de decisão associadas às classificações de mínima distância euclidiana e de Mahalanobis são ilustradas na Figura 2.6. Em ambos casos, verifica-se o comportamento linear da superfície de decisão. Quando considerada a distância euclidiana, a superfície é ortogonal ao segmento de reta que conecta os pontos médios das classes, denotadas pelas estrelas. Por outro lado, quando empregada a distância de Mahalanobis, e consequentemente considerando a estrutura de covariância existente nos dados, verifica-se um efeito de "distorção" na noção de distância.

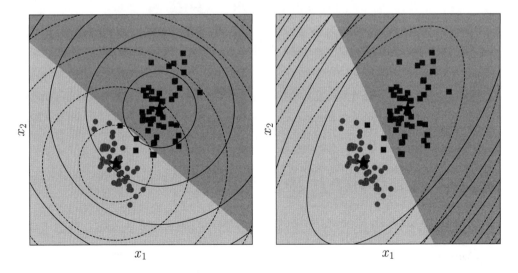

Figura 2.6 – Efeitos da classificação por mínima distância euclidiana (esquerda) e de Mahalanobis (direita). Curvas de nível em linha contínua (classe quadrado) e tracejadas (classe circulo) representam as distâncias em relação à média das respectivas classes, denotadas pela estrela.

Teoria da decisão de Bayes   35

2.6 Estimação de funções densidade de probabilidade

Com exceção da seção anterior, diferentes conceitos foram introduzidos e abordados sem a definição específica de qual função densidade de probabilidade (denominada até então por função de verossimilhança) deve ser empregada. De fato, dentre uma larga gama de possibilidades, a escolha de determinada função densidade de probabilidade deve ser conduzida de acordo com o comportamento[10] dos dados a serem classificados ou mesmo a partir de uma exigência imposta para formalização do método de classificação.

Na possibilidade do emprego de um modelo de distribuição específica, como feito na Seção 2.5 ao considerar a distribuição gaussiana multivariada, o ajuste deste modelo ao problema específico se dá através da escolha dos parâmetros. Na ocasião da Seção 2.5, para uma dada classe ω_i, os parâmetros foram μ_i e Σ_i, cujos valores devem se conhecidos de antemão (o que não é usual) ou através de sua estimação. Dentre diferentes técnicas existentes para obtenção de tais parâmetros, a estimação por *máxima verossimilhança* é uma alternativa. Através desta técnica, é possível obter expressões para os estimadores dos parâmetros de uma dada distribuição de probabilidade a partir de seu modelo.

No entanto, há casos em que o uso de distribuições conhecidas implica em violações e/ou considerações irreais a respeito dos dados. Nestas circunstâncias, podem ser utilizadas "misturas" entre distribuições de probabilidade conhecidas ou mesmo estimar a distribuição de probabilidade sem suposição sobre um dado modelo e a respectiva parametrização.

Dada a importância destes conceitos, as seções seguintes abordam a problemática que abrange a estimação de parâmetros, pelo método da máxima verossimilhança, e a determinação de modelos de mistura entre distribuições gaussianas multivariadas. Posteriormente, são apresentados três métodos de estimação de distribuição de probabilidade que independem suposições sobre modelos e parâmetros, ou seja, de forma não paramétrica.

2.6.1 O conceito da estimação por máxima verossimilhança

De acordo com as discussões realizadas até o momento, $p(\mathbf{x}|\omega_i)$ representa a função de verossimilhança dos padrões $\mathbf{x}$ em relação à classe ω_i. Em termos práticos, a função de verossimilhança corresponde a uma distribuição de probabilidade que modela o comportamento de ω_i. Por sua vez, tal distribuição pode ser expressa como $p(\mathbf{x}|\theta_1, \ldots, \theta_k)$, em que $\theta_1, \ldots, \theta_k$ são parâmetros que tornam

---

[10]Ou suposição sobre seu comportamento.

36   Reconhecimento de padrões: um estudo dirigido

a distribuição de probabilidade em questão aderente ao comportamento de ω_i. Adicionalmente, uma vez que as naturezas dos parâmetros podem diferir entre si[11], é conveniente definir a tupla $(\theta_1, \ldots, \theta_k)$ como um elemento do espaço de parâmetros Θ.

Nas condições apresentadas, a problemática reside em determinar os valores $\theta_1, \ldots, \theta_k$ que tornam $p(\mathbf{x}|\theta_1, \ldots, \theta_k)$ ajustada à realidade de ω_i. Diante dessa motivação, [Fisher, 1922] determinou que os parâmetros ótimos que modelam $p(\mathbf{x}|\theta_1, \ldots, \theta_k)$, segundo um conjunto de observações $\mathcal{D} = \{\mathbf{x}_1, \ldots, \mathbf{x}_m\}$, correspondem aos mesmos parâmetros que maximizam a seguinte função:

$$\mathcal{L}(\theta_i|\mathcal{D}) = p(\theta_i|\mathbf{x}_1)p(\theta_i|\mathbf{x}_2) \cdots p(\theta_i|\mathbf{x}_m) = \prod_{j=1}^{m} p(\mathbf{x}_j|\theta_i) \qquad (2.21)$$

equivalentemente:

$$\widehat{\theta}_i = \arg\max_{\theta_i \in \Theta} \prod_{j=1}^{m} p(\mathbf{x}_j|\theta_i) \qquad (2.22)$$

A fim de viabilizar os desenvolvimentos que seguem, $\mathcal{L}(\theta_i|\mathcal{D})$ é substituída por $\ln(\mathcal{L}(\theta_i|\mathcal{D}))$, uma vez que ambas as formas compartilham o mesmo ponto de máximo[12]. Lançando mãos de uma importante ferramenta do Cálculo Diferencial, resolvemos o problema de maximização apresentado anteriormente pelo valor de θ_i que anula a derivada $\mathcal{L}(\theta_i|\mathcal{D})$ com relação a este mesmo parâmetro, ou seja:

$$\widehat{\theta}_i = \left. \frac{\partial \ln(\mathcal{L}(\theta_i|\mathcal{D}))}{\partial \theta_i} \right|_{\theta_1, \ldots, \theta_k} = 0 \qquad (2.23)$$

Sabendo que $\ln(\mathcal{L}(\theta_i|\mathcal{D})) = \sum_{j=i}^{m} \ln(p(\mathbf{x}_j|\theta_i))$, temos:

$$\frac{\partial \ln(\mathcal{L}(\theta_i|\mathcal{D}))}{\partial \theta_i} = \sum_{j=i}^{m} \frac{\partial \ln(p(\mathbf{x}_j|\theta_i))}{\partial \theta_i} = \sum_{j=i}^{m} \frac{1}{p(\mathbf{x}_j|\theta_i)} \frac{\partial p(\mathbf{x}_j|\theta_i)}{\partial \theta_i} \qquad (2.24)$$

Dessa forma, cada $\widehat{\theta}_i$, para $i = 1, \ldots, k$, a ser escolhido deve anular o lado direito da Equação 2.24. Segundo [Mood et al., 1974], ao passo que o número de observações em $\mathcal{D}$ aumenta, o estimador de máxima verossimilhança gera uma aproximação assintótica (i.e., cada vez mais próxima) ao parâmetro verdadeiro.

---

[11]Basta observar o caso da distribuição gaussiana multivariada, que é parametrizada por um vetor μ e uma matriz Σ.

[12]Esta propriedade é garantida pelo fato de $\ln(\cdot)$ ser uma função monotônica estritamente crescente.

Em nível de exemplificação, vamos considerar a distribuição gaussiana univariada[13] $p(x|\mu,\sigma^2) = \dfrac{1}{\sqrt{2\pi\sigma^2}}e^{\frac{1}{2}\frac{(x-\mu)^2}{\sigma^2}}$, $x \in \mathbb{R}$. Supondo um conjunto de observações $\mathcal{D} = \{x_1,\ldots,x_m\}$, a função log-verossimilhança é dada por:

$$\ln\left(\mathcal{L}(\theta_i|\mathcal{D})\right) = -\frac{m}{2}\ln 2\pi - \frac{m}{2}\ln\sigma^2 - \frac{1}{2}\sum_{i=1}^{m}\frac{(x_i-\mu)^2}{\sigma^2} \tag{2.25}$$

Os estimadores de μ e σ^2 são alcançados como solução da Equação 2.23. Em relação ao parâmetro μ:

$$\frac{\partial\ln\left(\mathcal{L}(\theta_i|\mathcal{D})\right)}{\partial\mu} = 0 \Leftrightarrow \left(-\frac{1}{2\sigma^2}\right)\cdot\left(2\mu m - 2\sum_{i=1}^{m}x_i\right) = 0 \Leftrightarrow$$

$$\Leftrightarrow \mu m = \sum_{i=1}^{m}x_i \Leftrightarrow \mu = \frac{1}{m}\sum_{i=1}^{m}x_i$$

A respeito de σ^2:

$$\frac{\partial\ln\left(\mathcal{L}(\theta_i|\mathcal{D})\right)}{\partial\sigma^2} = 0 \Leftrightarrow -\frac{m}{2\sigma^2} + \frac{1}{2}\sum_{i=1}^{m}\frac{(x_i-\mu)^2}{\sigma^2} = 0 \Leftrightarrow$$

$$\Leftrightarrow -m + \sum_{i=1}^{m}\frac{(x_i-\mu)^2}{\sigma^2} = 0 \Leftrightarrow \sigma^2 = \frac{1}{m}\sum_{i=1}^{m}(x_i-\mu)^2$$

2.6.2 Modelo de mistura de gaussianas e o algoritmo EM

Combinações envolvendo diferentes distribuições de probabilidade conhecidas dão origem a novas distribuições de probabilidade. Esta propriedade de "misturar modelos" abre caminho para obtenção de distribuições que vão além daquelas já conhecidas.

Neste contexto, um *modelo de mistura* expressa a modelagem de uma distribuição $p(\mathbf{x})$ como resultado da combinação linear entre funções densidade de probabilidade. Formalmente:

$$p(\mathbf{x}) = \sum_{j=1}^{k}\lambda_j p(\mathbf{x}|\theta_j)$$

$$\text{com } \sum_{j=1}^{k}\lambda_j = 1; \int_{\mathbf{x}\in\mathcal{X}}p(\mathbf{x}|\theta_j)d\mathbf{x} = 1 \tag{2.26}$$

---

[13]Detalhes complementares sobre esta distribuição são apresentados no Apêndice B.

em que θ_j corresponde a uma tupla de parâmetros exigidos pela j-ésima componente.

A combinação apresentada na Equação 2.26 envolve k distribuições $p(\mathbf{x}|\theta_j)$ ponderadas pelos respectivos $\lambda_j \in [0,1]$, com $j = 1, \ldots, k$. Em tempo, é fácil observar que $\displaystyle\int_{\mathbf{x} \in \mathcal{X}} p(\mathbf{x})d\mathbf{x} = 1$, uma vez que as diferentes componentes atendem à condição $\displaystyle\int_{\mathbf{x} \in \mathcal{X}} p(\mathbf{x}|\theta_j)d\mathbf{x} = 1$ e a ponderação efetuada por λ_j não provoca contração/expansão do intervalo $[0,1]$.

É importante mencionar que um modelo de mistura é capaz de aproximar qualquer distribuição desde que seja considerada uma quantidade k adequada de componentes devidamente parametrizadas (θ_j; $j = 1, \ldots, k$) e ponderadas (λ_j; $j = 1, \ldots, k$). Neste sentido, o espaço de parâmetros que contém a solução do problema posto possui como elementos tuplas da forma $\Psi = (\lambda_1, \ldots, \lambda_k, \theta_1, \ldots, \theta_k)$.

Na tentativa de colocar em ação o método da máxima verossimilhança (Seção 2.6.1) e obter a estimação de tais parâmetros, o problema seria reduzido à maximização da função $\mathcal{L}(\Psi) = \displaystyle\prod_{i=1}^{m}\sum_{j=1}^{k} \lambda_j p(\mathbf{x}_i; \theta_j)$. No entanto, a não linearidade deste problema não permite que o ponto de máximo seja obtido via $\dfrac{\partial \mathcal{L}(\Psi)}{\partial \Psi} = 0$. Como alternativa, é feito uso de um processo iterativo denominado *Expectation-Maximization* (EM).

A fim de favorecer as discussões que seguem assim como seu tratamento computacional, vamos considerar a seguinte reinterpretação sobre a Equação 2.26:

$$p(\mathbf{x}|\Psi) = \sum_{j=1}^{k} \lambda_j p_j(\mathbf{x}|\mathbf{y}, \theta_j) \tag{2.27}$$

em que $p_j(\mathbf{x}|y_j, \theta_j)$ é uma das k componentes da mistura com parâmetro θ_j; e $\mathbf{y} = [y_1, \ldots, y_k]$ compreende um vetor binário, tal que apenas uma das componentes equivale a 1 e as demais são nulas, cuja finalidade é identificar as componentes da mistura responsáveis por gerar $\mathbf{x}$. A respeito dos pesos que ponderam a mistura, é razoável admitir $\lambda_j = p(y_j)$, uma vez que este expressa a probabilidade de $\mathbf{x}$ ter sido gerado pela j-ésima componente.

Além disso, admitiremos $p_j(\mathbf{x}|\mathbf{y}, \theta_j)$ como gaussianas multivariadas, o que possibilita maior leque de aplicação e uso sobre dados multivariados. Esta consideração denomina o processo a seguir como Modelo de Mistura de Gaussianas (*Gaussian Mixture Model* – GMM).

Com base nas observações de $\mathcal{D} = \{\mathbf{x}_1, \ldots, \mathbf{x}_m\}$ e considerando uma configuração de parâmetros $\Psi = (\lambda_1, \ldots, \lambda_k, \theta_1, \ldots, \theta_k)$, podemos calcular a pertinência de cada $\mathbf{x}_i$, com $i = 1, \ldots, m$, em relação à componente j, através da expressão:

$$w_{ij} = p(y_j = 1|\mathbf{x}_i, \Psi) = \frac{\lambda_j p_j(\mathbf{x}_i|\mathbf{y}, \theta_j)}{\sum_{\ell=1}^{k} \lambda_\ell p_\ell(\mathbf{x}_i|\mathbf{y}, \theta_\ell)} \quad (2.28)$$

Uma vez postas essas considerações, temos condições necessárias para iniciar um processo iterativo que converge à configuração de parâmetros que conduz a uma distribuição de probabilidade modelada a partir da mistura de gaussianas. Tal processo compreende duas etapas, uma sobre a Esperança (E – *Expectation*) com que cada componente atua na mistura e outra sobre a Maximização (M – *Maximization*) da probabilidade através da atualização dos parâmetros.

Etapa E: partindo de uma configuração inicial (aleatória ou não) para $\Psi = (\lambda_j, \theta_j : j = 1, \ldots, k)$, são computados os valores de pertinência w_{ij}, para $i = 1, \ldots, m$ e $j = 1, \ldots, k$. Neste ponto, vale destacar que é conveniente armazenar tais valores em uma matriz W de dimensão $m \times k$.

Etapa M: posteriormente, em posse dos valores de pertinência, as Equações 2.29, 2.30 e 2.31 levam à atualização dos parâmetros da mistura:

$$\lambda_j^{(novo)} = \frac{m_j}{m}; \ m_j = \sum_{i=1}^{m} w_{ij}; \ j = 1 \ldots, k \quad (2.29)$$

$$\mu_j^{(novo)} = \frac{1}{m_j} \sum_{i=1}^{m} w_{ij}\mathbf{x}_i; \ j = 1 \ldots, k \quad (2.30)$$

$$\Sigma_j^{(novo)} = \frac{1}{m_j} \sum_{i=1}^{m} w_{ij}(\mathbf{x}_i - \mu_j^{(novo)})^T(\mathbf{x}_i - \mu_j^{(novo)}); \ j = 1 \ldots, k \quad (2.31)$$

Uma vez obtidas as atualizações $\lambda_j^{(novo)}$, $\mu_j^{(novo)}$ e $\Sigma_j^{(novo)}$, com $j = 1 \ldots, k$, a convergência pode ser verificada através da função log-verossimilhança, definida por:

$$\log \mathcal{L}(\Psi^{(novo)}) = \sum_{i=1}^{m} \left(\log \left(\sum_{j=1}^{k} \lambda_j p_j(\mathbf{x}_i|\mathbf{y}, \theta_j) \right) \right) \quad (2.32)$$

Assim, ao passo que a convergência não é verificada por intermédio de $\left|\log \mathcal{L}(\Psi^{(novo)}) - \log \mathcal{L}(\Psi)\right| < \epsilon$, dado $\epsilon \in \mathbb{R}_+$ tão pequeno quanto desejado, o processo retorna à **etapa M**, em que os valores de pertinência w_{ij}, com $i = 1, \ldots, m$ e $j = 1, \ldots, k$, assumem a configuração de parâmetros Ψ equivalente aos respectivos valores recém atualizados (i.e., $\Psi := \Psi^{(novo)}$).

Como comentário final, é importante destacar que o processo descrito acima pode ser estendido para outras distribuições de probabilidade, porém os estimadores dos parâmetros devem ser devidamente adaptados. Além disso, o processo de inicialização dos parâmetros pode ser guiado com uso de algoritmos de agrupamento ou outras heurísticas. Um exemplo de heurística que se mostra eficiente neste processo de inicialização compreende os seguintes passos: (i) fixar $\lambda_j = 1/k$; $j = 1, \ldots, k$; (ii) fixar $\Sigma_j = \mathbf{I}$; $j = 1, \ldots, k$; (iii) repetir m vezes a seleção de k vetores aleatórios, considerá-los como $\mu_1, \ldots, \mu_k$, e computar a função log-verossimilhança; (iv) utilizar como inicialização $\lambda_j, \Sigma_j, \mu_k$; $j = 1, \ldots, k$ que maximiza a função log-verossimilhança. Outra abordagem de inicialização compreende o uso do algoritmo K-Médias, conforme discutido no Capítulo 6.

Na Figura 2.7, é ilustrada uma distribuição de probabilidade alcançada pelo método GMM quando aplicado sobre um conjunto de observações aleatórias geradas por duas distribuições gaussiana multivariadas independentes. O ajuste efetuado considera um modelo composto por duas componentes (i.e., $k = 2$). Por sua vez, o resultado obtido permite verificar a combinação de duas distribuições. A fim de completar esta discussão, a Figura 2.8 apresenta ajustes obtidos diante da consideração de três e quatro componentes. É possível observar que as regiões de maior densidade são associadas a componentes distintas.

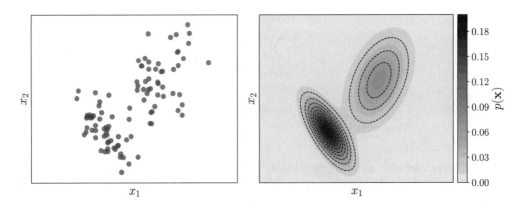

Figura 2.7 – Aplicação de modelo de mistura de gaussianas, ajustado a partir do algoritmo EM, com uso de duas componentes.

2.6.3 Método do histograma

De forma distinta das discussões anteriores, cujo foco residiu na estimação de parâmetros para modelagem de determinada distribuição de probabilidade, lida-

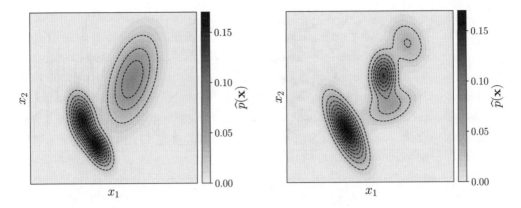

Figura 2.8 – Ajuste sob consideração de três (esquerda) e quatro (direita) componentes.

remos agora com uma abordagem livre de parâmetros[14], ou seja, uma abordagem não paramétrica.

Uma forma simples de obter uma aproximação para a função de distribuição de probabilidade referente ao comportamento de um dado conjunto de observações $\mathcal{D} = \{x_i \in \mathbb{R} : i = 1, \ldots, m\}$ é tomar como base o conceito de histograma. Para tal, o intervalo de valores que contém as observações em $\mathcal{D}$ é particionado em subintervalos disjuntos de amplitude h, cujo significado é similar aos intervalos de classes em uma tabela de distribuição de frequência usada na construção de histogramas. Por conseguinte, alcançamos:

$$\widehat{p}(x) = \frac{1}{h}\frac{q(x)}{m} \tag{2.33}$$

sendo $q(x)$ uma quantificação a respeito do número de observações de $\mathcal{D}$ e que ocupam o mesmo subintervalo que contém x.

Todavia, é necessário destacar que este método proporciona $\widehat{p}(x)$ convergente à verdadeira distribuição de probabilidade $p(x)$, desde que: m seja suficientemente grande; h seja suficientemente pequeno; $q(x) \to \infty$; e $q(x)/m \to 0$. Além disso, esta proposta contempla apenas dados unidimensionais.

Uma demonstração de uso do método do histograma é apresentado na Figura 2.9. Inicialmente, é obtido um conjunto de observações aleatórias segundo as distribuições $\mathcal{N}(0,1)$ e $\mathcal{N}(-2,2)$. Posteriormente, sobre tais observações, são obtidas aproximações da distribuição de probabilidade dos dados, considerando h igual a $0, 1$, $0, 5$ e $1, 0$. Ao passo que h aumenta, são alcançadas distribuições mais suaves.

---

[14]Neste contexto, o termo "livre" refere-se aos parâmetros de distribuições de probabilidade. No entanto, outros parâmetros podem surgir.

42 Reconhecimento de padrões: um estudo dirigido

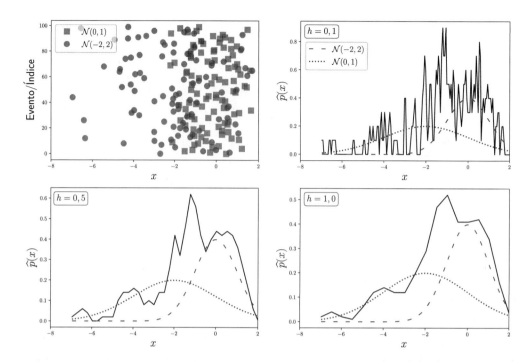

Figura 2.9 – Aplicação do método do histograma sobre um conjunto de dados gerado aleatoriamente pela união de observações provenientes de duas gaussianas univariadas distintas, considerando diferentes valores de h. As curvas pontilhada e tracejada representam as distribuições de onde originam os dados. A curva contínua representa a distribuição estimada.

2.6.4 Janelas de Parzen

Com objetivo de contemplar a aproximação não paramétrica sobre a distribuição de probabilidade de $\mathcal{D} = \{\mathbf{x}_i \in \mathbb{R}^n : i = 1, \ldots, m\}$, em vez de utilizar intervalos de amplitude h^{15}, são empregados hipercubos[16] de lado h. Além desta consideração, é empregada a seguinte função:

$$\phi(\mathbf{x}_i) = \begin{cases} 1; & \text{se}|x_{ij}| < 1/2; \ j = 1, \ldots, n \\ 0; & \text{caso contrário} \end{cases} \quad (2.34)$$

Como podemos observar, $\phi(\cdot)$ atua como um "verificador lógico", cujo retorno igual a 1 indica que $\mathbf{x}_i$ é interno ao hipercubo de lado unitário centrado na origem do espaço $\mathbb{R}^n$. Dessa forma, a substituição do argumento $\mathbf{x}_i$ por $\left(\dfrac{\mathbf{x}_i - \mathbf{x}}{h}\right)$ torna-

---

[15]...de qualquer forma, seria impossível.

[16]Termo adotado em amplo sentido – é evidente que, para os casos bi e tridimensionais, cabe substituição por *quadrado* e *cubo*, respectivamente.

se equivalente a uma translação que move o hipercubo da origem ao ponto $\mathbf{x}$ seguida por transformação em escala, tornando-o análogo a um hipercubo de lado h.

Por sua vez, a aproximação que desejamos alcançar é expressa por:

$$\widehat{p}(\mathbf{x}) = \frac{1}{h^n} \frac{1}{m} \sum_{i=1}^{m} \phi\left(\frac{\mathbf{x}_i - \mathbf{x}}{h}\right) \tag{2.35}$$

Um problema relacionado à expressão posta refere-se a sua descontinuidade, ou seja, o comportamento binário desempenhado por $\phi(\cdot)$ pode proporcionar mudanças repentinas entre valores de probabilidade aproximados e valores nulos, causados pela ausência de observações em determinadas regiões não abrangidas por $\mathcal{D}$. Uma alternativa consiste em adotar outra formulação para ϕ que seja capaz de realizar ponderações suaves sobre o espaço dos dados e assegure $\int_{\mathbb{R}^n} \phi(\mathbf{x})d\mathbf{x} = 1$. Para tal propósito, é usualmente adotada a função:

$$\phi(\mathbf{x}) = \frac{1}{\sqrt{2\pi}} e^{-\left(\frac{\mathbf{x}^T \mathbf{x}}{2}\right)} \tag{2.36}$$

A Figura 2.10 apresenta o uso do método discutido, denominado Janelas de Parzen, na estimação da densidade de probabilidade sobre os mesmos dados utilizados nos exemplos anteriores. Diferentes valores de h são testados e os respectivos resultados mostram que o aumento em tal parâmetro implica em distribuições mais suaves.

2.6.5 K-vizinhos mais próximos

Na formulação inicial sobre o método Janelas de Parzen, a estimação da distribuição de probabilidades para um dado $\mathbf{x}$ é obtido através da noção do número de observações em $\mathcal{D}$ que ocorrem no interior de um hipercubo de volume fixo. Uma forma reversa de alcançar tal resultado é fixando um número $k \in \mathbb{N}$ de observações, com $k < \#\mathcal{D}$, sobre as quais determinamos o volume da menor hiperesfera que contém k observações. Dessa forma, ao passo que regiões com baixa densidade de probabilidade serão associadas a grandes volumes, as regiões de alta densidade serão compreendidas por volumes restritos.

A expressão para tal estimativa é dada por:

$$\widehat{p}(\mathbf{x}) = \frac{k}{mV_k(\mathbf{x})} \tag{2.37}$$

em que m é a cardinalidade de $\mathcal{D}$, e $V_k(\mathbf{x})$ corresponde ao volume da menor hiperesfera possível com centro em $\mathbf{x}$ e que contém k observações de $\mathcal{D}$.

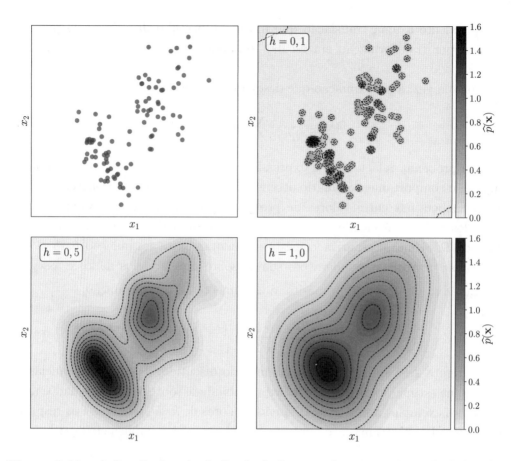

Figura 2.10 – Aplicação do método Janela de Parzen sobre um conjunto de dados aleatórios obtidos pela soma de duas gaussianas multivariadas. O aumento no valor de h proporciona distribuições mais suaves.

A quantidade $V_k(\mathbf{x})$ é facilmente obtida através da seguinte relação:

$$V_k(\mathbf{x}) = V_0 \rho^n; \text{ com } V_0 = \begin{cases} \dfrac{\pi^{n/2}}{(n/2)!}, & \text{se } n \text{ par} \\ 2^n \pi^{(n-1)/2} \dfrac{((n-1)/2)!}{n!}, & \text{se } n \text{ ímpar} \end{cases} \quad (2.38)$$

sendo ρ a k-ésima menor distância observada entre $\mathbf{x}$ e os elementos de $\mathcal{D}$.

Estimações fazendo uso de k igual a 5, 10 e 20 são mostrados na Figura 2.11. De modo similar aos resultados obtidos com o método Janelas de Parzen, verifica-se que o aumento de k proporciona maior suavização na distribuição estimada.

Consideremos agora, pela primeira vez, o conjunto de observações $\mathcal{D} = \{(\mathbf{x}_i, y_i) : i = 1, \ldots, m\}$, no qual $\mathbf{x}_i$ está associado a uma classe de $\Omega = \{\omega_1, \ldots, \omega_c\}$ através de indicadores de classe $y_i \in \mathcal{Y} = \{1, \ldots, c\}$. A partir

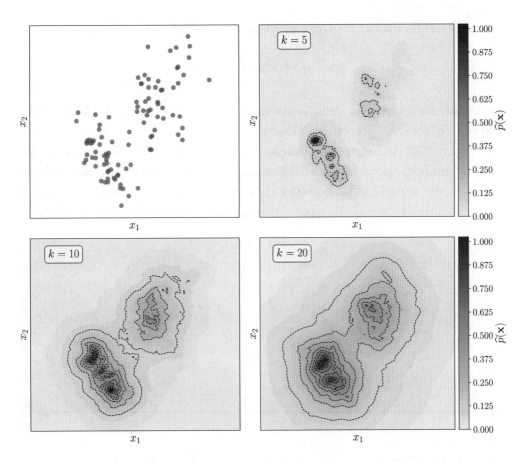

Figura 2.11 – Aplicação do método k-vizinhos mais próximos. Aplicado sobre um conjunto de dados aleatórios obtido pela soma de duas gaussianas multivariadas, considerando diferentes valores de k.

desse conjunto, é possível estimar densidades de probabilidade para cada uma das classes isoladamente através da seguinte expressão:

$$p(\mathbf{x}|\omega_j, k) = \frac{k}{m_j V_0 \rho_{kj}(\mathbf{x})} \qquad (2.39)$$

sendo $\rho_{kj}(\mathbf{x})$ a k-ésima menor distância observada entre $\mathbf{x}$ e cada uma das m_j observações $\mathbf{x}_i$ presentes em $\mathcal{D}$ e associadas à classe ω_j.

Nestas condições, com base no modelo ML (Equação 2.10), é desenvolvida a seguinte relação:

$$(\mathbf{x}, \omega_j) \Leftrightarrow p(\mathbf{x}|\omega_j, k) > p(\mathbf{x}|\omega_\ell, k) \Leftrightarrow$$
$$\Leftrightarrow \frac{k}{m_j V_0 \rho_{kj}(\mathbf{x})} > \frac{k}{m_\ell V_0 \rho_{k\ell}(\mathbf{x})} \Leftrightarrow m_\ell \rho_{k\ell}(\mathbf{x}) > m_j \rho_{kj}(\mathbf{x}) \qquad (2.40)$$

Interpretando $\mathrm{dk}_j(\mathbf{x}) = m_j \rho_{kj}(\mathbf{x})$ como uma medida de distância, temos:

$$(\mathbf{x}, \omega_j) \Leftrightarrow \arg\min_{j=1,...,c} \mathrm{dk}_j(\mathbf{x}) \tag{2.41}$$

como expressão da regra de decisão que caracteriza o classificador k-vizinhos mais próximos (KNN – *K-Nearest Neighbors*).

A Figura 2.12 demonstra a aplicação do classificador KNN sobre um conjunto de dados composto por suas classes. Podemos concluir que tal classificador tende a proporcionar superfícies de decisão localmente lineares. Além disso, é verificado que o aumento no valor de k implica em superfícies de decisão mais genéricas.

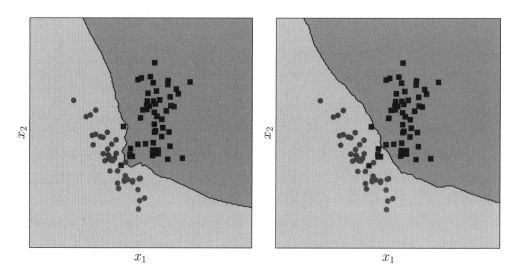

Figura 2.12 – Aplicação do classificador KNN sobre um conjunto de dados aleatório, considerando k igual a 3 (esquerda) e 15 (direita).

2.7 Experimento computacional

Esta seção tem o intuito de exemplificar o uso de alguns métodos introduzidos neste capítulo. Os métodos não incluídos nas discussões que seguem são alcançados através de simples modificações/considerações nos algoritmos mostrados a seguir, logo tal verificação ficará a cargo do leitor. Ainda, é importante frisar que as implementações a seguir foram codificadas visando maior didática, o que pode torná-la não otimizada em termos computacionais[17].

---
[17] No contexto da linguagem adotada, o código não é/está *Pythônico*.

Além disso, devido a sua importância nas etapas seguintes, são introduzidos dois algoritmos adicionais. O primeiro deles (Código 2.1) é destinado à geração de arquivos de texto com dados simulados, segundo distribuições gaussianas multivariadas[18]. O segundo algoritmo (Código 2.2) tem o propósito de acessar o arquivo gerado pelo algoritmo anterior e retornar variáveis que contêm os dados simulados e os respectivos rótulos (i.e., o indicador de classe).

Em relação ao Código 2.1, a variável `path_out` (linha 5) é responsável por definir o caminho do arquivo que armazenará o conjunto de dados simulados. As variáveis `mu1`, `mu2`, `sigma1`, `sigma2` atuam na parametrização da distribuição gaussiana multivariada (linhas 25–26) que simula os dados. A definição de um rótulo/classe para os valores simulados, assim como a quantidade de simulações por classe, é fixada pelas variáveis `rotulo1`, `qnt1`, `rotulo2` e `qnt2`.

```
1  import numpy as np #Importação da biblioteca NumPy
2
3  #Definição de "semente" geradora de números aleatórios
4  np.random.seed(123456)
5  path_out = 'saidaSim.txt' #Caminho do arquivo a ser gerado
6
7  #Parametrização das distribuições gauss. multiv. usadas
8  #na geração dos dados aleatórios (bidimensionais)
9  mu1 = [1.0, 1.0]; Sigma1 =[[0.75, 0.5], [0.5, 2.0]]
10 rotulo1 = 1; qnt1 = 50
11 mu2 = [-2.0, 2.0]; Sigma2 = [[0.5, -0.5], [-0.5, 1]]
12 rotulo2 = 2; qnt2 = 40
13
14 #Construção de arrays de parâmetros/rótulos/quantidades
15 conjMu = np.array([mu1, mu2])
16 conjSigma = np.array([Sigma1, Sigma2])
17 rotulos = np.array([rotulo1, rotulo2])
18 quantidades = np.array([qnt1, qnt2])
19
20 #Geração do arquivo de saída
21 f= open(path_out,"w")
22 for r in range(rotulos.size):
23     #Confira documentação da função "multivariate_normal"
24     #Transposição ".T" usada para fins de compatibilização
25     dados = np.random.multivariate_normal(conjMu[r,:],
26                     conjSigma[r,:,:], quantidades[r]).T
```

[18]Vale citar a existência de diversas funções para simulação de dados já implementadas em muitas outras bibliotecas, e em especial na `Scikit-Learn`. Porém, a construção e discussão dos algoritmos que seguem têm intuito único de fomentar um melhor entendimento. O uso de implementações/bibliotecas disponíveis será feito oportunamente e ocorrerá com maior frequência a partir do Capítulo 3.

48 Reconhecimento de padrões: um estudo dirigido

```
27
28      for i in range(0,quantidades[r]):
29          st = str(rotulos[r])
30          for j in range(0,dados.shape[0]):
31              st += ','+ str(dados[j, i])
32          st += '\n' #Força continuação na próxima linha
33          f.write(st)
34 f.close() #Encerra o processo de escrita dos dados
```

Código 2.1 – Simulação de conjunto de dados segundo distribuição gaussiana multivariada.

Ainda, vale observar que o arquivo produzido pelo Código 2.1 segue uma estrutura de fácil interpretação. Cada linha contém informações sobre um único padrão, em que o primeiro valor refere-se ao rótulo/indicador da classe, seguido pelas componentes do padrão (i.e., o vetor de atributos). Os diferentes valores são separados por vírgula. Com base nessa estrutura, o Código 2.2 implementa a função `read_class_data`, a qual é capaz de ler arquivos no padrão gerado pelo Código 2.1 e retorna como resultado duas variáveis, uma composta pelos rótulos de cada padrão (declarada por y) e outra, pelos padrões em si (declarada por x), de modo que `y[i]` corresponde ao rótulo do padrão contido em `x[i,:]`, sendo i um índice qualquer.

```
1  #Necessário para identificação da "," como separador
2  import csv
3
4  def read_class_data(path):
5      with open(path, newline='') as f:
6          reader = csv.reader(f, delimiter=',')
7          for row in reader:
8              try:
9                  data = np.vstack((data, #continua...
10                                  np.asarray(row).astype(np.float)))
11             except:
12                  data = np.asarray(row).astype(np.float)
13      f.close()
14      y = data[:,0]  #[:,0] para "todas linhas da 1a coluna"
15      x = data[:,1:] #[:,1:] para "idem da 2a à última coluna"
16      return y,x
```

Código 2.2 – Leitura de dados segundo a estrutura gerada pelo Código 2.1.

Como podemos notar, nas seções anteriores a distribuição gaussiana multivariada foi amplamente utilizada. Em vista deste fato, a implementação desta distribuição de probabilidade é dada no Código 2.3. Nesta implementação, para um dado vetor x é computada sua verossimilhança em relação uma dada distribuição gaussiana multivariada parametrizada por `mu` (vetor médio) e `Sigma` (matriz de covariância).

```python
def multivariate_gaussian(x, mu, Sigma):
    n = mu.shape[0]
    Sigma_det = np.linalg.det(Sigma)
    Sigma_inv = np.linalg.inv(Sigma)
    fator = 1/np.sqrt((2 * np.pi)**n * Sigma_det)
    expo = (((x - mu).T).dot( Sigma_inv)).dot(x - mu)
    return np.exp(-0.5*expo)/fator
```

Código 2.3 − Função densidade de probabilidade gaussiana multivariada.

Uma vez posta tais implementações, iniciamos com a geração de dois conjuntos de dados, denominados $\mathcal{D}$ e $\mathcal{I}$, ambos compostos por duas classes apenas, ω_1 e ω_2. O conjunto $\mathcal{D}$ compreende exemplos de treinamento, os quais serão utilizados na modelagem da distribuição de probabilidade das classes ω_1 e ω_2. Por outo lado, a modelagem obtida a partir de $\mathcal{D}$ será empregada na classificação dos padrões de $\mathcal{I}$. No contexto deste exemplo, os arquivos relacionados a estes conjuntos são denominados `saidaSim_D.txt` e `saidaSim_I.txt`.

Apesar de ser uma consideração irreal nas aplicações práticas, para este estudo introdutório, as classes de todos os exemplos de $\mathcal{D}$ e $\mathcal{I}$ são conhecidas de antemão. Além disso, sabemos que os padrões de ω_1 seguem distribuição gaussiana multivariada com parâmetros $\mu_1 = [1,1]$ e $\Sigma_1 = \begin{bmatrix} 0,75 & 0,5 \\ 0,5 & 2,0 \end{bmatrix}$, assim como os padrões de ω_2, advindos da mesma distribuição, porém parametrizada por $\mu_2 = [-2,-2]$ e $\Sigma_2 = \begin{bmatrix} 0,5 & -0,5 \\ -0,5 & 1 \end{bmatrix}$. Vamos admitir ainda que existe uma variação no comportamento dos padrões em $\mathcal{D}$ e $\mathcal{I}$, o que fez com que os dados de $\mathcal{I}$ tenham sido gerados com: $\mu_1 = [0,9; 0,9]$; $\Sigma_1 = \begin{bmatrix} 1,5 & 0,75 \\ 0,75 & 1,5 \end{bmatrix}$; $\mu_2 = [-1,75, -1,75]$; e $\Sigma_2 = \begin{bmatrix} 1,5 & -0,5 \\ -0,5 & 1,5 \end{bmatrix}$.

A Figura 2.13 ilustra a distribuição dos padrões contidos nos conjuntos $\mathcal{D}$ e $\mathcal{I}$. As classes ω_1 e ω_2 são denotadas por quadrados e círculos, respectivamente. O Código 2.1 foi empregado para geração destes conjuntos de dados. Enquanto os conjuntos ω_1 e ω_2 possuem, respectivamente, 50 e 40 exemplos em $\mathcal{D}$, o número de exemplos é igual a 500 em cada uma das classes no conjunto $\mathcal{I}$.

Diante dos dados apresentados, os classificadores ML, mínima distância euclidiana (MDE) e KNN ($k = 5$), foram modelados segundo as informações contidas em $\mathcal{D}$ e posteriormente aplicados na classificação dos padrões em $\mathcal{I}$, cujos respec-

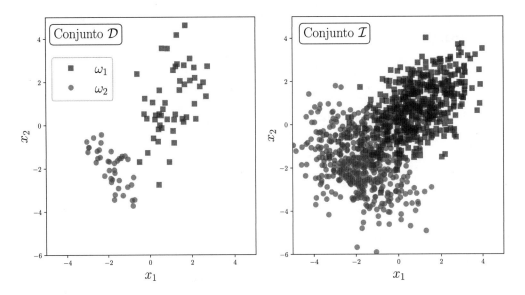

Figura 2.13 – Conjuntos de padrões simulados segundo as descrições apresentadas.

tivos percentuais de acerto foram: ML – 84,2%; MDE – 92,5%; KNN – 93,1%. Os Códigos 2.4 e 2.5 contemplam as funções utilizadas pelos métodos MDE e KNN assim como o experimento de classificação em si. A Figura 2.14 ilustra as regiões de decisão associadas a cada um dos métodos utilizados. A construção dos gráficos que exibem tais regiões de decisão não foi contemplada pelos códigos abaixo.

```
#Distância euclidiana diante do contexto da Equação 2.20
def euclid_dist(X, mu):
    d = (X - mu)
    return np.linalg.norm(d)

#Medida de comparação baseada na Equação 2.40
def rank_knn(x,k,dataSet,V0):
    m = np.shape(dataSet)[0]
    n = np.shape(dataSet)[1]
    
    dist = np.zeros(m)
    for i in range(0,m):
        v = (dataSet[i,:] - x)
        dist[i] = np.sqrt(v.dot(v.T))
    
    dist.sort() #Coloca "dist" em ordem decrescente
    #Considera a k-ésima menor distância de "dist" em "Vk"
    Vk = V0 * (dist[k-1] ** n)
```

```
19
20    return k/(m * Vk)
```

Código 2.4 – Funções usadas na regra de decisão dos métodos MDE e KNN.

```
1  #Arquivo com os dados dos conjuntos D e I
2  pathD = './saidaSim_D.txt'
3  pathI = './saidaSim_I.txt'
4
5  #Leitura dos dados
6  yD,xD = read_class_data(pathD)
7  yI,xI = read_class_data(pathI)
8
9  #Posições em D onde ocorrem exemplos das classes 1 e 2
10 cla1 = np.where(yD == 1)[0]; cla2 = np.where(yD == 2)[0]
11
12 #Vetores com as predições a serem realizadas
13 predML = np.copy(yI)
14 predMDE = np.copy(yI)
15 predKNN = np.copy(yI)
16
17 #Estimação dos parâmetros mu/sigma usados por ML
18 mu1 = np.mean(xD[cla1,:], axis=0) #Vetor médio para y=1
19 mu2 = np.mean(xD[cla2,:], axis=0) #Vetor médio para y=2
20 sigma1 = np.cov((xD[cla1,:]).T) #Uso de ".T" para fins
21 sigma2 = np.cov((xD[cla2,:]).T) #...de compatibilização
22
23 #Parâmetros/elementos usados por KNN
24 k = 5 #Número de vizinhos mais próximos
25 dim = xD.shape[1] #Dimensão do espaço de atributos
26
27 #Determinação da constante "V0"
28 if dim%2 == 0:
29     V0 = (np.pi ** (dim//2))/np.math.factorial(dim/2)
30 else:
31     V0 = (2**dim) * (np.pi ** ((dim-1)/2)) *
32         np.math.factorial(((dim-1)/2)) *
33         np.math.factorial(dim)
34
35 #Processo de classificação
36 m = yI.shape[0] #Quantidade de itens a serem classificados
37 for i in range(0,m):
38     padrao = xI[i,:] #Padrão a ser classificado
39
40     #Classificação ML
41     if multivariate_gaussian(padrao, mu1, sigma1) >=
42         multivariate_gaussian(padrao, mu2, sigma2):
```

```
43          predML[i] = 1
44      else: predML[i] = 2
45
46      #Classificação MDE
47      if euclid_dist(padrao, mu1) <=
48          euclid_dist(padrao, mu2):
49          predMDE[i] = 1
50      else: predMDE[i] = 2
51
52      #Classificação KNN
53      if rank_knn(padrao,k,xD[cla1,:],V0) >=
54          rank_knn(padrao,k,xD[cla2,:],V0):
55          predKNN[i] = 1
56      else: predKNN[i] = 2
57
58  #Cálculo do número de acertos ("True" equivale a 1)
59  #A função "count_nonzero" quantifica o número de elementos
60  #...não nulos no array
61  acertoML  = np.count_nonzero(yI == predML)/m
62  acertoMDE = np.count_nonzero(yI == predMDE)/m
63  acertoKNN = np.count_nonzero(yI == predKNN)/m
64
65  print("Acertos ML: %f \nAcertos MDE: %f \nAcertos KNN: %f"
66      %(acertoML,acertoMDE,acertoKNN))
```

Código 2.5 – Experimento de classificação envolvendo os métodos ML, MDE e KNN.

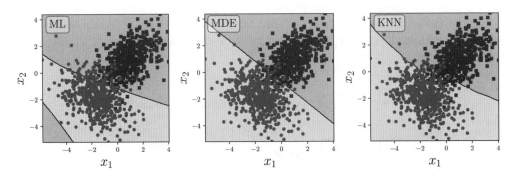

Figura 2.14 – Regiões de decisão proporcionadas pelos métodos ML, MDE e KNN.

2.8 Exercícios

1. Considere um problema de classificação envolvendo duas classes, ω_1 e ω_2, para o qual será empregado o modelo ML. Efetue a modelagem das dis-

Teoria da decisão de Bayes   53

tribuições de probabilidade (gaussianas multivariadas) referentes às classes ω_1 e ω_2 com base em um conjunto de dados $\mathcal{D}$. Posteriormente, realize a classificação de um segundo conjunto de dados $\mathcal{I}$ e contabilize o número de previsões corretas proporcionadas com base no rótulo associado a cada exemplo. Utilize o Algoritmo 2.1 e considere a seguinte configuração de parâmetros para geração dos conjuntos $\mathcal{D}$ e $\mathcal{I}$:

```
1  #Dados simulados para a classe 1 (são 2 distribuições)
2  mu1 = [0.0, 0.5]; Sigma1 = [[0.75, 0.5], [0.5, 2.0]]
3  rotulo1 = 1; qnt1 = 20
4
5  mu2 = [1.0, 1.0]; Sigma2 = [[0.75, 0.5], [0.5, 2.0]]
6  rotulo2 = 1; qnt2 = 20
7
8  #Simulação referente à classe 2
9  mu3 = [-1.5, -1.5]; Sigma3 = [[0.5, -0.5], [-0.5, 1.0]]
10 rotulo3 = 2; qnt3 = 50
```

Código 2.6 – Configuração de parâmetros para simulação de conjunto de dados segundo distribuição gaussiana multivariada.

2. Refaça o exercício anterior com uso do modelo Naive Bayes.

3. Utilize os conjuntos $\mathcal{D}$ e $\mathcal{I}$ obtidos no Exercício 1 para modelagem e aplicação do classificador KNN. Verifique a porcentagem de acerto deste método assumindo:

    a) $k = 3$

    b) $k = 11$

    c) $k = 25$

Discuta sobre os resultados.

4. Aplique o método GMM, baseado em distribuições gaussianas multivariadas, a fim de modelar o comportamento da distribuição de probabilidade dos dados gerados no Exercício 1.

5. Refaça o exercício anterior com uso de Janelas de Parzen para modelagem da distribuição de probabilidade.

6. Aplique os modelos de classificação ML, Naive Bayes, mínima distância de Mahalanobis e KNN sobre problemas de classificação envolvendo quatro classes. Realize tais aplicações sobre dados simulados. Faça as adaptações necessárias nos códigos apresentados a fim de permitir tal generalização.

Capítulo 3

Classificadores lineares

Os classificadores lineares compartilham o conceito de separação entre classes através de funções discriminantes expressas çomo combinação linear entre coeficientes (ou pesos) e as características dos padrões. A determinação desses coeficientes segundo cada método encontrado na literatura segue um processo particular, porém com o objetivo final de alcançar a melhor configuração possível. Cabe destacar que parte dos métodos lineares abordados aqui abrem caminho para a formalização de determinados métodos não lineares discutidos no Capítulo 4.

3.1 Classificadores e problemas lineares

Da forma mais simplista possível, podemos definir que um classificador é *linear* desde que o processo de discriminação das classes abrangidas pelo problema seja conduzida através de superfícies de decisão lineares. Com base nas discussões realizadas na Seção 2.4, uma superfície de decisão linear consiste no lugar geométrico que torna nula uma função discriminante linear. Genericamente, uma função linear é dada por:

$$g(\mathbf{x}) = \mathbf{w}^T\mathbf{x} + w_0 \tag{3.1}$$

em que $\mathbf{x}, \mathbf{w} \in \mathcal{X} \subseteq \mathbb{R}^n$ e $w_0 \in \mathbb{R}$. Cabe observar que a expansão de $\mathbf{w}^T\mathbf{x} + w_0$ gera uma combinação linear, e ainda, $\mathbf{w}^T\mathbf{x}$ corresponde ao produto interno entre $\mathbf{w}$ e $\mathbf{x}$[1].

A fim de exibir determinadas características e relações relevantes a respeito das superfícies de decisão geradas por $g(\mathbf{x})$, vamos considerar $\mathbb{R}^2$ como espaço de

---

[1]Cabe notar que $\mathbf{x}$ e $\mathbf{w}$ estão organizados como "vetores coluna"; caso contrário, o produto interno mencionado não seria equivalente a $\mathbf{w}^T\mathbf{x}$.

56   Reconhecimento de padrões: um estudo dirigido

atributos. Por sua vez, com o intuito de reforçar o entendimento, a Figura 3.1 apoia esta discussão.

Como mencionado, a superfície de decisão corresponde a um subconjunto de vetores $\mathbf{x}$ no espaço de atributos que torna $g(\mathbf{x}) = 0$. Ao tomar $\mathbf{x}_1$ e $\mathbf{x}_2$ sobre a superfície de decisão, verificamos que:

$$\mathbf{w}^T\mathbf{x}_1 + w_0 = \mathbf{w}^T\mathbf{x}_2 + w_0 \Leftrightarrow \mathbf{w}^T(\mathbf{x}_1 - \mathbf{x}_2) = 0$$

levando a concluir que $\mathbf{w}$ é ortogonal à superfície de decisão linear, pois $\mathbf{x}_1 - \mathbf{x}_2$ pode ser admitido como um vetor que determina a superfície de decisão (neste caso, uma reta), e a ortogonalidade mencionada decorre do produto interno nulo entre $\mathbf{w}$ e o vetor $\mathbf{x}_1 - \mathbf{x}_2$.

Considerando agora outros dois vetores $\mathbf{x}_3 = (x_{31}, 0)$ e $\mathbf{x}_4 = (0, x_{42})$ que também ocupam a superfície de decisão, salvo detalhe que $\mathbf{x}_3$ e $\mathbf{x}_4$ interceptam o primeiro e segundo eixo do espaço de atributos, respectivamente. Com isso:

$$g(\mathbf{x}_3) = \mathbf{w}^T\mathbf{x}_3 + w_0 = 0 \Rightarrow w_1 x_{31} + w_2 0 + w_0 = 0 \Rightarrow x_{31} = -\frac{w_0}{w_1}$$

$$g(\mathbf{x}_4) = \mathbf{w}^T\mathbf{x}_4 + w_0 = 0 \Rightarrow w_1 0 + w_2 x_{42} + w_0 = 0 \Rightarrow x_{42} = -\frac{w_0}{w_2}$$

Esse resultado nos permite concluir que a distância entre a superfície de decisão e a origem do espaço de atributos equivale a $\dfrac{|w_0|}{\|\mathbf{w}\|}$. Ainda, com base no mesmo conceito de distância entre ponto e reta[2], podemos concluir que o módulo de $g(\mathbf{x})$ expressa a distância entre $\mathbf{x}$ e a superfície de decisão.

Além da noção de distância entre os padrões/vetores e a superfície de decisão, é de extrema importância o valor do retorno gerado pela função discriminante. Ao tomar um $\mathbf{x}$ qualquer, tal que $g(\mathbf{x}) > 0$, podemos concluir que tal vetor está afastado da superfície $g(\mathbf{x}) = 0$ no mesmo sentido do vetor $\mathbf{w}$. De forma similar, $g(\mathbf{x}) < 0$ indica que o vetor ortogonal à superfície de decisão com extremidade em $\mathbf{x}$ possui sentido oposto a $\mathbf{w}$. Esta observação a respeito do sinal de $g(\mathbf{x})$ caracteriza a regra de decisão de um classificador linear, usualmente expressa por:

$$g(\mathbf{x}) = \mathbf{w}^T\mathbf{x} + w_0 \begin{cases} > 0 \Rightarrow \mathbf{x} \in \omega_1 \\ < 0 \Rightarrow \mathbf{x} \in \omega_2 \end{cases} \tag{3.2}$$

De acordo com a Equação 3.2, verifica-se que um classificador linear possibilita a distinção entre duas classes somente. A aplicabilidade desta abordagem em

---

[2]Neste caso, a reta faz papel de superfície de decisão. Com o aumento da dimensão do espaço de atributos, este conceito continua válido.

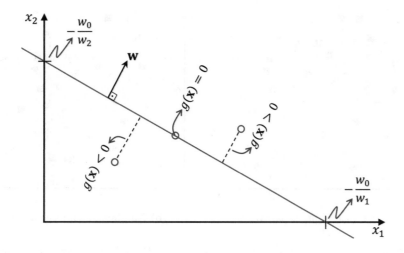

Figura 3.1 – Características de uma superfície de decisão linear.

problemas de classificação que abrangem mais de duas classes exige o uso de estratégias, as quais serão introduzidas mais adiante.

Nesta breve introdução sobre classificadores lineares, podemos notar a grande diferença conceitual existente entre esta abordagem e as regras de classificação baseadas na Teoria da Decisão de Bayes, discutidas no Capítulo 2. A simplicidade conceitual e maior facilidade no tratamento computacional tornam atrativos os classificadores lineares.

Antes de prosseguir os estudos sobre os classificadores lineares, é importante destacarmos a diferença entre classificadores lineares e problemas *linearmente* separáveis. Conforme já definido[3], os classificadores lineares são estruturados segundo funções discriminantes com forma equivalente à apresentada na Equação 3.1. Por outro lado, um problema de classificação é *linearmente* separável desde que seja possível obter, ao menos, uma superfície de decisão linear que distingua dois tipos de objetos cujas classes sejam conhecidas de antemão (Figura 3.2(a)). Diante da impossibilidade de se obter tal superfície linear, o problema de classificação se torna *não linearmente* separável (Figura 3.2(b)). Isso nos permite concluir que a capacidade de separação através de uma superfície linear é uma propriedade dos dados a serem classificados e não do classificador em si.

---

[3] Nunca é demais!

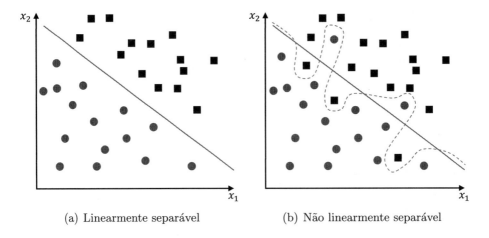

(a) Linearmente separável (b) Não linearmente separável

Figura 3.2 – Exemplos de casos de separabilidade. Para dados linearmente separáveis, é garantida a existência de uma superfície linear capaz de particionar o espaço de atributos em dois subconjuntos de classes distintas. O mesmo não é garantido para o caso não linearmente separável.

3.2 Perceptron

Proposto em 1958 por Frank Rosemblatt [Rosenblatt, 1958], o Perceptron é considerado um marco central no desenvolvimento da Inteligência Artificial como área de pesquisa. Obviamente, as áreas de reconhecimento de padrões e aprendizado de máquina foram diretamente beneficiadas pelos conceitos derivados deste modelo. Oportunamente, será discutido, na Seção 4.1, um pouco mais do contexto histórico e dos desdobramentos do Perceptron.

A representação genérica do Perceptron, inspirada no modelo de neurônio proposto por Warren McCulloch e Walter Pitts [Mcculloch and Pitts, 1943], é ilustrada na Figura 3.3. Segundo esta representação, podemos observar cinco elementos básicos: (i) à esquerda, uma camada composta por n receptores, responsáveis por receber as *informações sinápticas* $x_1, \ldots, x_n$; (ii) um conjunto de *conexões sinápticas*, que pondera as informações de entrada segundo os pesos $w_1, \ldots, w_n$; (iii) uma entrada constante e igual a +1, ponderada por w_0; (iv) no *núcleo do neurônio*, um concentrador (i.e., uma soma Σ) dos sinais de entrada que induz um *campo sináptico* e repassa para; (v) a *função de ativação g*, a qual é responsável por gerar uma resposta.

Com base nos elementos do modelo introduzidos, é formalizado um método capaz de realizar classificação de padrões. Para tal, considere um problema linearmente separável que envole duas classes e no qual é conhecido um conjunto de

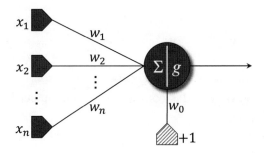

Figura 3.3 – O modelo Perceptron.

observações $\mathcal{D} = \{(\mathbf{x}_i, y_i) \in \mathcal{X} \times \mathcal{Y} : i = 1, \ldots, m\}$. Segundo esta notação, temos que $\mathbf{x}_i$ está associado exclusivamente à ω_1 ou ω_2 quando y_i equivale a $+1$ ou -1, respectivamente.

Para fins de simplificação das discussões, consideremos ainda que o problema de classificação será conduzido sobre um espaço de atributos estendido, isto é, $\mathbf{x} = [1, x_1, \ldots, x_n]^T \in \mathcal{X} \subseteq \mathbb{R}^{n+1}$, fazendo com que as funções discriminantes sejam reduzidas à forma:

$$g(\mathbf{x}) = \mathbf{w}^T \mathbf{x} \quad (3.3)$$

com $\mathbf{w} = [w_0, w_1, \ldots, w_n]^T$.

Nessas condições, o método Perceptron busca pelo $\mathbf{w}$ que proporciona $g(\mathbf{x}_i) > 0$, se $y_i = +1$, e $g(\mathbf{x}_i) < 0$ se $y_i = -1$, para $i = 1, \ldots, m$. Uma solução[4] para este problema pode ser alcançada através da minimização da seguinte função:

$$J(\mathbf{w}) = \sum_{i=1}^{m} \left(\delta(\mathbf{x}_i; \mathbf{w}) \mathbf{w}^T \mathbf{x}_i \right); \quad \delta(\mathbf{x}_i; \mathbf{w}) = \begin{cases} -1, & \text{se } y_i = +1 \text{ e } \mathbf{w}^T \mathbf{x}_i < 0 \\ +1, & \text{se } y_i = -1 \text{ e } \mathbf{w}^T \mathbf{x}_i > 0 \\ 0, & \text{caso contrário} \end{cases} \quad (3.4)$$

Vale notar que $\delta(\mathbf{x}; \mathbf{w})$ atua como "função penalizadora" no processo de treinamento do Perceptron. A aplicação da pena ocorre de acordo com o parâmetro atual $\mathbf{w}$. Consequentemente, teremos $J(\mathbf{w}) = 0$ quando obtivermos $\mathbf{w}$ tal que $\delta(\mathbf{x}_i; \mathbf{w}) = 0$ para $i = 1, \ldots, m$, o que implica nenhuma penalização por erro de classificação durante o processo de treinamento.

A minimização de $J(\mathbf{w})$ pode ser realizada com uso do algoritmo Gradiente Descendente[5]. Através desta estratégia iterativa, são obtidas atualizações sucessivas para $\mathbf{w}$. Denotando por $\mathbf{w}^{(k)}$ a k-ésima aproximação obtida para $\mathbf{w}$, temos:

---
[4] Sim, uma solução, já que podem existir infinitas.
[5] O algoritmo do Gradiente Descendente é discutido com maiores detalhes na Seção 10.1.

60   Reconhecimento de padrões: um estudo dirigido

$$\mathbf{w}^{(k+1)} = \mathbf{w}^{(k)} - \eta_k \left. \frac{\partial J(\mathbf{w})}{\partial \mathbf{w}} \right|_{\mathbf{w}=\mathbf{w}^{(k)}} \tag{3.5}$$

em que $\eta_k \in \mathbb{R}_+$ é um fator de correção que controla a atualização de $\mathbf{w}^{(k)}$. Com relação a $\mathbf{w}^{(0)}$, os valores das componentes podem ser inicializados de forma aleatória ou mesmo nula.

Uma vez que $\dfrac{\partial J(\mathbf{w})}{\partial \mathbf{w}} = \dfrac{\partial \left(\sum_{i=1}^{m} \left(\delta(\mathbf{x}_i; \mathbf{w}) \mathbf{w}^T \mathbf{x}_i \right) \right)}{\partial \mathbf{w}} = \sum_{i=1}^{m} \delta(\mathbf{x}_i; \mathbf{w}) \mathbf{x}_i$, a Equa-

ção 3.5 é reescrita por:

$$\mathbf{w}^{(k+1)} = \mathbf{w}^{(k)} - \eta_k \sum_{i=1}^{m} \delta(\mathbf{x}_i; \mathbf{w}) \mathbf{x}_i \tag{3.6}$$

Após um número finito de iterações, o algoritmo Perceptron deve convergir. Cabe ressaltar que a convergência ocorrerá desde que a sequência de fatores $\{\eta_k\}_{k=0}^{\infty}$ seja tal que $\lim_{k \to \infty} \sum_{j=0}^{k} \eta_j^2 < \infty$ e $\lim_{k \to \infty} \sum_{j=0}^{k} \eta_j \to \infty$. Uma escolha usual para este fator, e que respeita as condições apontadas, é $\eta_k = \dfrac{z}{k+1}$, com $z > 1$. Por fim, uma vez alcançada a convergência, o processo de classificação é dado de modo similar à regra estabelecida na Equação 3.2.

Como consequência do comportamento de $\delta(\cdot; \cdot)$, a função objetivo que caracteriza o treinamento do Perceptron torna-se linear por partes, conforme exemplificado na Figura 3.4. Este comportamento possibilita que diferentes configurações de valores (i.e., pares da região central) de pesos sinápticos proporcionem a minimização da função objetivo.

A Figura 3.5 apresenta a aplicação do algoritmo Perceptron sobre um conjunto de dados linearmente separáveis. As superfícies de decisão obtidas ao longo das iterações são identificadas pelas retas em tons claros no gráfico da esquerda, para as quais é observado um movimento de convergência em direção a uma solução. O resultado final de separação é apresentado no gráfico da direita.

Uma implementação do método Perceptron, segundo os elementos introduzidos nesta seção, é dada pela função `perceptron` apresentada no Código 3.1. Nesta implementação, são verificadas outras duas funções, `eta_update` e `delta_check`, responsáveis pela atualização da taxa de aprendizado e pelo cálculo de $\delta(\cdot; \mathbf{w})$. Ainda, uma vez obtido $\mathbf{w}$, a predição do indicador de classe (i.e., $+1$ ou -1) pode ser efetuada com uso da função `predictor_percetron`. Tais funções estão contidas no Código 3.2.

```
1  def perceptron(x,y):
2      dim = x.shape[1]   #Dimensão do espaço de atributos
3      k = 0              #Contador de iteração
```

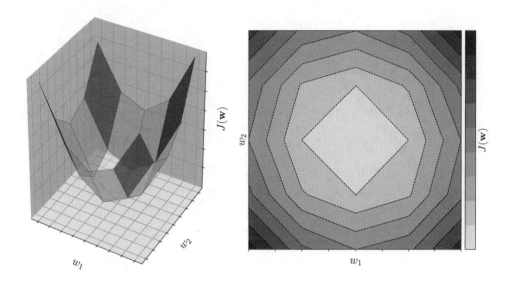

Figura 3.4 – Exemplo de função objetivo linear por partes.

```
4      z = 1                    #Usado no ajuste da taxa de aprendizado
5
6      #Inicializa aleatoriamente w no espaço estendido
7      w = np.random.normal(0,1,dim+1) #Distribuição N(0,1)
8
9      #Inicialização da taxa de aprendizado
10     eta = eta_update(z,k)
11
12     while True:
13         S = np.zeros(3) #Contabiliza desvio dos casos errados
14         count = 0       #Conta casos errados
15         for xi, yi in zip(x,y):
16             if delta_check(xi,yi,w) * #continua...
17                w.dot(np.hstack((1,xi))) > 0:
18                 S += delta_check(xi,yi,w) * np.hstack((1,xi))
19
20             if delta_check(xi,yi,w) != 0: count += 1
21
22         #Atualização das variaveis
23         w0 = np.copy(w)   #Faz uma cópia de w para comparação
24         w = w - eta * S   #Atualiza w
25
26         #Reinicia a taxa de aprendizado caso não convirja
27         #Força um retorno de "eta" para 1
28         if np.linalg.norm(w0-w) < 10**-4: z = k+1
```

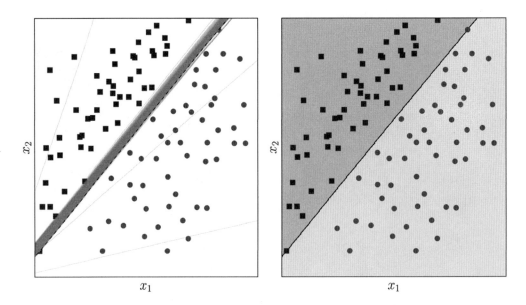

Figura 3.5 – Processo de ajuste da superfície de decisão pelo algoritmo Perceptron (esquerda) e separação final dos dados (direita).

```
29
30        eta = eta_update(z,k)    #Atualização do "eta"
31        k += 1                   #Contabiliza a iteração
32
33        if (count == 0): break   #Obteve separação linear!
34
35    return w #O retorno consiste no vetor de pesos w
```

Código 3.1 – Função que implementa o método Perceptron para dados linearmente separáveis.

```
1  #Expressão usada na atualização da taxa de aprendizado
2  def eta_update(z,k):
3      return z/(k+1)
4
5  #Verificação de erro/acerto e respectiva penalização
6  def delta_check(x,y,w):
7      if (y > 0) and (w.dot(np.hstack((1,x))) < 0): return -1
8      if (y < 0) and (w.dot(np.hstack((1,x))) > 0): return +1
9      return 0
10
11 #Função de predição da classe de x segundo o vetor w
12 def perceptron_predict(x,w):
13     if (w.dot(np.hstack((1,x))) > 0): return 1
```

Classificadores lineares   63

```
14   else: return -1
```

Código 3.2 – Função complementar ao Código 3.2

3.2.1   Perceptron sequencial

Segundo as discussões na seção anterior, o algoritmo Perceptron realiza a busca por $\mathbf{w}$ de forma iterativa. Diante da Equação 3.6, podemos verificar que a correção de $\mathbf{w}$ é guiada por $\sum_{i=1}^{m} \delta(\mathbf{x}_i; \mathbf{w})\mathbf{x}_i$ após a aplicação da função $\delta(\cdot; \cdot)$ sobre todos os $\mathbf{x}_i$ em $\mathcal{D}$. Como variante desta formulação original, o processo de atualização pode ser conduzido ao passo que cada observação é apresentada, ou seja:

$$\mathbf{w}^{(k+1)} = \mathbf{w}^{(k)} - \eta_k \delta(\mathbf{x}_i; \mathbf{w}^{(k)}) \tag{3.7}$$

Nesta proposta, a atualização de $\mathbf{w}^{(k+1)}$ ocorre somente quando a função $\delta(\mathbf{x}_i; \mathbf{w}^{(k)})$, diante da parametrização atual representada por $\mathbf{w}^{(k)}$, identifica um erro de classificação, já que a parcela $\eta_k \delta(\mathbf{x}_i; \mathbf{w}^{(k)})$ se torna nula diante das classificações corretas. Ainda, apesar da natureza finita de $\mathcal{D}$, as observações $\mathbf{x}_i$ são apresentadas sucessivamente através de ciclos. Com relação à inicialização $\mathbf{w}^{(0)}$ e atualização de η_k, podem ser adotados os mesmos critérios antes discutidos.

Analogamente à seção anterior, a Figura 3.6 apresenta o processo de obtenção da superfície de decisão através do algoritmo Perceptron, porém atualizado de forma sequencial. Em comparação com a versão anterior, nota-se um menor número de iterações exigidas, pois há uma menor concentração de superfícies testadas (representadas pelas linhas claras e finas). No entanto, é válido ressaltar que este é um comportamento que pode estar relacionado à disposição dos padrões.

3.2.2   Aplicação sobre dados não linearmente separáveis

Apesar da suposição inicial de separabilidade linear dos dados, sobre a qual o algoritmo Perceptron foi construído, sua aplicação sobre dados não linearmente separáveis é possível na condição de tolerância à ocorrência de erros de classificação. Para esse fim, é adotada uma estratégia de relaxamento[6] até que a convergência seja atingida.

As seguintes etapas abrangem este processo:

---

[6]Tal estratégia consiste na busca sucessiva pelo melhor parâmetro. À medida que um novo parâmetro é testado e gera um resultado melhor que um referencial, ele assume o posto de referencial.

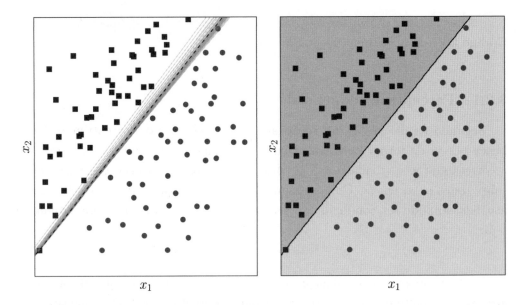

Figura 3.6 – Processo de ajuste da superfície de decisão pelo algoritmo Perceptron, baseado em ajustes sequenciais (esquerda), e separação final dos dados (direita).

Inicialize os contadores $q, q^*, k \leftarrow 0$
Inicialize $\mathbf{w}^{(0)}$ e $\mathbf{w}^*$
Enquanto não convergir (erro nulo ou máximo de iterações), repita:
    Aplique $g(\mathbf{x}) = \mathbf{w}^{(k)^T}\mathbf{x}$ sobre cada $\mathbf{x}_i$ em $\mathcal{D}$
    $q \leftarrow$ número de acertos utilizando $\mathbf{w}^{(k)}$
    Se $q > q^*$ então:
        $q^* \leftarrow q$
        $\mathbf{w}^* \leftarrow \mathbf{w}^{(k)}$
    $k \leftarrow k + 1$
    $\mathbf{w}^{(k+1)} \leftarrow \mathbf{w}^{(k)} - \eta_k \delta(\mathbf{x}_i; \mathbf{w}^{(k)})$
    Atualize $k \leftarrow k + 1$

O desempenho desta estratégia é verificado através da aplicação mostrada na Figura 3.7. Para dados linearmente separáveis, tal estratégia é reduzida à versão original do algoritmo. Por outro lado, na condição de dados não linearmente separáveis, o algoritmo termina ao atingir um número máximo de iterações, e a solução é dada pela configuração de $\mathbf{w}$ que proporciona maior acurácia entre todos os testes efetuados.

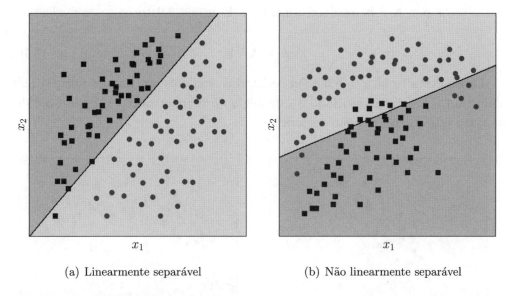

(a) Linearmente separável (b) Não linearmente separável

Figura 3.7 – Aplicação do algoritmo Perceptron, baseado na estratégia de relaxamento, sobre dados linearmente e não linearmente separáveis.

3.3 Estimativa baseada na soma dos erros quadráticos

Uma alternativa de classificador linear é modelada com base no conceito de soma dos erros quadráticos (SSE – *Sum of Squared Errors*). De forma análoga ao Perceptron, iniciamos com a suposição de disponibilidade de $\mathcal{D} = \{(\mathbf{x}_i, y_i) \in \mathcal{X} \times \mathcal{Y} : i = 1, \ldots, m\}$ e que o processo de aprendizado é verificado com base nos valores retornados por $J(\mathbf{w})$, sendo $\mathbf{w} = [w_0, w_1, \ldots, w_n]^T$ o vetor que parametriza a função e superfície de decisão linear. Nesta abordagem, tal função é definida por:

$$J(\mathbf{w}) = \sum_{i=1}^{m} \left(y_i - \mathbf{w}^T \mathbf{x}\right)^2 \tag{3.8}$$

Sabendo que a minimização de $J(\mathbf{w})$ leva a $\mathbf{w}$, cujos erros de classificação proporcionados são mínimos, desenvolvemos a seguinte relação:

$$\frac{\partial J(\mathbf{w})}{\partial \mathbf{w}} = 0 \Leftrightarrow \frac{\partial \sum_{i=1}^{m} \left(y_i - \mathbf{w}^T \mathbf{x}_i\right)^2}{\partial \mathbf{w}} = 0 \Leftrightarrow$$
$$\Leftrightarrow -2 \sum_{i=1}^{m} y_i \mathbf{x}_i^T + 2 \sum_{i=1}^{m} \mathbf{x}_i \mathbf{x}_i^T \mathbf{w} = 0 \Leftrightarrow \mathbf{w} \sum_{i=1}^{m} \mathbf{x}_i \mathbf{x}_i^T = \sum_{i=1}^{m} y_i \mathbf{x}_i^T \tag{3.9}$$

É importante observar que $\sum_{i=1}^{m} \mathbf{x}_i \mathbf{x}_i^T$ proporciona uma matriz quadrada como resultado, assim como $\sum_{i=1}^{m} y_i \mathbf{x}_i^T$ gera um vetor. Denominando tal matriz e vetor por **A** e **b**, respectivamente, a Equação 3.9 torna-se equivalente a:

$$\mathbf{w} = \mathbf{A}^{-1}\mathbf{b} \qquad (3.10)$$

O uso desta técnica implica em resultados similares aos proporcionados pelo algoritmo Perceptron associado à estratégia de relaxamento. A Figura 3.8 demonstra este comportamento esperado.

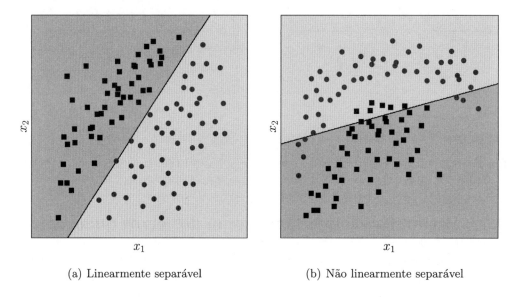

(a) Linearmente separável   (b) Não linearmente separável

Figura 3.8 – Superfície de decisão baseada na soma dos erros quadráticos obtida sobre dados linearmente e não linearmente separáveis.

```
def SSE(x,y):
    dim = x.shape[1]      #Dimensão dos padrões
    w = np.zeros(dim+1)   #w como vetor do "espaço estendido"

    #Definindo uma matriz (n+1)x(n+1), sendo n = dim
    A = np.zeros( (x.shape[1] + 1 , x.shape[1] + 1) )

    #Definindo uma matriz/vetor 1x(n+1)
    b = np.zeros( x.shape[1] + 1 )

    #Cálculo de "A" e "b"
    for xi, yi in zip(x,y):
        A += (np.asmatrix(np.hstack((1,xi))).T.dot(
            np.asmatrix(np.hstack((1,xi)))))
        b += yi * np.hstack((1,xi))
```

```
17    w = b.dot(np.linalg.inv(A))  #w = inversa(A)*b
18    return w
```

Código 3.3 – Implementação de função para cálculo de **w** segundo o método SSE.

3.4 Máquina de vetores suporte – versão linear

Partindo da formalização apresentada no início da década de 1990 por Corinna Cortes e Vladimir Vapnik [Cortes and Vapnik, 1995], máquina de vetores suporte (*support vector machine* – SVM) destacou-se como um método de Reconhecimento de Padrões com ampla aplicação em diversas áreas de pesquisa. Algumas razões que justificam toda a atenção recebida, principalmente durante as duas primeiras décadas do século XXI, decorrem da sua sólida fundamentação teórica e de características como a independência de modelos estatísticos, a compreensão de um algoritmo de arquitetura simples, a complexidade computacional moderada e a excelente capacidade de generalização [Vapnik, 1998].

Como ponto de partida, uma formalização inicial deste método é apresentada na Seção 3.4.1, onde é discutida a classificação de padrões linearmente separáveis. Com a introdução de novas considerações, a Seção 3.4.2 apresenta uma estratégia para classificação de padrões não linearmente separáveis. De modo análogo aos métodos introduzidos nas Seções 3.2 e 3.3, o processo de classificação é limitado a duas classes.

3.4.1 Formalização baseada em padrões linearmente separáveis

O método SVM consiste em definir uma função discriminante linear g capaz de classificar um conjunto de padrões linearmente separável $\mathcal{D} = \{(\mathbf{x}_i, y_i) : i = 1, \ldots, m\}$ entre as classes ω_1, quando $y_i = +1$, e ω_2, se $y_i = -1$. Além disso, a função discriminante em questão busca pela maior margem de separação entre os exemplos deste par de classes.

A função discriminante em questão, segundo o método SVM, corresponde ao hiperplano que distingue os exemplos de $\mathcal{D}$. Sua expressão é equivalente à forma discutida na Equação 3.1 e exemplificada pelas discussões da Figura 3.1. Um simples detalhe de notação refere-se à troca de notação do termo w_0 por b, cujo significado não sofre alteração.

A Figura 3.9 apresenta dois exemplos de hiperplanos, g_1 e g_2. Embora ambos os hiperplanos sejam capazes de separar adequadamente os conjuntos de padrões ■ e ●, o hiperplano g_1 apresenta maior *margem de separação*. Assim, tal hiperplano possui maiores condições de manter a separabilidade entre as classes caso novos padrões sejam considerados, isto é, sua capacidade de generalização é maior em comparação a g_2.

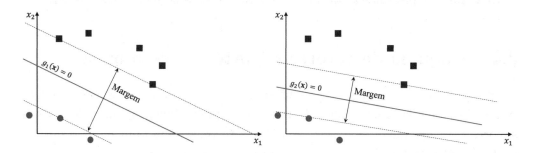

Figura 3.9 – Exemplo de padrões linearmente separáveis e hiperplanos capazes de efetuar a separação das respectivas classes. O hiperplano g_1 proporciona maior *margem de separação*.

A determinação do hiperplano associado a maior margem de separação é baseada na simples relação de distância entre ponto e reta. A distância entre um padrão (ponto) $\mathbf{x}_i$ qualquer e o hiperplano de separação (reta) $g(\mathbf{x}) = 0$ é calculada por $\dfrac{|g(\mathbf{x}_i)|}{\|\mathbf{w}\|}$. Reescalonando $\mathbf{w}$ de forma que dois padrões $\mathbf{x}_u \in \omega_1$ e $\mathbf{x}_v \in \omega_2$, ambos contidos em $\mathcal{D}$ e caracterizados como os mais próximos de $g(\mathbf{x}) = 0$, estejam distantes à uma unidade deste hiperplano, são obtidas as seguintes relações:

(i) a margem de separação tem largura $\dfrac{1}{\|\mathbf{w}\|} + \dfrac{1}{\|\mathbf{w}\|} = \dfrac{2}{\|\mathbf{w}\|}$

(ii) dado $\mathbf{x}_u \in \omega_1$, então $g(\mathbf{x}_u) = \mathbf{w}^T \mathbf{x}_u + b \geq +1$

(iii) dado $\mathbf{x}_v \in \omega_2$, então $g(\mathbf{x}_v) = \mathbf{w}^T \mathbf{x}_v + b \leq -1$

Baseado nessas relações, é modelado o seguinte problema de otimização, cuja solução leva aos parâmetros $\mathbf{w}$ e b, que proporcionam o hiperplano com máxima margem de separação [Theodoridis and Koutroumbas, 2008]:

$$\min_{\mathbf{w},b} \tfrac{1}{2}\mathbf{w}^T\mathbf{w}$$
$$\text{sujeito a: } y_i\left(\mathbf{w}^T\mathbf{x}_i + b\right) \geq 1, \ i = 1, \ldots, m \qquad (3.11)$$

A relação (i) é utilizada na definição da função objetivo de (3.11), uma vez que a minimização de $\|\mathbf{w}\|$ (reescrita na forma equivalente $\mathbf{w}^T\mathbf{w}$) torna máxima a margem de largura $\dfrac{2}{\|\mathbf{w}\|}$. As relações (ii) e (iii), associadas aos respectivos indicadores de classe y_i, constituem a restrição do problema de otimização. Tal restrição obriga o sinal da função discriminante aplicada em $\mathbf{x}_i$, isto é, $g(\mathbf{x}_i) = \mathbf{w}^T\mathbf{x}_i + b$, a ser concordante com o sinal do indicador y_i, resultando, assim, em uma multiplicação igual ou superior a um.

A Figura 3.10 ilustra as relações geométricas que o hiperplano de margem máxima deve respeitar. Cabe ressaltar que os padrões localizados nos limites da margem de separação (i.e., $g(\mathbf{x}) = \pm 1$) são responsáveis por determinar o hiperplano ótimo. Esses padrões são denominados *vetores suporte*.

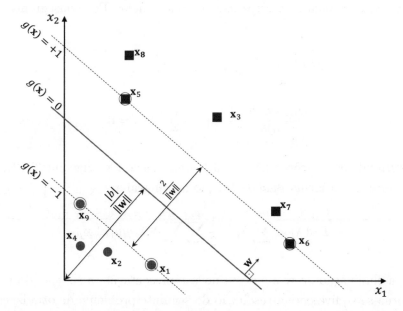

Figura 3.10 – Representação dos parâmetros do hiperplano de separação, margem e vetores suporte (circulados).

O problema de otimização que determina o hiperplano de margem máxima possui função objetivo convexa com restrições lineares, logo torna-se conveniente resolvê-lo com uso do método dos multiplicadores de Lagrange[7]. Para isso, inicialmente deve ser construída a função lagrangeana, que consiste na soma da função objetivo do problema (3.11) com a combinação linear formada pelas restrições deste problema multiplicadas por escalares não negativos λ_i, denominados *multiplicadores de Lagrange*. A seguinte expressão corresponde à forma *primal*

---

[7]Para maiores detalhes, é sugerida a consulta de obras como [Thomas et al., 2012] e [Stweart, 2017].

70 Reconhecimento de padrões: um estudo dirigido

da função lagrangeana do problema (3.11):

$$L_P(\mathbf{w}, b, \lambda) = \frac{1}{2}\mathbf{w}^T\mathbf{w} - \sum_{i=1}^{m} \lambda_i \left[y_i \left(\mathbf{w}^T\mathbf{x}_i + b \right) - 1 \right] \tag{3.12}$$

A solução do problema (3.11) é equivalente ao "ponto de sela" da função lagrangeana (3.12), a qual deve ser minimizada com relação a $\mathbf{w}$ e b e maximizada com relação a λ_i [Webb and Copsey, 2011]. Diante de sua característica convexa, o valor mínimo da função (3.12) com relação a $\mathbf{w}$ e b equivale ao ponto em que sua derivada, com relação a estes parâmetros, é nula. Por conseguinte, surgem as relações:

$$\frac{\partial L_P(\mathbf{w}, b, \lambda)}{\partial \mathbf{w}} = 0 \Rightarrow \mathbf{w} = \sum_{i=1}^{m} \lambda_i y_i \mathbf{x}_i \tag{3.13}$$

$$\frac{\partial L_P(\mathbf{w}, b, \lambda)}{\partial b} = 0 \Rightarrow \sum_{i=1}^{m} \lambda_i y_i = 0 \tag{3.14}$$

Substituindo as relações (3.13) e (3.14) na função lagrangeana (3.12), obtém-se como resultado a forma *dual* da função lagrangeana:

$$L_D(\lambda) = \sum_{i=1}^{m} \lambda_i - \frac{1}{2} \sum_{i=1}^{m} \sum_{j=1}^{m} \lambda_i \lambda_j y_i y_j \mathbf{x}_i^T \mathbf{x}_j \tag{3.15}$$

Com a eliminação de $\mathbf{w}$ e b nesta nova representação, a solução do problema (3.11) torna-se equivalente a resolução do seguinte problema de otimização:

$$\begin{aligned} &\max_{\lambda} L_D(\lambda) \\ &\text{sujeito a: } \begin{cases} \lambda_i \geq 0, i = 1, \dots, m \\ \sum_{i=1}^{m} \lambda_i y_i = 0 \end{cases} \end{aligned} \tag{3.16}$$

Os multiplicadores de Lagrange obtidos com a resolução do problema (3.16) permitem o cálculo dos parâmetros que definem o hiperplano de margem máxima. O vetor $\mathbf{w}$ é definido através da relação (3.13), já o escalar b pode ser calculado com a substituição de $\mathbf{w}$ em $g(\mathbf{x}_i)$, sendo $\mathbf{x}_i$ um vetor suporte com $y_i = +1$, logo $\mathbf{w}^T\mathbf{x}_i + b = 1$.

Além de proporcionar maior simplicidade no cálculo dos parâmetros ótimos, a representação *dual* da função lagrangeana possui como fator o produto interno entre padrões (i.e., $\mathbf{x}_i^T\mathbf{x}_j$), o que possibilita o uso de funções *kernel*, as quais serão discutidas na Seção 4.4.

Em consequência ao hiperplano de margem máxima obtido, é definida a função discriminante $g(\mathbf{x}) = \mathbf{w}^T\mathbf{x} + b$, que classifica um dado padrão $\mathbf{x}$ de acordo com a seguinte regra:

$$g(\mathbf{x}) = \mathbf{w}^T\mathbf{x} + b \begin{cases} \geq 0 \Rightarrow \mathbf{x} \in \omega_1 \\ < 0 \Rightarrow \mathbf{x} \in \omega_2 \end{cases} \tag{3.17}$$

3.4.2 Formalização baseada em padrões não linearmente separáveis

O desenvolvimento apresentado na seção anterior é fundamentado na suposição de padrões linearmente separáveis. No entanto, é natural a existência de problemas envolvendo padrões que não são linearmente separáveis. A fim de contornar este tipo de problema, são inseridas variáveis de folga $\xi \geq 0$ que tornam sempre verdadeiras as seguintes relações:

(i) dado $\mathbf{x}_i \in \omega_1$, então $g(\mathbf{x}_i) = \mathbf{w}^T\mathbf{x}_i + b \geq +1 - \xi_i$

(ii) dado $\mathbf{x}_i \in \omega_2$, então $g(\mathbf{x}_i) = \mathbf{w}^T\mathbf{x}_i + b \leq -1 + \xi_i$

Geometricamente, as variáveis de folga representam o deslocamento em que os padrões classificados erroneamente encontram-se do limite da margem de separação referente a sua respectiva classe, conforme ilustra a Figura 3.11.

Com intuito de incorporar um custo adicional devido à não separabilidade dos padrões, é introduzido o termo $C\sum_{i=1}^{m}\xi_i$ na função objetivo do problema (3.11). Esse termo é responsável por contabilizar e penalizar a ocorrência de classificações incorretas segundo o hiperplano de separação definido. Neste contexto, $C > 0$ atua como um parâmetro regularizador. Assim, é proporcionada a seguinte reformulação sobre o problema (3.11):

$$\min_{\mathbf{w},b} \tfrac{1}{2}\mathbf{w}^T\mathbf{w} + C\sum_{i=1}^{m}\xi_i$$
$$\text{sujeito a:} \begin{cases} y_i\left(\mathbf{w}^T\mathbf{x}_i + b\right) \geq 1 - \xi_i; \ i = 1,\ldots,m \\ \xi_i > 0; \ i = 1,\ldots,m \end{cases} \tag{3.18}$$

Por sua vez, a função Lagrangeana na forma *primal* obtida a partir do problema (3.18) é expressa por:

$$L_P(\mathbf{w}, b, \lambda) = \frac{1}{2}\mathbf{w}^T\mathbf{w} + C\sum_{i=1}^{m}\xi_i -$$
$$\sum_{i=1}^{m}\lambda_i\left[y_i\left(\mathbf{w}^T\mathbf{x}_i + b\right) - 1 + \xi_i\right] - \sum_{i=1}^{m}\rho_i\xi_i \tag{3.19}$$

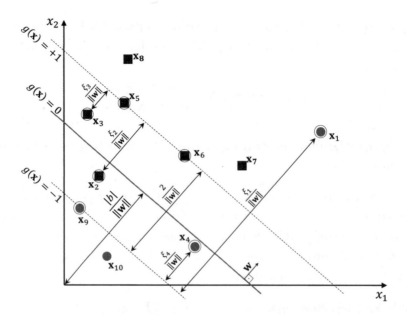

Figura 3.11 – Representação do hiperplano de separação no caso de padrões não linearmente separáveis. Os vetores suporte estão circulados.

em que ρ é multiplicador de Lagrange inserido para garantir a positividade das variáveis de folga ξ.

Seguindo os mesmos procedimentos apresentados na subseção anterior para obtenção da forma *dual* da função lagrangeana, as derivadas da função (3.19) com relação a **w**, b e ξ devem ser nulas. O resultado dessas derivações em relação a **w** e b produz os mesmos resultados obtidos em (3.13) e (3.14). Já a derivação com relação a ξ fornece que:

$$\frac{\partial L_P(\mathbf{w}, b, \lambda), \rho}{\partial \xi_i} = 0 \Rightarrow C - \lambda_i - \rho_i = 0; \ i = 1, \ldots, m \qquad (3.20)$$

logo, sendo λ e ρ escalares reais estritamente positivos, concluímos que $0 \leq \lambda_i \leq C$.

Após as devidas substituições, a forma *dual* da função lagrangeana para o caso não separável torna-se idêntica à (3.15). Com isso, o problema de otimização formulado para o tratamento de padrões não linearmente separáveis difere do problema (3.16) apenas com relação às restrições, ou seja:

$$\max_{\lambda} \sum_{i=1}^{m} \lambda_i - \frac{1}{2} \sum_{i=1}^{m} \sum_{j=1}^{m} \lambda_i \lambda_j y_i y_j \mathbf{x}_i^T \mathbf{x}_j$$
$$\text{sujeito a:} \begin{cases} 0 \leq \lambda_i \leq C, i = 1, \ldots, m \\ \sum_{i=1}^{m} \lambda_i y_i = 0 \end{cases} \qquad (3.21)$$

Com a otimização do problema (3.21), a obtenção do parâmetro **w** decorre da mesma forma realizada para o caso linearmente separável. Já o cálculo de b é alcançado a partir da primeira restrição do problema (3.18), adotando qualquer vetor suporte cuja variável de folga seja nula.

Com o intuito de visualizar o comportamento dos hiperplanos de separação determinados através do método SVM, a Figura 3.12 ilustra a aplicação deste método sobre dados linearmente separáveis e não linearmente separáveis. A respeito do caso envolvendo dados linearmente separáveis, é possível observar que a superfície de decisão (i.e., hiperplano de separação), quando comparada aos métodos discutidos nas seções anteriores, encontra-se mais afastada dos exemplos de treinamento que ocupam a região de transição. Sua aplicação sobre dados não linearmente separáveis proporciona uma superfície de decisão similar às obtidas pelos métodos abordados anteriormente.

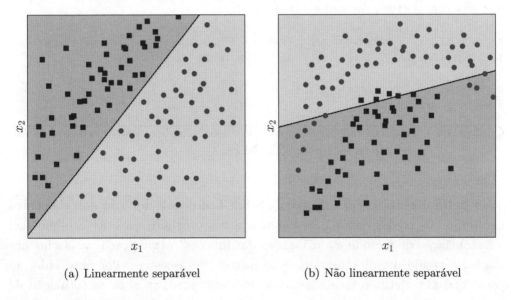

(a) Linearmente separável   (b) Não linearmente separável

Figura 3.12 – Hiperplanos de separação obtidos pelo método SVM diante de dados linearmente separáveis e não linearmente separáveis.

Por outro lado, diferentemente dos métodos discutidos nas seções anteriores, em especial devido tanto à dificuldade quanto à estruturação e resolução do problema dado pela Equação 3.21, não será realizada a implementação do método SVM. Neste caso, a implementação disponibilizada pela biblioteca Scikit-Learn [Pedregosa et al., 2011] é uma alternativa. Além de conter funções relacionadas ao método SVM, esta biblioteca inclui ainda funcionalidades que serão abordadas nos tópicos que seguem.

74 Reconhecimento de padrões: um estudo dirigido

O Código 3.4 exibe um conjunto de comandos que contemplam a instanciação do objeto que representa o classificador, seguido pelo seu treinamento e aplicação na predição do indicador de classe de um dado padrão. Na linha 8, durante a instanciação do objeto g, são observados os parâmetros C e kernel, os quais se referem à penalidade (C) e ao tipo da função kernel adotada, neste caso, linear, implicando, assim, que o produto interno $\mathbf{x}_i^T \mathbf{x}_j$ presente na Equação 3.21 não seja substituído por um outra forma alternativa[8].

```
1  #Importação da "Scikit-Learn" das funções relacionadas ao SVM
2  from sklearn import svm
3
4  #Obtenção de exemplos de treinamento (vide Código 2.2)
5  y,x = read_class_data(path_data)
6
7  #Instanciação do classificador "g"
8  g = svm.SVC(C=100, kernel='linear')
9
10 #Ajuste (i.e., treinamento) segundo "x" e "y"
11 g.fit(x,y)
12
13 #Predição do indicador de classe de "z = [[z1,...,zn]]"
14 pred = g.predict(z)
```

Código 3.4 – Trecho de código que contempla o uso da implementação do método SVM, presente na biblioteca Scikt-Learn.

A partir desse primeiro emprego da Scikit-Learn, vale destacar dois elementos que serão observados com muita frequência nos próximos usos desta biblioteca: a instanciação do método e a utilização das funções[9] fit e predict. Na instanciação, é criado um objeto relativo ao método em questão. Por outo lado, ao passo que fit efetua o treinamento do método, predict atua na rotulação de padrões, ou seja, duas etapas elementares em um processo classificação. A maioria dos métodos implementados na biblioteca Scikit-Learn estão munidos das funções fit e predict. Para uma verificação mais ampla a respeito da estrutura e das funções presentes nesta biblioteca, é sugerida a leitura do "guia do usuário" [Buitinck et al., 2020].

---

[8]Alternativas para este produto interno conduzem o método SVM a uma abordagem não linear, conforme discutido na Seção 4.4.

[9]Aqui, o termo mais adequado, no contexto da programação orientada a objetos, seria "método", e não "função".

3.4.3 Otimização quadrática, parâmetros e o custo computacional

O método SVM apresenta certas vantagens em relação a outros métodos, a citar, aqueles baseados na ideia do gradiente descendente ou no ajuste de distribuições de probabilidade. Nestes exemplos, o aprendizado é sensível aos parâmetros de inicialização e pode conduzir a resultados subótimos (mínimos locais). Ao contrário, o processo de aprendizado do método SVM é realizado pela otimização de problemas quadráticos convexos, o que implica em soluções únicas e definidas explicitamente [Burges and Crisp, 2000].

Uma fragilidade decorrente do problema de otimização associado ao SVM refere-se ao número de parcelas da função objetivo, que cresce quadraticamente em relação ao número de padrões de treinamento. Esta característica torna crítico seu aprendizado diante de grandes conjuntos de dados. Tal fato tem motivado, ao longo dos anos, o desenvolvimento e aprimoramento de algoritmos capazes de otimizar o processo de aprendizado. Exemplos de algoritmos destinados a esse propósito são *Sequential Minimal Optimization* (SMO) [Platt, 1999], SVM^{Light} [Joachims, 1999a], *Chunking* [Vapnik and Kotz, 2006] e LibSVM [Chang and Lin, 2011].

Outro fator que atua diretamente no custo computacional são os parâmetros adotados, sejam eles referentes à função *kernel* (Seção 4.4) ou à penalidade de erro (C). A adoção de parâmetros que minimizam o custo computacional pode prejudicar a capacidade de aprendizado e generalização do método, proporcionando, assim, resultados insatisfatórios.

Dessa forma, podemos concluir que, embora o método de otimização seja um coadjuvante importante no custo computacional, a quantidade de informação utilizada no treinamento e os parâmetros adotados tornam-se decisivos no processo de aprendizado.

3.5 Estratégias multiclasse

De acordo com as formalizações apresentadas nas seções anteriores, o processo de classificação é realizado em relação a apenas duas classes. No entanto, os problemas práticos usualmente abrangem a separação entre um número maior de classes. Para contornar essa restrição, são empregadas *estratégias multiclasse* [Lorena et al., 2009].

Existem dois tipos gerais de estratégias multiclasse, as que decompõem o problema em subproblemas binários e as que reformulam os métodos em si. A

76   Reconhecimento de padrões: um estudo dirigido

decomposição em subproblemas mostra-se mais intuitiva e simples. Entre diferentes propostas baseadas na ideia de decomposição, as estratégias Um-Versus-Restante (*One-Versus-Rest* – OVR) e Um-Versus-Um (*One-Versus-One* – OVO) são comuns.

Em relação à estratégia OVR, supondo um problema de classificação que envolve c classes, são definidos c classificadores binários. Cada classificador é responsável pela separação de uma classe específica em relação às demais. A classe de um padrão é determinada pelo classificador binário que é capaz de discriminá-lo corretamente e proporcionar a maior distância possível à superfície de decisão (ou hiperplano de separação). Conforme já discutido, a distância entre um dado padrão $\mathbf{x}_i$ e a superfície/hiperplano de decisão $g(\mathbf{x}) = 0$ é obtida por $|g(\mathbf{x}_i)|$.

Por outro lado, em consideração à estratégia OVO, para o mesmo problema de classificação envolvendo c classes, são definidos $c(c-1)/2$ (i.e., o número de combinações geradas por c elementos tomados dois a dois) classificadores binários, sendo cada um deles responsável pela separação dos padrões de determinado par de classes. Dessa maneira, um padrão pode ser classificado com relação a uma mesma classe diversas vezes. Por sua vez, a classificação final de um padrão é dada pela maior frequência observada com que ele é associado a uma determinada classe.

A Figura 3.13 ilustra o uso das estratégias OVR e OVO em um problema de classificação envolvendo 3 classes ($\Omega = \{\bigcirc, \Diamond, \triangle\}$). A notação $g_{A/B}$ define que o hiperplano g realiza a separação entre os conjuntos $\mathcal{A}$ e $\mathcal{B}$. Na estratégia OVR, o padrão $\square$ pertence à classe composta por elementos $\bigcirc$ devido à maior distância (perpendicular) em relação ao hiperplano $g_{\bigcirc/\Omega-\{\bigcirc\}}$. Embora o padrão apresente maior distância quanto ao hiperplano $g_{\Diamond/\Omega-\{\Diamond\}}$ e pertença à classe $\Omega - \{\Diamond\}$, não é possível determinar se este padrão pertence a classe $\bigcirc$ ou $\triangle$. Na estratégia OVO, o padrão $\square$ é classificado novamente segundo a classe $\bigcirc$, pois, entre os três casos binários analisados ($g_{\bigcirc/\Diamond}$, $g_{\triangle/\Diamond}$ e $g_{\bigcirc/\triangle}$), ele foi associado à classe $\bigcirc$ duas vezes, em $g_{\bigcirc/\Diamond}$ e $g_{\bigcirc/\triangle}$.

A Figura 3.14 ilustra as regiões de decisão obtidas pelos métodos SSE e SVM (linear e com $C = 100$). Apesar de definir regiões similares, nota-se o melhor posicionamento das superfícies de decisão geradas pelo método SVM.

O Código 3.5 apresenta uma implementação que permite a aplicação do método SSE sobre um problema multiclasses com uso da estratégia OVR. Os argumentos da função `multiclass_ovr_sse` correspondem aos padrões (`trainX`) e rótulos (`trainY`) de treinamento, seguido por um `array` de padrões a ser classificado (`dataset`). Com relação ao método SVM, o mesmo pode ser obtido com

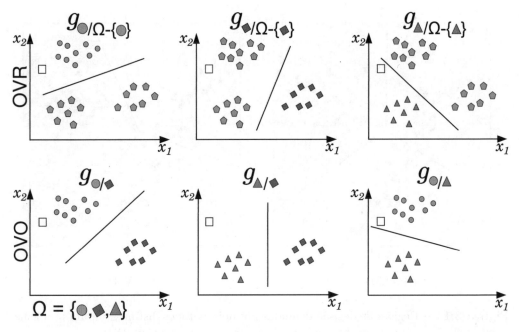

Figura 3.13 – Exemplo de aplicação das estratégias multiclasse OVR e OVO em um problema de separação envolvendo 3 classes. Adaptado de [Negri, 2013].

inclusão de decision_function_shape='ovr' durante sua instanciação[10].

```
def multiclass_ovr_sse(trainX, trainY, dataset):
    N = dataset.shape[0]
    claIndex = np.unique(trainY)
    discFun = np.ndarray((claIndex.size,N))
    for k in range(0,claIndex.size):

        labelPos = np.where(trainY == claIndex[k])
        labelNeg = np.where(trainY != claIndex[k])

        binY = np.copy(trainY)
        binY[labelPos] = +1
        binY[labelNeg] = -1

        w =  SSE(trainX,binY)

        for i in range(0,N):
            padrao = dataset[i,:]
            discFun[k,i] = disc_function_value(padrao,w)

```

---

[10]Por exemplo, g = svm.SVC(C=100,kernel='linear',decision_function_shape='ovr').

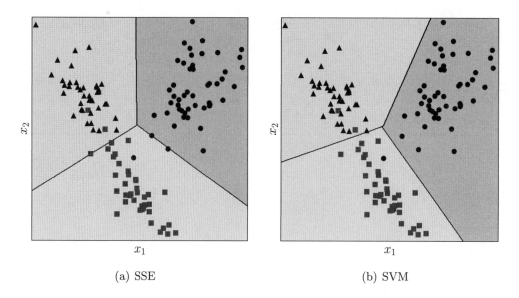

(a) SSE (b) SVM

Figura 3.14 – Regiões de decisão definidas por dois métodos distintos em um problema multiclasse decomposto de acordo com a estratégia OVR.

```
20    yEst = np.zeros(N)
21    for i in range(0,N):
22        maxInd = np.where(discFun[:,i] ==
23                          np.max(discFun[:,i]))
24        yEst[i] = claIndex[maxInd]
25
26    return yEst
```
Código 3.5 – Implementação da estratégia multiclasses OVR adaptada ao método SSE.

3.6 Exercícios

1. Fazendo uso do Código 2.1 e adaptando-o de forma conveniente com base nos trechos de código mostrados abaixo, realize a simulação de dois conjuntos de dados rotulados $\mathcal{D}$ e $\mathcal{I}$. Em seguida, treine o método SVM através de $\mathcal{D}$, considerando diferentes combinações entre a penalidade $C \in \{1, 10, 100, 1000\}$ e as estratégias multiclasses ovr ou ovo, e avalie seu percentual de acerto na classificação de $\mathcal{I}$. Tabele as oito configurações de parâmetros e respectivos percentuais de acerto e discuta os resultados.

```
1 #Conjunto D - Treinamento
2 mu1 = [-2,2]; sigma1 = [[0.75,0.75],[0.75,2.0]]
```

```
 3 rotulo1, qnt1 = 1, 50
 4
 5 mu2 = [-2,-2]; sigma2 = [[0.5,-0.5],[-0.5,1]]
 6 rotulo2, qnt2 = 2, 60
 7
 8 mu3 = [2,2]; sigma3 = [[0.5,-0.5] , [-0.5,1]]
 9 rotulo3, qnt3 = 3, 70
10
11 mu4 = [2,-2]; sigma4 = [[2,0],[0,2]]
12 rotulo4, qnt4 = 4, 80
13
14
15 #Conjunto I - Avaliação
16 mu1 = [-2,2]; sigma1 = [[1.0,0.85],[0.85,1.5]]
17 rotulo1, qnt1 = 1, 500
18
19 mu2 = [-2,-2]; sigma2 = [[0.75,-0.5],[-0.5,1.25]]
20 rotulo2, qnt2 = 2, 500
21
22 mu3 = [2,2]; sigma3 = [[0.75,-0.75],[-0.75,1.0]]
23 rotulo3, qnt3 = 3, 500
24
25 mu4 = [2,-2]; sigma4 = [[2.5,0],[0,2.5]]
26 rotulo4, qnt4 = 4, 500
```

2. Implemente uma versão do algoritmo Perceptron para dados não linearmente separáveis (vide Seção 3.2.2), adaptada aos problemas de classificação
   multiclasses. Considere a estratégia OVR. Em seguida, utilize o conjunto
   de dados $\mathcal{D}$, gerado no exercício anterior, para o treinamento do método,
   assim como $\mathcal{I}$ para a avaliação dos resultados. Compare os resultados obtidos com os métodos SSE e SVM ($C = 100$) utilizando a mesma estratégia
   multiclasses.

3. Escreva comentários para as diferentes linhas de comando do Código 3.5,
   proporcionando, assim, uma explicação sobre as etapas do algoritmo em
   questão.

4. Implemente uma versão multiclasses do método SSE segundo a estratégia
   OVO.

5. Implemente uma estratégia multiclasses distinta da OVR e OVO, seja ela
   uma proposta já existente na literatura, uma variante das estratégias OVR
   e/ou OVO ou mesmo uma abordagem distinta.

Capítulo 4

Classificadores não lineares

No capítulo anterior foram apresentados métodos capazes de realizar a distinção entre pares de classes linearmente separáveis. A aplicação desses métodos em problemas que envolvem classes não linearmente separáveis não foi restringida, mesmo sabendo de antemão que ocorrerão erros no processo de distinção. No entanto, existem casos em que a tentativa de separação via superfícies lineares é inviável. A Figura 4.1 exemplifica problemas desta natureza. Uma forma de contornar este tipo de problema é fazendo uso de classificadores *não lineares*.

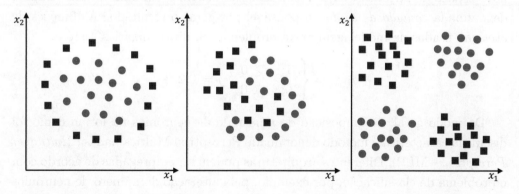

Figura 4.1 – Casos que inviabilizam a separação entre classes de forma linear.

4.1 Perceptron multicamadas e o algoritmo *backpropagation*

O algoritmo Perceptron, na forma proposta por Frank Rosenblat (discutida na Seção 3.2), foi colocado em descrença após o trabalho de Minsky e Seymour

82   Reconhecimento de padrões: um estudo dirigido

Papert [Minsky and Papert, 1969], que demonstrou sérias fragilidades do método na resolução de uma série de problemas triviais.

A incapacidade de simular o simples funcionamento da *porta lógica XOR* é um exemplo clássico que ilustra sua fragilidade. A Figura 4.2(a) exemplifica a inexistência de uma superfície de decisão que separe as classes *verdadeiro* (ω_1) e *falso* (ω_2). No entanto, o emprego de duas superfícies de decisão tornam o problema factível no contexto deste método. Conforme ilustra a Figura 4.2(b), os dados originais que caracterizam a porta lógica XOR são remapeados para um espaço intermediário, caracterizado pelas saídas das portas lógicas AND e OR, que, por sua vez, são distinguidas por uma terceira superfície. Cabe observar que a combinação realizada entre superfícies lineares transforma o processo em uma abordagem não linear.

As etapas que levaram à solução apresentada podem ser interpretadas através de três Perceptrons independentes, cada um deles relacionados às funções g_1, g_2 e g_3. Em conformidade com o modelo de neurônio de McCulloc-Pitts (Figura 3.3), a combinação desses Perceptrons gera uma rede de neurônios (ou neural) artificiais, representada na Figura 4.3. A arquitetura dessa rede possui: uma *camada de entrada*, que recebe os dados no espaço de atributos original; seguido por uma *camada oculta* (ou *escondida*) de neurônios, que realizam mapeamentos para um novo espaço de atributos; cujos resultados são inseridos em uma última camada, denominada *camada de saída*, responsável por gerar o resultado. As funções de ativação usadas na modelagem deste problema são ditas "binárias", isto é,

$$g_j(z) = \begin{cases} 1; & z \geq 0 \\ 0; & z < 0 \end{cases}, j = 1, 2, 3.$$

De modo geral, a composição de uma rede de neurônios na forma como foi discutida caracteriza o método denominado Perceptron Multicamadas (*Multilayer Perceptron* – MLP). Diferentes arquiteturas podem ser empregadas de acordo com o problema de classificação, por exemplo, pela alteração do número de neurônios de entrada, da quantidade de camadas intermediárias e do respectivo número de neurônios em cada uma delas ou até mesmo pela mudança do número de neurônios na camada de saída. A Figura 4.4 apresenta uma rede MLP, sobre a qual pode ser observada a relação entre os pesos sinápticos e os neurônios que ocupam as diferentes camadas.

Além da complexidade que abrange a determinação da arquitetura da rede de neurônios, existe ainda uma questão primordial, a determinação dos pesos associados a cada conexão. No ponto de vista do aprendizado supervisionado, os pesos são ajustados iterativamente com base nas informações rotuladas e disponíveis

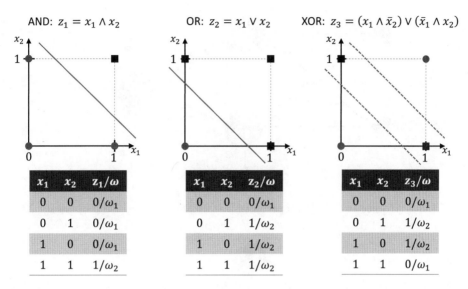

(a) Operadores AND, OR, XOR e a ausência de função linear que discrimine o terceiro caso.

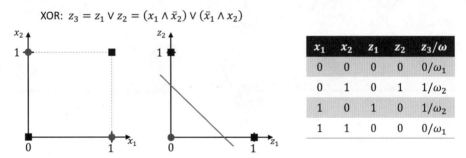

(b) Emprego de duas superfícies que remapeiam os dados em um problema linearmente separável.

Figura 4.2 – Solução usada no contexto do Perceptron. A barra vertical superior indica a negação do valor lógico.

em um conjunto $\mathcal{D}$, simulando, assim, um processo de aquisição de conhecimento. Para este fim, é empregado o algoritmo *backpropagation*, cuja denominação faz conotação ao seu funcionamento: para cada estímulo apresentado, a resposta gerada é comparada ao retorno esperado, que, por sua vez, pode proporcionar uma onda de autoajuste no sentido contrário, isto é, retropropagada[1].

Com o intuito de apoiar as discussões e a familiarização com as notações a seguir, a Figura 4.5 ilustra um trecho de uma rede neural. Para as dis-

---
[1] Tradução de *backpropagation*.

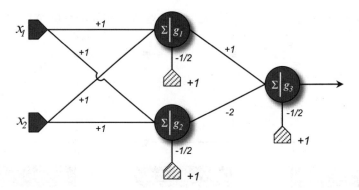

Figura 4.3 – Arquitetura do Perceptron multicamadas que resolve o operador XOR.

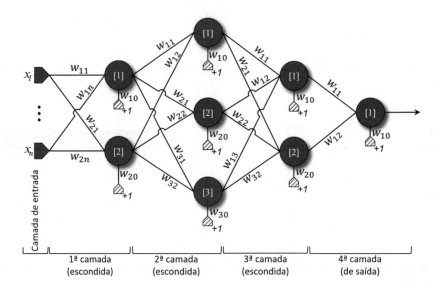

Figura 4.4 – Exemplo de rede neural de múltiplas camadas.

cussões a seguir, devemos considerar o conjunto de exemplos rotulados $\mathcal{D} = \{(\mathbf{x}_i, \mathbf{y}_i) \in \mathcal{X} \times \mathcal{Y} : i = 1, \ldots, m)\}$, em que $\mathbf{x}_i$ se refere a um padrão cuja respectiva saída esperada é expressa pelo vetor $\mathbf{y}_i$. O número de "portas" de entrada e saída é compatível às dimensões dos espaços $\mathcal{X}$ e $\mathcal{Y}$.

De modo genérico, uma rede neural é composta por $L \in \mathbb{N}^*$ camadas. Cada camada $l = 1, \ldots, L$ possui h_l neurônios. Quando $l = 1$, os neurônios compõem a primeira camada, também denominada camada de entrada; e, de forma similar, quando $l = L$, temos a camada de saída. Vamos indexar cada neurônio por $[u]$, sendo $u \in \mathbb{N}^*$. Quando for necessário distinguir os diferentes neurônios de uma camada l, usaremos o superescrito $[l]$.

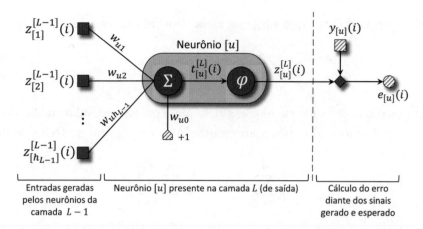

Figura 4.5 – Trecho de rede neural de múltiplas camadas e itens reacionados.

Os neurônios que ocupam duas camadas consecutivas são conectados a fim de permitir a propagação de um sinal através da rede neural, da camada de entrada até a saída. As conexões são ponderadas por um peso "sináptico" w_{uv}, referente à conexão entre os neurônios $[u]$ e $[v]$, sendo $[v]$ pertencente a uma camada anterior à camada de $[u]$. Esta notação e ordem em que as conexões são indicadas deve ser observada atentamente, uma vez que é fundamental para o entendimento das discussões algébricas a seguir.

Ainda, cada neurônio $[u]$ é conectado a uma entrada que emite sinal constante igual a $+1$, cuja ligação é ponderada por w_{u0}. Tal conexão, assim como presente no Perceptron, atua como termo polarizador (i.e., bias) no processo de treinamento da rede.

As formalizações que seguem são baseadas na mesma linha de construção de raciocínio apresentada por [Haykin, 2007] e [Silva et al., 2016]. Inicialmente, definimos por "erro observado" no neurônio $[u]$, sendo este estritamente localizado na saída da rede neural, após a apresentação do padrão $\mathbf{x}_i$ na entrada da rede, pela expressão:

$$e_{[u]}(i) = y_{[u]}(i) - z_{[u]}^{[L]}(i) \tag{4.1}$$

em que $y_{[u]}(i)$ e $z_{[u]}^{[L]}(i)$ se referem ao retorno esperado e obtido, respectivamente; ambos com relação ao neurônio $[u]$. Em tempo, cabe notar que $y_{[u]}(i)$ é a u-ésima componente do vetor $\mathbf{y}_i$, conhecido através de $\mathcal{D}$.

É definido por "valor instantâneo de energia do erro" sobre $[u]$ o valor $\frac{1}{2}e_{[u]}(i)$. Por sua vez, é estabelecido como "valor instantâneo da energia do erro total" a

86 Reconhecimento de padrões: um estudo dirigido

soma da energia do erro que surge de cada neurônio na camada de saída:

$$E(i) = \frac{1}{2} \sum_{u=1}^{h_L} e_{[u]}^2(i) \tag{4.2}$$

Uma medida, derivada da expressão acima, consiste no valor médio dos $E(i)$; $i = 1, \ldots, m$, computado após a apresentação à rede neural de todos os padrões em $\mathcal{D}$, isto é:

$$\overline{E} = \frac{1}{m} \sum_{i=1}^{m} E(i) = \frac{1}{2m} \sum_{i=1}^{m} \sum_{u=1}^{h_L} e_{[u]}^2(i) \tag{4.3}$$

A medida $\overline{E}$ é uma função de todos os pesos sinápticos existentes na rede. Seu propósito é avaliar o desempenho da rede.

Ressaltamos aqui que os dados de treinamento são apresentados um a um à rede, caracterizando, assim, "instantes distintos". Esse processo deve ser repetido diversas vezes até que a convergência seja alcançada. A apresentação de todos os exemplos em $\mathcal{D}$ será denominada "época". É importante que, em cada época, a ordem em que os exemplos são apresentados deva mudar; por sua vez, a indexação definida por i em $(\mathbf{x}_i, \mathbf{y}_i)$ sofrerá alteração. Esse procedimento visa a eliminar possíveis vieses causados pela ordem com que a rede é ajustada.

Oportunamente, vamos considerar mais uma vez o segmento de rede neural ilustrado na Figura 4.5, o qual será útil na definição de elementos importantes na formulação do algoritmo *backpropagation*.

Nesta representação, o neurônio $[u]$ situa-se na saída da rede neural (i.e., na L-ésima camada), que, por sua vez, recebe sinais $z_{[1]}^{[L-1]}, \ldots, z_{[v]}^{[L-1]}, \ldots, z_{[h_L\ 1]}^{[L-1]}$, emitidos pelos neurônios à sua esquerda; estes, por sua vez, são ponderados pelos pesos $w_{u1}, \ldots, w_{uv}, \ldots, w_{uh_L\ 1}$ das respectivas conexões sinápticas e induzem um "campo local" $t_{[u]}(i)$, definido por:

$$t_{[u]}^{[L]}(i) = \sum_{j=1}^{h_L\ 1} w_{uj} z_{[j]}^{[L-1]}(i) \tag{4.4}$$

Posteriormente, o campo local é transformado em um sinal funcional emitido por $[u]$:

$$z_{[u]}^{[L]}(i) = \varphi(t_{[u]}^{[L]}(i)) \tag{4.5}$$

que permite o cálculo do erro em $[u]$ (Equação 4.1) e, indiretamente, o cálculo do valor instantâneo da energia do erro (Equação 4.2).

Baseado no desejo de ajustar os valores dos pesos sinápticos que minimizam o erro na saída da rede, o algoritmo *backpropagation* aplica sucessivas correções

Δw_{uv} sobre cada peso w_{uv}. O valor Δw_{uv} é proporcional à taxa de variação do erro com relação à w_{uv}, isto é, $\dfrac{\partial E(i)}{\partial w_{uv}}$. Tal taxa corresponde a um fator de sensibilidade e determina a direção em que se deve buscar o novo peso e corrigir o w_{uv}.

Com uso da regra da cadeia, é possível escrever a seguinte equivalência[2]:

$$\frac{\partial E(i)}{\partial w_{uv}} = \frac{\partial E(i)}{\partial e_{[u]}(i)} \cdot \frac{\partial e_{[u]}(i)}{\partial z_{[u]}^{[L]}(i)} \cdot \frac{\partial z_{[u]}^{[L]}(i)}{\partial t_{[u]}^{[L]}(i)} \cdot \frac{\partial t_{[u]}^{[L]}(i)}{\partial w_{uv}} \tag{4.6}$$

As derivadas que compõem a Equação 4.6 equivalem a:

$$\frac{\partial E(i)}{\partial e_{[u]}(i)} = e_{[u]}(i); \quad \frac{\partial e_{[u]}(i)}{\partial z_{[u]}^{[L]}(i)} = -1; \quad \frac{\partial t_{[u]}^{[L]}(i)}{\partial w_{uv}} = z_{[u]}^{[L]}(i);$$

$$\frac{\partial z_{[u]}^{[L]}(i)}{\partial t_{[u]}^{[L]}(i)} = \frac{\partial \varphi(t_{[u]}^{[L]}(i))}{\partial t_{[u]}^{[L]}(i)} = \frac{\partial z_{[u]}^{[L]}(i)}{\partial \varphi(t_{[u]}^{[L]}(i))} \cdot \frac{\partial \varphi(t_{[u]}^{[L]}(i))}{\partial t_{[u]}^{[L]}(i)} = \varphi'(t_{[u]}^{[L]}(i)) \cdot 1$$

Por conseguinte:

$$\frac{\partial E(i)}{\partial w_{uv}} = -e_{[u]}(i) \cdot \varphi'(t_{[u]}^{[L]}(i)) \cdot z_{[u]}^{[L]}(i) \tag{4.7}$$

Como mencionado anteriormente, a correção Δw_{uv} é proporcional a $\dfrac{\partial E(i)}{\partial w_{uv}}$. Logo, podemos definir:

$$\Delta w_{uv} = -\eta \cdot \frac{\partial E(i)}{\partial w_{uv}} = \eta \cdot e_{[u]}(i) \cdot \varphi'(t_{[u]}^{[L]}(i)) \cdot z_{[u]}^{[L]}(i) \tag{4.8}$$

em que $\eta \in \mathbb{R}_+$ estabelece a proporcionalidade citada, atuando no contexto do algoritmo como uma taxa de aprendizado; e o sinal "$-$" é proveniente da estratégia do Gradiente Descendente (fator-chave no ajuste dos pesos sinápticos da rede).

Ainda sobre a Equação 4.8, o produto $e_{[u]}(i) \cdot \varphi'(t_{[u]}^{[L]}(i))$ define um "gradiente local", denotado aqui por $\delta_{[u]}^{[L]}(i)$, e que, por sua vez, se refere ao erro proporcionado em relação ao campo induzido em $[u]$ diante da apresentação de $\mathbf{x}_i$. Formalmente:

$$\delta_{[u]}^{[L]}(i) = -\frac{\partial E(i)}{\partial t_{[u]}(i)} = -\frac{\partial E(i)}{\partial e_{[u]}(i)} \cdot \frac{\partial e_{[u]}(i)}{\partial z_{[u]}^{[L]}(i)} \cdot \frac{\partial z_{[u]}^{[L]}(i)}{\partial t_{[u]}(i)} \tag{4.9}$$

$$= -e_{[u]}(i) \cdot -1 \cdot \varphi'(t_{[u]}(i)) = e_{[u]}(i) \cdot \varphi'(t_{[u]}^{[L]}(i))$$

---

[2]Nas notações a seguir, o símbolo "·" será usado para evidenciar as multiplicações. Esse símbolo será suprimido nas discussões posteriores.

evidenciando que o erro observado no neurônio é de suma importância para os ajustes (locais) dos pesos sinápticos.

Como exibe a notação e a própria arquitetura da rede neural, os valores dos erros são conhecidos apenas na camada de saída. Porém, o ajuste dos pesos sinápticos deve ocorrer ao longo de toda a rede, e não somente na camada de saída. Essa questão desdobra-se em dois casos particulares:

(i) $[u]$ é um neurônio de saída, então sua resposta esperada/desejada já é conhecida de antemão (dado $(\mathbf{x}_i, \mathbf{y}_i) \in \mathcal{D}$), logo o cálculo do erro se torna direto;

(ii) $[u]$ é um neurônio oculto e exerce influência no comportamento da rede, logo seu peso deve ser ajustado de forma indireta a partir do erro obtido nos neurônios da camada de saída.

O esquema ilustrado na Figura 4.6 apresenta uma relação entre os gradientes locais e a camada da rede onde se deve efetuar a correção dos pesos sináptico.

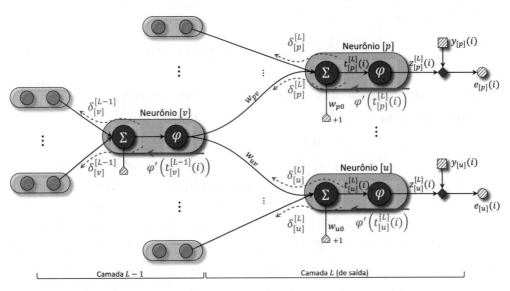

Figura 4.6 – Gradientes locais calculados durante a retropropagação dos erros.

A respeito do primeiro caso, temos $\delta_{[u]}^{[L]}(i)$ definido exatamente através da Equação 4.9. Para o segundo caso, a expressão do gradiente local parte da seguinte consideração:

$$\delta_{[u]}^{[L-1]}(i) = -\frac{\partial E(i)}{\partial z_{[u]}^{[L-1]}(i)} \cdot \frac{\partial z_{[u]}^{[L-1]}(i)}{\partial t_{[u]}^{[L-1]}(i)} = -\frac{\partial E(i)}{\partial z_{[u]}^{[L-1]}(i)} \cdot \varphi'(t_{[u]}^{[L-1]}(i)) \quad (4.10)$$

Com relação ao termo $\dfrac{\partial E(i)}{\partial z_{[u]}^{[L-1]}(i)}$:

$$\frac{\partial E(i)}{\partial z_{[u]}^{[L-1]}(i)} = \frac{\partial \frac{1}{2}\sum_{k=1}^{h_L} e_{[k]}^2(i)}{\partial z_{[u]}^{[L-1]}(i)} = \frac{1}{2}\sum_{k=1}^{h_L}\left(\frac{\partial e_{[k]}^2(i)}{\partial e_{[k]}(i)}\cdot\frac{\partial e_{[k]}(i)}{\partial z_{[u]}^{[L-1]}(i)}\right) =$$

$$= \frac{1}{2}\cdot 2\sum_{k=1}^{h_L}\left(e_{[k]}(i)\cdot\frac{\partial e_{[k]}(i)}{\partial z_{[u]}^{[L-1]}(i)}\right) = \sum_{k=1}^{h_L}\left(e_{[k]}(i)\cdot\frac{\partial e_{[k]}(i)}{\partial z_{[u]}^{[L-1]}(i)}\right)$$

Observando a expressão:

$$\frac{\partial e_{[k]}(i)}{\partial z_{[u]}^{[L]}(i)} = \frac{\partial e_{[k]}(i)}{\partial t_{[k]}^{[L]}(i)}\cdot\frac{\partial t_{[k]}^{[L]}(i)}{\partial z_{[u]}^{[L]}(i)}$$

e destacando que:

$$e_{[k]}(i) = y_{[k]}(i) - z_{[k]}^{[L]}(i) = y_{[k]}(i) - \varphi(t_{[k]}^{[L]}(i))$$

temos:

$$\frac{\partial e_{[k]}(i)}{\partial t_{[k]}^{[L]}(i)} = \frac{\partial\left(y_{[k]}(i) - \varphi(t_{[k]}^{[L]}(i))\right)}{\partial t_{[k]}^{[L]}(i)} = -\varphi'(t_{[k]}^{[L]}(i))\cdot 1$$

Relembrando que $t_{[k]}^{[L]}(i) = \sum_{j=0}^{h_L} w_{kj} z_{[j]}^{[L-1]}(i)$, em que $[j]$ representa os neurônios da camada anterior à ocupada por $[k]$ e que induzem o campo local $t_{[k]}(i)$, é válido que:

$$\frac{\partial t_{[k]}^{[L]}(i)}{\partial z_{[u]}^{[L-1]}(i)} = \frac{\left(\sum_{j=0}^{h_L}{}^1 w_{kj} z_{[j]}^{[L-1]}(i)\right)}{\partial z_{[u]}^{[L-1]}(i)} = w_{ku}$$

Com a combinação das expressões derivadas até aqui, verifica-se que:

$$\frac{\partial E(i)}{\partial z_{[u]}^{[L-1]}(i)} = \sum_{k=1}^{h_L}\left(e_{[k]}(i)\cdot -1\cdot\varphi'(t_{[k]}^{[L]}(i))\cdot w_{ku}\right) = -\sum_{k=1}^{h_L}\delta_{[k]}^{[L]}(i)\cdot w_{ku}$$

Por último, da Equação 4.10, é alcançada a expressão:

$$\delta_{[u]}^{[L-1]}(i) = \left(\sum_{k=1}^{h_L}\delta_{[k]}^{[L]}(i)\cdot w_{ku}\right)\cdot\varphi'(t_{[u]}^{[L-1]}(i)) \tag{4.11}$$

O desenvolvimento conduzido proporciona o gradiente local sobre o neurônio $[u]$ que antecede a camada saída. De qualquer forma, tal gradiente é expresso

90 Reconhecimento de padrões: um estudo dirigido

em função dos gradientes da camada posterior. Sendo assim, para neurônios que antecedem $[u]$, o cálculo do respectivo gradiente local será dado pelos neurônios da camada de $[u]$, e assim sucessivamente, até a primeira camada da rede neural. Ainda sobre a Equação 4.11, o termo $\varphi'(t_{[u]}^{[\ell]})$ é obtido com relação ao campo local $t_{[u]}^{[\ell]}(i)$ gerado no momento da propagação do sinal de entrada.

Ao fim desta esteira de raciocínio, podemos concluir que a correção feita sobre cada peso sináptico que se conecta a $[u]$ a partir de $[v]$ é dada por:

$$w_{uv} := w_{uv} + \Delta w_{uv}, \tag{4.12}$$

$$\Delta w_{uv} = \eta \cdot \delta_{[u]}^{[\ell]}(i) \cdot z_{[v]}^{[\ell-1]}(i)$$

tal que:

- $\delta_{[u]}^{[L]}(i) = \varphi'(t_{[u]}^{[L]}(i)) \cdot e_{[u]}(i)$, se $[u]$ está na L-ésima camada;

- $\delta_{[u]}^{[\ell]}(i) = \varphi'(t_{[u]}^{[\ell]}(i)) \cdot \left(\sum_{k=1}^{\ell+1} \delta_{[k]}^{[\ell+1]}(i) w_{ku} \right)$, se $[u]$ está na ℓ-ésima camada, com $\ell \neq L$.

4.1.1 Funções de ativação, taxa de aprendizado e convergência

Nas formalizações apresentadas na seção anterior, dois elementos-chave no treinamento da rede MLP são as funções de ativação $\varphi(\cdot)$ e a taxa de aprendizado η. Ainda, devido à natureza iterativa, o método MLP é treinado (i.e., os pesos sinápticos são ajustados) até que determinado critério de convergência seja atingido.

As *funções de ativação* associadas aos neurônios da rede são responsáveis pela caracterização das respostas geradas por cada um deles, bem como são utilizadas no cálculo dos diferentes gradientes locais. *Logística* e *tangente hiperbólica* são dois exemplos de funções de ativação, ambas ditas de *não linearidade sigmoide*.

A função logística, e sua respectiva derivada, é definida por:

$$\varphi(t) = \frac{1}{1 + e^{-\alpha t}}; \; \alpha > 0, \; t \in \mathbb{R} \tag{4.13}$$

$$\varphi'(t) = \frac{\alpha e^{-\alpha t}}{(1 + e^{-\alpha t})^2} = \alpha z(1 - z); \; z = \varphi(t) \tag{4.14}$$

Com relação à função tangente hiperbólica e derivada:

$$\varphi(t) = \alpha \tanh(\beta t); \; \alpha, \beta > 0; \; t \in \mathbb{R} \tag{4.15}$$

$$\varphi'(t) = \alpha \beta \operatorname{sech}^2(\beta t) = \frac{\beta}{\alpha}(\alpha - z)(\alpha + z); \; z = \varphi(t) \tag{4.16}$$

Ao longo da execução do algoritmo *backpropagation*, são obtidas aproximações para configurações dos pesos da rede. Admitindo valores pequenos para a *taxa de aprendizado* η, menores serão as variações dos pesos sinápticos, levando, assim, a um aprendizado "suave" e lento. Por outro lado, quando adotados valores maiores para tal parâmetro, as atualizações sobre os pesos sinápticos podem atingir largas escalas, tornando o aprendizado da rede um processo instável.

Dois outros exemplos de funções usadas neste propósito são as funções *identidade* $\varphi(t) = t$ e ReLU[3] $\varphi(t) = \max\{0, t\}$. As respectivas formas derivadas são triviais.

Uma forma de aumentar a taxa de aprendizado e evitar possíveis instabilidades é proposta pela seguinte alteração no termo Δw_{uv}, presente na Equação 4.12:

$$\Delta w_{uv} = \chi \Delta w_{uv}(i-1) + \eta \cdot \delta_{[u]}^{[\ell]}(i) \cdot z_{[v]}^{[\ell-1]}(i) \tag{4.17}$$

sendo $\Delta w_{uv}(i-1) = \eta \cdot \delta_{[u]}^{[\ell]}(i-1) \cdot z_{[v]}^{[\ell-1]}(i-1)$; e $\chi \in [0, 1[$ denominado por *constante de momento*.

Por fim, como *critério de convergência*, é razoável admitir convergência quando os valores de $\overline{E}$ estacionam ao longo das épocas. Outro critério é observar a convergência em relação ao desempenho da rede diante de exemplos contidos em um conjunto de validação.

4.1.2 Indicadores de classe e a camada de saída

Diferente das abordagens anteriores, o indicador de classes utilizado no método MLP segue uma forma vetorial. Tal formato visa traçar uma compatibilização entre o número de classes envolvidas no problema de classificação, que, por sua vez, determina a quantidade de neurônios na camada de saída.

Supondo um problema que compreende c classes, serão alocados c neurônios na camada de saída. Cada um destes neurônios deve responder em favor de uma classe específica, e, por sua vez, a organização das respostas geradas por cada neurônio em um formato vetorial é comparada a uma dada resposta esperada.

De acordo com os desenvolvimentos anteriores, as respostas geradas e esperadas pelos neurônios da camada de saída correspondem a $z_u^{[L]}$ e $y_{[u]}$, conforme apresentado na Equação 4.1. Para um dado padrão $\mathbf{x}$ cuja classe associada é ω_j, tem-se que $y_{[j]} = 1$ e $y_{[u]} = 0$ para $u \neq j$. Ainda, para este mesmo exemplo, é esperado que $z_i^{[L]}$ apresente valor superior aos demais $z_u^{[L]}$, com $u \neq i$.

---

[3]Acrônimo de *Rectified Linear Unit*.

Convenientemente, estes valores são organizados por $\mathbf{z} = [z_1^{[L]}, \ldots, z_c^{[L]}]$ e $\mathbf{y} = [y_1, \ldots, y_c]$, permitindo, assim, um melhor tratamento algébrico, conforme abordado a seguir.

4.1.3 Modelagem algébrica do algoritmo *backpropagation*

Em nível de exemplificação, esta seção apresenta a modelagem algébrica que envolve a aplicação do algoritmo *backpropagation* no treinamento do MLP ilustrado na Figura 4.7. De qualquer forma, tal modelagem pode ser facilmente estendida para outras arquiteturas de rede em que se tenha interesse. Ainda, os passos descritos a seguir contemplam apenas a apresentação de um único exemplo à rede, cujo erro obtido na saída é retropropagado a fim de corrigir os pesos sinápticos.

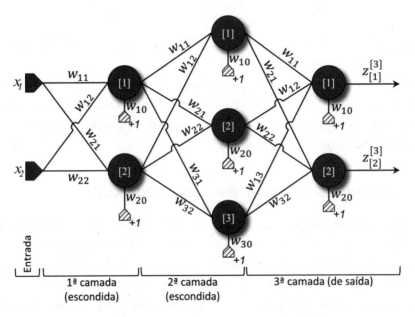

Figura 4.7 – Arquitetura de rede considerada no exemplo algébrico.

Seja $\mathbf{x}_i$ um padrão extraído de $\mathcal{D}$ e apresentado na entrada do perceptron considerado. O campo induzido sobre os neurônios da primeira camada é:

$$\mathbf{t}^{[1]} = \begin{bmatrix} w_{10} & w_{11} & w_{12} \\ w_{20} & w_{21} & w_{22} \end{bmatrix}^{[1]} \cdot \begin{bmatrix} +1 \\ x_{i1} \\ x_{i2} \end{bmatrix} = \mathbf{W}^{[1]} \cdot \mathbf{z}^{[0]T}; \; \mathbf{t}^{[1]} = \begin{bmatrix} t_{[1]}(i) \\ t_{[2]}(i) \end{bmatrix}$$

em que $\mathbf{z}^{[0]} \equiv \mathbf{x}_i$. Vale observar que, nas notações acima, a matriz dos pesos sinápticos e o vetor do campo induzido são denotados em função da camada que ocupam. Nesse caso, o superescrito "[1]" identifica os pesos e sinais que ocorrem na primeira camada.

Por sua vez, a aplicação da função de ativação $\varphi(\cdot)$ sobre os campos induzidos em cada neurônio é resumida por $\varphi(\mathbf{t}^{[1]}) = \begin{bmatrix} \varphi(t_{[1]}(i)) \\ \varphi(t_{[2]}(i)) \end{bmatrix}$, que, logo, se torna equivalente a $\mathbf{z}^{[1]}$.

Diante da próxima camada, a matriz de peso possui $(3+1)$ linhas e $(2+1)$ colunas, uma vez que devemos garantir a estrutura que interliga os dois neurônios da primeira camada com os três neurônios da segunda camada e incluir o "bias", garantindo, consequentemente, compatibilidade na multiplicação matricial que segue. No exemplo ilustrado:

$$\begin{bmatrix} w_{10} & w_{11} & w_{12} \\ w_{20} & w_{21} & w_{22} \\ w_{30} & w_{31} & w_{32} \end{bmatrix}^{[2]} \cdot \begin{bmatrix} +1 \\ z_{[1]}(i) \\ z_{[2]}(i) \end{bmatrix} = \mathbf{W}^{[2]} \cdot \mathbf{z}^{[1]^T}; \ \mathbf{t}^{[2]} = \begin{bmatrix} t_{[1]}(i) \\ t_{[2]}(i) \\ t_{[3]}(i) \end{bmatrix}$$

e tão logo temos $\mathbf{z}^{[2]} = \varphi(\mathbf{t}^{[2]})$.

Da mesma forma:

$$\begin{bmatrix} w_{10} & w_{11} & w_{12} & w_{13} \\ w_{20} & w_{21} & w_{22} & w_{23} \end{bmatrix}^{[3]} \cdot \begin{bmatrix} +1 \\ z_{[1]}(i) \\ z_{[2]}(i) \\ z_{[3]}(i) \end{bmatrix} = \mathbf{W}^{[3]} \cdot \mathbf{z}^{[2]^T}; \ \mathbf{t}^{[3]} = \begin{bmatrix} t_{[1]}(i) \\ t_{[2]}(i) \end{bmatrix}$$

com $\mathbf{z}^{[3]} = \varphi(\mathbf{t}^{[3]})$.

As etapas apresentadas até este ponto contemplam o processo de alimentação, no qual a informação apresentada na entrada da rede é propagada até a saída. Os próximos passos abrangem o cálculo do erro na saída e a correção dos pesos sinápticos com base na retropropagação do erro calculado.

Perante a resposta observada na última camada e com base nas discussões referentes à Equação 4.9, é possível expressar:

$$\delta^{[3]} = diag\left(\mathbf{y}_i - \mathbf{z}^{[3]}\right) \cdot \varphi'\left(\mathbf{t}^{[3]}\right) = \begin{bmatrix} e_{[1]} & 0 \\ 0 & e_{[2]} \end{bmatrix} \cdot \begin{bmatrix} \varphi'\left(t_{[1]}\right) \\ \varphi'\left(t_{[2]}\right) \end{bmatrix}^{[3]} = \begin{bmatrix} \delta_{[1]} \\ \delta_{[2]} \end{bmatrix}^{[3]}$$

em que $diag(\cdot)$ equivale a uma função que reescreve um vetor na forma de uma matriz diagonal, cujos elementos distribuídos ao longo da diagonal correspondem às componentes do vetor original e na mesma sequência com que ele é observado.

94 Reconhecimento de padrões: um estudo dirigido

Por sua vez, a correção, nesta camada, é dada por:

$$
\begin{bmatrix} w_{10} & w_{11} & w_{12} & w_{13} \\ w_{20} & w_{21} & w_{22} & w_{23} \end{bmatrix}^{[3]} := \begin{bmatrix} w_{10} & w_{11} & w_{12} & w_{13} \\ w_{20} & w_{21} & w_{22} & w_{23} \end{bmatrix}^{[3]}
$$

$$
+ \eta \begin{bmatrix} \delta_{[1]} \\ \delta_{[2]} \end{bmatrix}^{[3]} \cdot \begin{bmatrix} 1 & z_{[1]}^{[2]}(i) & z_{[2]}^{[2]}(i) & z_{[3]}^{[2]}(i) \end{bmatrix},
$$

de modo que o lado esquerdo da expressão acima corresponde à correção dos pesos da última camada.

Posteriormente, é feita a correção dos pesos da segunda camada de neurônios. Para este caso, serão computados os gradiente locais $\delta_{[1]}^{[2]}$, $\delta_{[2]}^{[2]}$ e $\delta_{[3]}^{[2]}$, os quais dependem dos gradientes $\delta_{[1]}^{[3]}$ e $\delta_{[2]}^{[3]}$ obtidos na terceira camada, conforme formalizado pela Equação 4.11:

$$
\delta^{[2]} = -diag \left(\begin{bmatrix} \delta_{[1]}^{[3]} & \delta_{[2]}^{[3]} \end{bmatrix} \cdot \begin{bmatrix} w_{11} & w_{12} & w_{13} \\ w_{21} & w_{22} & w_{23} \end{bmatrix}^{[3]} \right) \cdot \varphi' \left(\mathbf{t}^{[2]} \right)
$$

Vale notar que, para obtenção de $\delta^{[2]}$, a matriz de pesos sinápticos não inclui o bias, uma vez que não há conexão entre ele e os neurônios da segunda camada.

Em seguida, a correção dos pesos é efetuada com:

$$
\begin{bmatrix} w_{10} & w_{11} & w_{12} & w_{13} \\ w_{20} & w_{21} & w_{22} & w_{23} \end{bmatrix}^{[2]} := \begin{bmatrix} w_{10} & w_{11} & w_{12} & w_{13} \\ w_{20} & w_{21} & w_{22} & w_{23} \end{bmatrix}^{[2]}
$$

$$
+ \eta \begin{bmatrix} \delta_{[1]} \\ \delta_{[2]} \\ \delta_{[3]} \end{bmatrix}^{[2]} \cdot \begin{bmatrix} 1 & z_{[1]}^{[1]}(i) & z_{[2]}^{[1]}(i) \end{bmatrix}
$$

Ao fim, a correção dos pesos da camada de entrada se inicia com o cálculo dos gradientes locais:

$$
\delta^{[1]} = -diag \left(\begin{bmatrix} \delta_{[1]}^{[2]} & \delta_{[2]}^{[2]} & \delta_{[3]}^{[2]} \end{bmatrix} \cdot \begin{bmatrix} w_{11} & w_{12} \\ w_{21} & w_{22} \\ w_{31} & w_{32} \end{bmatrix}^{[2]} \right) \cdot \begin{bmatrix} \varphi' \left(t_{[1]}^{[1]} \right) \\ \varphi' \left(t_{[2]}^{[1]} \right) \end{bmatrix}^{[1]}
$$

seguido pela correção dos pesos sinápticos:

$$
\begin{bmatrix} w_{11} & w_{12} & w_{13} \\ w_{21} & w_{22} & w_{23} \end{bmatrix}^{[1]} := \begin{bmatrix} w_{11} & w_{12} & w_{13} \\ w_{21} & w_{22} & w_{23} \end{bmatrix}^{[1]}
$$

$$
+ \eta \begin{bmatrix} \delta_{[1]} \\ \delta_{[2]} \end{bmatrix}^{[1]} \cdot \begin{bmatrix} 1 & z_{[1]}^{[0]}(i) & z_{[2]}^{[0]}(i) \end{bmatrix}
$$

Classificadores não lineares   95

lembrando que $\left[z_{[1]}^{[0]}(i), z_{[2]}^{[0]}(i) \right]$ corresponde ao padrão de entrada $[x_{i1}, x_{i2}]$.

4.1.4 Exemplos de classificação e arquiteturas

Uma vez introduzidos os principais conceitos que compõem a formalização do método MLP, esta seção busca exemplificar a atuação deste classificador em problemas binários e multiclasses. Além disso, estes exemplos demonstram o efeito de duas arquiteturas de rede distintas no comportamento do método em relação à definição das regiões de decisão. São elas: (i) uma camada escondida com dois neurônios e outros dois neurônios na camada de saída, um para cada classe; (ii) duas camadas escondidas com dois neurônios em cada uma delas, seguidas por uma camada de saída com quatro neurônio, um para cada classe. A camada de entrada em ambos os casos possui dois receptores, uma vez que o problema envolve dois atributos.

As Figuras 4.8 e 4.9 ilustram os resultados obtidos nos casos de classificação binária e multiclasses, segundo cada uma das arquiteturas descritas anteriormente. É possível observar que o maior número de camadas proporcionou maior suavidade sobre a superfície de decisão do caso binário. Diante do problema multiclasses, a capacidade de distinção torna-se maior com o aumento do número de camadas. É importante destacar que o comprimento das superfícies de decisão é uma combinação de vários fatores, entre eles, o tipo da função de ativação e a arquitetura da rede.

A implementação do método MLP disponível na biblioteca Scikit-Learn contempla as formulações desenvolvidas anteriormente, assim como muitos outros elementos não incluídos nas discussões.

O Código 4.1 apresenta os principais comandos relacionados à instanciação do classificador (`MLPClassifier`), seu treinamento (`fit`) e sua aplicação na predição (`predict`) da classe de padrões não observados. Alguns itens que valem destaque são:

- `solver` – compreende o método para correção dos pesos sinápticos durante o *backpropagation*, para o qual existem as opções `lbfgs` (baseado no método de otimização proposto por [Byrd et al., 1995]), assim como `sgd` [Zhang, 2004] e `adam` [Kingma and Ba, 2014], dois métodos alternativos baseados no conceito de otimização estocástica;

- `hidden_layer_sizes` – deve ser associado a uma tupla $(h_1, \ldots, h_L)$ que determina o número de neurônios para cada uma das camadas ocultas/escondidas;

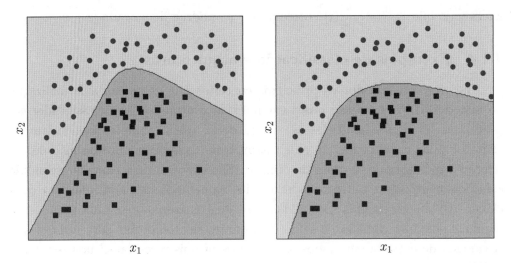

(a) Uma camada escondida com dois neurônios (b) Duas camadas escondidas com dois neurônios em cada uma delas

Figura 4.8 – Superfícies de decisão obtidas pelo método MLP sobre um problema binário.

- `max_iter` – estipula um número máximo de iterações como critério de parada;

- `activation` – determina as opções de função de ativação entre `logistic`, `tanh`, `identity` e `relu`, conforme discutidas na Seção 4.1.1;

- `learning_rate` – são as estratégias de aprendizado disponíveis, entre `constant`, `invscaling` e `adaptive`;

- `shuffle` – associado a um valor booleano, estabelece se a ordem com que os exemplos do conjunto de treinamento são apresentados ao método deve ser alterada ao longo das épocas;

- `random_state` – caso definida, corresponde à semente para geração dos números aleatórios que inicializam os pesos da rede;

```
1 #Importa de Scikit-Learn as funções relacionadas ao MLP
2 from sklearn.neural_network import MLPClassifier
3
4 #Obtenção de exemplos de treinamento (vide Código 2.2)
5 y,x = read_class_data(path_data)
6
```

Classificadores não lineares 97

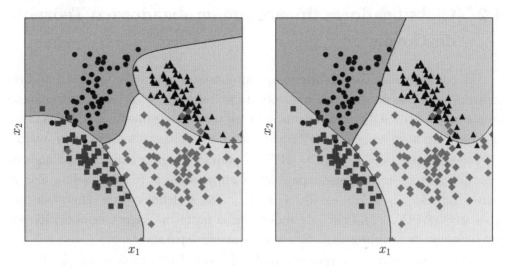

(a) Uma camada escondida com dois neurônios (b) Duas camadas escondidas com dois neurônios em cada uma delas

Figura 4.9 – Superfície de decisão obtida pelo método MLP sobre um problema multiclasses.

```
#Instanciação do classificador "g"
#Arquitetura com duas camadas escondidas com dois neurônios
g = MLPClassifier(solver='lbfgs', hidden_layer_sizes=[2,2],
                  max_iter=10000, activation='tanh',
                  learning_rate='constant', shuffle=True,
                  random_state=0)

#Treinamento segundo "x" e "y"
g.fit(x,y)

#Predição do indicador de classe de "z"
pred = g.predict(z)
```

Código 4.1 – Trecho de código que contempla o uso da implementação do método SVM, presente na biblioteca Scikit-Learn.

A discussão minuciosa dos detalhes que envolvem o método MLP foge ao escopo e propósito deste livro. Para maiores detalhes sobre os itens mencionados, é sugerida consulta à documentação da biblioteca Scikit-Learn [Buitinck et al., 2020].

4.2 Classificadores lineares generalizados e o Teorema de Cover

Em conformidade com as discussões anteriores, a aplicação do algoritmo Perceptron na simulação do funcionamento da *porta lógica XOR* levou à formulação do algoritmo MLP, cuja solução consistiu em um remapeamento dos dados originais para um novo espaço de atributos, a fim de viabilizar a solução do problema.

Formalmente, seja $\mathbf{x} \in \mathcal{X} \subseteq \mathbb{R}^n$ um padrão inserido em um problema de classificação não linearmente separável. Com auxílio de funções, sejam elas lineares ou não, $f_j : \mathbb{R}^n \to \mathbb{R}$; $j = 1, \dots, \bar{n}$, é definido um remapeamento $\mathbf{x} \mapsto \mathbf{z} = [f_1(\mathbf{x}), \dots, f_{\bar{n}}(\mathbf{x})]^T$, de modo que o problema, agora estabelecido sobre o espaço de atributos $\mathcal{Z} \subseteq \mathbb{R}^{\bar{n}}$, é linearmente separável.

Admitindo que o remapeamento realizado seja efetivo na linearização do problema, então uma dada superfície de separação linear $g(\mathbf{z})$ neste espaço pode ser expressa como uma superfície não linear $g(\mathbf{x})$ em relação ao espaço original, ou seja:

$$g(\mathbf{z}) = \mathbf{w}^T \mathbf{z} + w_0 \Leftrightarrow g(\mathbf{x}) = \left(\sum_{j=1}^{\bar{n}} w_j f_j(\mathbf{x}) \right) + w_0 \qquad (4.18)$$

Esta consideração caracteriza os *classificadores lineares generalizados*. O grafo ilustrado na Figura 4.10 mostra a estrutura que leva ao remapeamento entre espaços de atributos e definição da uma superfície de decisão linear neste novo espaço.

Uma extensão natural dos classificadores lineares generalizados são os *classificadores polinomiais*, cuja constituição da superfície de decisão é escrita em termos de polinômios de ordem r. Para o caso $r = 2$, temos:

$$g(\mathbf{x}) = w_0 + \sum_{j=1}^{n} w_j x_j + \sum_{j,k=1;\ j \neq k}^{n} w_{jk} x_j x_k + \sum_{j=1}^{n} w_{jj} x_j^2 \qquad (4.19)$$

Supondo $\mathbf{x} = [x_1, x_2]^T$, a forma quadrática apresentada equivale a $g(\mathbf{z}) = \mathbf{w}^T \mathbf{z} + w_0$, que toma lugar no espaço dos vetores $\mathbf{z} = [x_1, x_2, x_1 x_2, x_1^2, x_2^2]^T$ com $\mathbf{w} = [w_1, w_2, w_{12}, w_{11}, w_{22}]^T$. Cabe observar que a dimensão do espaço de $\mathbf{z}$ é calculada por $\dfrac{(n+r)!}{r!n!}$, o que demonstra um crescimento muito rápido em relação ao espaço original, mesmo diante de pequenos incrementos em r.

O processo de remapeamento entre espaços de dimensão n para $\bar{n}$, com $n < \bar{n}$, é suportado por um importante resultado, o Teorema de Cover [Cover, 1965]:

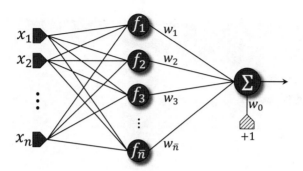

Figura 4.10 – O conceito de classificador linear generalizado.

"Um problema complexo de classificação de padrões dispostos não linearmente em um espaço de alta dimensão tem maior probabilidade de ser linearmente separável do que em um espaço de baixa dimensionalidade."

Esse teorema estabelece que o número de dicotomias linearmente separáveis envolvendo m padrões em um espaço euclidiano de dimensão n equivale a:

$$D(m,n) = \begin{cases} 2\sum_{j=0}^{n-1} \binom{m-1}{j}; & m > n+1 \\ 2^m; & m \leq n+1 \end{cases} \quad (4.20)$$

em que $j = 1, \ldots, n-1$ corresponde aos diferentes graus de liberdade que o separador linear pode assumir no espaço n-dimensional. Além disso, é assumido que os m padrões devem ocupar "posições gerais"[4], isto é, em um espaço n-dimensional; não se deve observar $n+1$ padrões sobre um subconjunto $(n-1)$-dimensional contido no espaço n-dimensional original.

Por sua vez, sabendo que a quantidade de dicotomias possíveis, sejam elas linearmente separáveis ou não, é igual a 2^m, temos que, ao tomar aleatoriamente uma das dicotomias, a probabilidade com que esta proporciona uma separação linear sobre os dados é:

$$P(m,n) = \frac{D(m,n)}{2^m} = \begin{cases} 2^{m-1}\sum_{j=0}^{n-1} \binom{m-1}{j}; & m > n+1 \\ 1; & m \leq n+1 \end{cases} \quad (4.21)$$

A Figura 4.11 ilustra a relação entre o número de observações m, supostamente em posições gerais, que envolvem um problema de classificação e a respectiva probabilidade de apresentar separação linear diante de diferentes dimensões (n) para o espaço de atributos. Este resultado mostra que o aumento nas dimensões torna o problema linearmente separável.

---
[4]A fim de elucidar, em um espaço bidimensional, três pontos colineares quaisquer fazem com que os padrões não estejam em "posições gerais". Em um espaço tridimensional, quatro padrões sobre um plano causariam o mesmo efeito anterior.

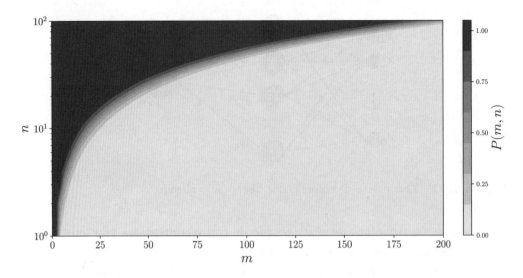

Figura 4.11 – Probabilidade de separação linear de m observações, dispostas em posições gerais, sobre um espaço n-dimensional.

4.3 Redes RBF

Rede de Base Radial, ou rede RBF (*Radial Basis Function Net* – RBFN), corresponde a um tipo de rede neural aplicável sobre problemas de classificação e regressão de dados. Uma primeira distinção marcante em relação ao MLP refere-se a sua arquitetura. A rede RBF é composta por apenas uma camada oculta de neurônios e outra camada de saída. A Figura 4.12 ilustra uma RBFN genérica.

A respeito do número de entradas, de neurônios na camada oculta e de saídas, estas redes possuem flexibilidade similar ao MLP. Mais uma vez, de modo análogo às redes MLP, $w_{ji}^{[L]}$ indica uma ponderação sobre uma conexão entre o i-ésimo neurônio da camada $L-1$ e o j-ésimo neurônio da camada L.

Em especial, os neurônios localizados na camada oculta possuem funções de ativação do tipo gaussiana, definidas por:

$$g_{[j]}^{[1]}(\mathbf{x}) = \exp\left(-\frac{\|\mathbf{x} - \mathbf{w}_{[j]}^{[1]}\|^2}{2\sigma_{[j]}^2}\right) \quad (4.22)$$

com $\mathbf{w}_{[j]}^{[1]} = \left[w_{j1}^{[1]}, \ldots, w_{jn}^{[1]}\right]^T$ equivalente aos pesos sinápticos que se conectam à camada de entrada ao j-ésimo neurônio da camada oculta, para $j = 1, \ldots, \ell_1$. Ainda, $\sigma_{[j]}$ corresponde a um parâmetro associado ao j-neurônio, denominado *campo receptivo*.

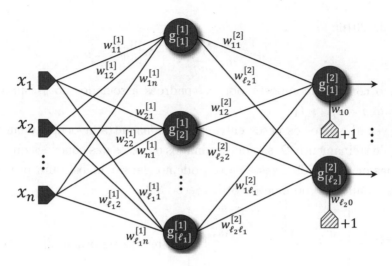

Figura 4.12 – Arquitetura genérica de uma RBFN.

Em relação à camada de saída, seus neurônios são conectados à camada anterior por meio de pesos $\mathbf{w}_k = [w_{k1}^{[2]}, \ldots, w_{k\ell_1}^{[2]}]$, incluindo um termo de polarização $+1$ ponderado por w_{k0}, para $k = 1, \ldots, \ell_2$. Outro detalhe refere-se às funções de ativação dos neurônios dessa camada, os quais são tipicamente lineares, ou seja:

$$g_{[k]}^{[2]}\left(z_{[k]}\right) = z_{[k]} = \mathbf{w}_{[k]}^{[2]} \left[g_{[1]}^{[1]}(\mathbf{x}), \ldots, g_{[\ell_1]}^{[1]}(\mathbf{x})\right]^T + w_{k0} \quad (4.23)$$

com $k = 1, \ldots, \ell_2$.

Como ponto característico das redes neurais, o treinamento de uma RBFN é dado através de ajustes sobre seus respectivos pesos. No entanto, tal ajuste é comumente realizado em duas etapas: (i) de forma não supervisionada, são estabelecidos os pesos $\mathbf{w}_{[j]}^{[1]}$, com $j = 1, \ldots, \ell_1$, para cada neurônio da camada intermediária; (ii) posteriormente, de modo supervisionado, são determinados os pesos que interligam os neurônios da camada intermediária e de saída.

Na fase não supervisionada, é usual o emprego de algoritmos de agrupamento. Os algoritmos K-Médias (Seção 6.5.1) ou mesmo GMM-EM (Seção 2.6.2) podem ser usados para este propósito. Neste contexto, para uma arquitetura envolvendo ℓ_1 neurônios na camada intermediária, as técnicas citadas podem ser parametrizadas para identificar a mesma quantidade de agrupamentos. Ao fim, o peso das conexões sinápticas $[w_{j1}, \ldots, w_{jn}]$, que interligam a camada de entrada ao j-ésimo neurônio da camada oculta, correspondem às componentes do centroide (i.e., vetor médio do agrupamento) associado. Em relação ao parâmetro $\sigma_{[j]}$, uma estimativa razoável é dada pelo desvio médio de cada agrupamento identificado

[Silva et al., 2016]:

$$\sigma_{[j]} = \frac{1}{m_j} \sum_{\mathbf{x} \in \mathcal{G}_j} \|\mathbf{x} - \mathbf{w}_{[j]}^{[1]}\|^2 \tag{4.24}$$

sendo $\mathcal{G}_j$ o conjunto composto por m_j padrões associados ao j-ésimo agrupamento, com $j = 1, \ldots, \ell_1$.

Uma vez ajustados os pesos entre as camadas entrada–oculta e em posse do conjunto de treinamento $\mathcal{D}$, são determinados os pesos das conexões que associam as camadas oculta–saída. Neste caso, podemos lançar mãos a um procedimento similar ao já adotado no método SSE (Seção 3.3).

Seja $\mathbf{W} = \begin{bmatrix} w_{11}^{[2]} & w_{12}^{[2]} & \cdots & w_{1\ell_1}^{[2]} \\ w_{21}^{[2]} & w_{22}^{[2]} & \cdots & w_{2\ell_1}^{[2]} \\ \vdots & \vdots & \ddots & \vdots \\ w_{\ell_2 1}^{[2]} & w_{\ell_2 2}^{[2]} & \cdots & w_{\ell_2 \ell_1}^{[2]} \end{bmatrix}$, a matriz de ordem $\ell_1 \times \ell_2$ composta

pelos pesos na camada de saída, e $\mathbf{G} = \begin{bmatrix} g_{11} & g_{12} & \cdots & g_{1\ell_1} \\ g_{21} & g_{22} & \cdots & g_{2\ell_1} \\ \vdots & \vdots & \ddots & \vdots \\ g_{m1} & g_{m2} & \cdots & g_{m\ell_1} \end{bmatrix}$, a matriz de

ordem $m \times \ell_1$, sendo $g_{pq} = g_{[q]}^{[1]}(\mathbf{x}_p)$. Ainda, é estabelecida como saída desta rede a

matriz $\mathbf{Y} = \begin{bmatrix} y_{11} & y_{12} & \cdots & y_{1\ell_2} \\ y_{21} & y_{22} & \cdots & y_{2\ell_2} \\ \vdots & \vdots & \ddots & \vdots \\ y_{m1} & y_{m2} & \cdots & y_{m\ell_2} \end{bmatrix}$, com $y_{pq} = 1$ se o exemplo de treinamento

$\mathbf{x}_p$ estiver associado à classe ω_q; caso contrário, $y_{pq} = 0$.

Diante dessa representação matricial, o comportamento da RBFN entre as camadas oculta–saída pode ser expresso por $\mathbf{G}\mathbf{W}^T = \mathbf{Y}$, permitindo, assim, o desenvolvimento da seguinte equivalência:

$$\mathbf{G}\mathbf{W}^T = \mathbf{Y} \Leftrightarrow \mathbf{G}^T\mathbf{G}\mathbf{W}^T = \mathbf{G}^T\mathbf{Y} \Leftrightarrow$$

$$\Leftrightarrow \left(\mathbf{G}^T\mathbf{G}\right)^{-1}\left(\mathbf{G}^T\mathbf{G}\right)\mathbf{W}^T = \left(\mathbf{G}^T\mathbf{G}\right)^{-1}\mathbf{G}^T\mathbf{Y} \Leftrightarrow \tag{4.25}$$

$$\Leftrightarrow \mathbf{W}^T = \left(\mathbf{G}^T\mathbf{G}\right)^{-1}\mathbf{G}^T\mathbf{Y}$$

É importante destacar que a inversa de $\left(\mathbf{G}^T\mathbf{G}\right)$ existe desde que os exemplos de treinamento presentes em $\mathcal{D}$ sejam distintos entre si. Com a falha desta restrição, $\left(\mathbf{G}^T\mathbf{G}\right)$ apresentará, no mínimo, duas filas idênticas, implicando, por sua vez, em determinante nulo, e, tão logo, não existência de inversa.

A Figura 4.13 ilustra os efeitos do aumento do número de neurônios na camada oculta na caracterização da superfície de decisão. É evidente o aumento

Classificadores não lineares 103

da capacidade de ajuste da superfície de decisão sobre os dados de treinamento ao passo que o número de neurônios cresce. Tal comportamento é justificado segundo as discussões da Seção 4.2.

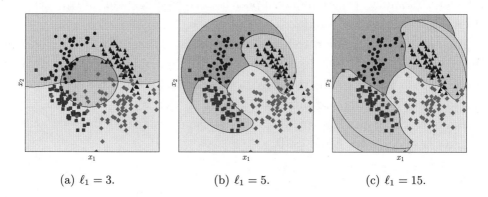

(a) $\ell_1 = 3$.   (b) $\ell_1 = 5$.   (c) $\ell_1 = 15$.

Figura 4.13 – Superfícies de decisão obtida por redes RBF, com diferentes neurônios na camada escondida, sobre um problema multiclasses.

Apesar da sua ampla difusão nas área de Reconhecimento de Padrões e Aprendizado de Máquina, atualmente não há implementação para as redes RBF na biblioteca Scikit-Learn. Nesta condição, o Código 4.2 apresenta a implementação de funções que viabilizam a aplicação deste método.

A função `train_rbf_net` consiste no treinamento de uma RBFN. São admitidos como parâmetros de entrada: `x`, `y`, `k` e `epsilon`; em que `x`, `y` referem-se aos padrões e respectivos rótulos dos exemplos contidos no conjunto de treinamento; `k` determina a quantidade de neurônios na camada escondida; e `epsilon` é empregado como critério de convergência na fase do treinamento não supervisionado. O retorno gerado por esta função corresponde à matriz `W` (Equação 4.25) e aos parâmetros `cent` e `campo`, referentes aos pesos $\mathbf{w}_j^{[1]}$ e aos campos receptivos $\sigma_{[j]}$, com $j = 1, \ldots, \ell_1$ e $\ell_1 = $ `k`.

Em relação à etapa não supervisionada, é feito uso da função `init_kmeans`, parametrizada por `x`, `k` e `epsilon`. Nestas condições, após convergência segundo a condição imposta por `epsilon`, o algoritmo K-Médias determina `k` agrupamentos, sobre os quais são observados os elementos/valores médios (centroides) e respectivos desvios internos, retornando, por sua vez, estes valores através das variáveis `cent` e `campo`. Maiores detalhes sobre este método são deixados para a Seção 6.5.1.

Como consequência da fase não supervisionada, os dados de entrada são remapeados pelos neurônios da camada oculta. A função `map_rbf` efetua tal mapeamento segundo a Equação 4.22.

104 Reconhecimento de padrões: um estudo dirigido

Com relação ao mapeamento esperado na saída da rede, é empregada a função `expected_output`, que transforma indicadores de classes em um vetor com dimensão equivalente ao número de classes/neurônios na saída. As componentes deste vetor são nulas, exceto na única posição associada ao neurônio que responde +1 em favor da classe esperada.

Por fim, após realizado o treinamento, a função `class_rbf_net` implementa o funcionamento da RBFN. Para um dado padrão x, e admitindo os parâmetros `mu` (centroide), `sig` (campos receptivos) e `W` (pesos das conexões na camada de saída) obtidos durante o treinamento, o comando `class_rbf_net(x,mu,sig,W)` retorna o indicador da classe predita. Tal decisão é tomada em favor do neurônio que mostra maior valor como saída.

```python
1  #Treinamento da rede RBF (RBFN)
2  #Fases não supervisionada e supervisionada
3  def train_rbf_net(x,y,k,epsilon):
4      #Indicador de classe vetorial
5      codeY = expected_output(y)
6      #Parâmetros dos neurônios da camada escondida
7      #(fase não supervisionada)
8      cent, campo = init_kmeans(x,k,epsilon)
9      #Mapeamento dos dados de acordo com
10     #...os neurônios da camada escondida
11     mapX = map_rbf(x,cent,campo)
12     #Ajuste dos pesos da camada de saída
13     #(fase supervisionada)
14     A = np.dot( mapX.T,mapX)
15     B = np.linalg.inv(A)
16     C = np.dot(B,mapX.T)
17     W = np.dot(C,codeY.T)
18     return W, cent, campo
19
20 #Transformação de y da forma "índice" para "vetor"
21 def expected_output(y):
22     uy = np.unique(y)   #indices existentes
23     nclass = np.size(uy)
24     m = np.shape(y)[0] #número de exemplos
25     vecY = np.zeros((nclass,m))
26     for i in range(0,m):
27         pos = np.where(uy == y[i])
28         vecY[pos,i] = 1
29     return vecY
30
31 #Mapeamento dos dados pelos neurônios escondidos da RBFN
32 def map_rbf(x,mu,sig):
33     m = x.shape[0]
```

```
34    k = mu.shape[0]
35    z = np.ndarray((m,k))
36    for i in range(0,m):
37        for j in range(0,k):
38            z[i,j] = np.exp(-(np.linalg.norm(x[i,:] -
39                          mu[j,:])**2)/(2*(sig[j]**2)))
40    return z
41
42 #Classificação via RBFN
43 def class_rbf_net(x,mu,sig,W):
44    #Mapeia o elemento
45    k = mu.shape[0]; mx = np.ndarray((k))
46    for j in range(0,k):
47        mx[j] = np.exp(-(np.linalg.norm(x -
48                      mu[j,:])**2)/(2*(sig[j]**2)))
49    #Aplica os pesos da última camada e decide
50    #...em favor da maior resposta
51    v = np.reshape(np.dot(np.reshape(mx,(1,W.shape[0])),W),
52                   (W.shape[1]))
53    pos = np.where(v == np.max(v))
54    return pos[0]+1
```

Código 4.2 – Implementação de funções para o treinamento e classificação via RBFN.

4.4 Máquinas de vetores suporte e funções kernel

A formulação exposta na Seção 3.4 apresenta como são obtidos os hiperplanos de separação através do método SVM. No entanto, conforme já discutido e justificado, existem problemas nos quais o uso de hiperplanos não proporciona uma separação adequada/razoável. Como alternativa, é possível remapear os padrões que não são linearmente separáveis no *espaço de atributos* original para outro espaço, denominado *espaço característico*, onde a separabilidade pode ser maior. Na Figura 4.14(b), é ilustrado um exemplo fictício de mapeamento dos padrões apresentados na Figura 4.14(a), possibilitando, assim, a separação linear.

O processo de mapeamento exemplificado na Figura 4.14 pode ser conduzido implicitamente nas formulações apresentadas nas Seções 3.4.1 e 3.4.2. Para tal, basta substituir os produtos internos $\mathbf{w}^T \mathbf{x}_i$ e $\mathbf{x}_i^T \mathbf{x}_j$ presentes na regra de decisão (3.17) e na função objetivo (3.21) do método por uma função $K(\cdot, \cdot)$ que respeite as condições do *Teorema de Mercer* [Theodoridis and Koutroumbas, 2008]:

Teorema de Mercer: *seja* $\mathbf{u}, \mathbf{v} \in \mathcal{X} \subseteq \mathbb{R}^n$ *e* $\phi(\cdot)$ *um mapeamento* $\mathbf{u} \mapsto \phi(\mathbf{u}) \in \mathcal{H}$, *sendo* $\mathcal{H}$ *um espaço de Hilbert*[5]. *O produto interno* $\phi(\mathbf{u})^T \phi(\mathbf{v})$ *é*

---

[5]Espaço de Hilbert é um espaço vetorial real munido do produto interno com dimensão não

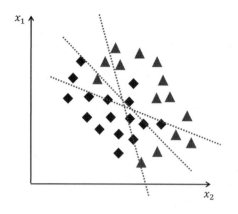
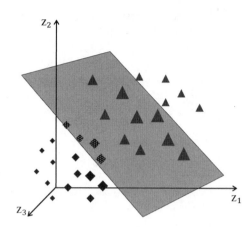

(a) Padrões distribuídos sobre o *espaço de atributos* de forma não linearmente separável. O uso de hiperplanos não proporciona separação adequada

(b) Mapeamento dos padrões em um *espaço característico* de maior dimensão, onde é possível realizar a separação de forma linear

Figura 4.14 – Exemplo de mapeamento dos padrões para um espaço de maior dimensão que proporciona separação linear [Negri, 2013].

equivalente à função contínua e simétrica[6] $K(\mathbf{u}, \mathbf{v})$ *que satisfaz:*

$$\int_{\mathcal{X}} \int_{\mathcal{X}} K(\mathbf{u}, \mathbf{v}) h(\mathbf{u}) h(\mathbf{v}) d\mathbf{u} d\mathbf{v} \geq 0 \tag{4.26}$$

para qualquer $h(\mathbf{u})$, *tal que:*

$$\int_{\mathcal{X}} h(\mathbf{u})^2 d\mathbf{u} < +\infty \tag{4.27}$$

Como consequência deste teorema, para qualquer função $K(\cdot, \cdot)$ que satisfaça as condições (4.26) e (4.27), é possível afirmar que existe um espaço vetorial onde tal função define um produto interno. Essas funções são denominadas *kernel*.

Embora o Teorema de Mercer forneça condições necessárias para construção de funções que definem o produto interno em algum espaço vetorial, não são fornecidos meios para definir qual é este espaço, ou seja, não é fornecida uma maneira direta de definir $\phi(\cdot)$ a partir de $K(\cdot, \cdot)$. Além disso, verificar que uma dada função $K(\cdot, \cdot)$ atende às condições do Teorema de Mercer pode não ser trivial [Shawe-Taylor and Cristianini, 2004].

---

necessariamente finita.

[6]Simétrica com relação aos vetores de entrada.

Classificadores não lineares   107

Alguns exemplos de funções kernel frequentemente adotadas na resolução de problemas gerais são as funções de Base Radial[7] (*Radial Basis Function* – RBF), Polinomial e Sigmoide, apresentadas respectivamente nas Equações 4.28, 4.29 e 4.30. O produto interno entre os vetores do espaço de atributos é denominado por função kernel Linear (Equação 4.31).

$$K_{\text{RBF}}\left(\mathbf{x}_i, \mathbf{x}_j\right) = e^{-\gamma \|\mathbf{x}_i - \mathbf{x}_j\|^2} \tag{4.28}$$

$$K_{\text{Pol}}\left(\mathbf{x}_i, \mathbf{x}_j\right) = \left(\gamma \mathbf{x}_i^T \mathbf{x}_j + \alpha\right)^q \tag{4.29}$$

$$K_{\text{Sigm}}\left(\mathbf{x}_i, \mathbf{x}_j\right) = \tanh\left(\gamma \mathbf{x}_i^T \mathbf{x}_j + \alpha\right) \tag{4.30}$$

$$K_{\text{Linear}}\left(\mathbf{x}_i, \mathbf{x}_j\right) = \mathbf{x}_i^T \mathbf{x}_j \tag{4.31}$$

em que $q \in \mathbb{N}^*$ e $\gamma, \alpha \in \mathbb{R}_+^*$ são parâmetros associados.

As funções kernel possuem ainda propriedades úteis na definição de novos kernels. Algumas destas propriedades são [Schölkopf and Smola, 2002]:

- Combinação entre kernels: sejam K_1 e K_2 duas funções kernel, então qualquer combinação linear $v_1 K_1 + v_2 K_2$, em que $v_1, v_2 \geq 0$, é uma função kernel;

- Produto de Schur: sejam K_1 e K_2 duas funções kernel, então $K_1 \cdot K_2$ é uma função kernel;

- Multiplicação por escalar: seja K_1 uma função kernel e $v \in \mathbb{R}^+$, então vK_1 é uma função kernel;

- Multiplicação entre funções: sejam h_1 e h_2 duas funções reais, definidas no espaço de atributos $\mathcal{X} \subset \mathbb{R}^n$, então $h_1 \cdot h_2$ é uma função kernel.

Existem ainda formas alternativas de construir as funções kernel a partir de resultados já apresentados na literatura, como utilizando o modelo de *funções de base radial*, definidas por [Schölkopf and Smola, 2002]:

$$K(\mathbf{x}_i, \mathbf{x}_j) = f(\mathrm{m}(\mathbf{x}_i, \mathbf{x}_j)) \tag{4.32}$$

em que $\mathrm{m} : \mathcal{X} \times \mathcal{X} \to \mathbb{R}_+$ é uma métrica e $f : \mathbb{R} \to \mathbb{R}$ é uma função contínua estritamente positiva, como a função exponencial $f(x) = e^{-x}$.

---

[7]Não há relação direta ao método abordado na Seção 4.3, exceto a expressão das funções de ativação definida na Equação 4.22.

108 Reconhecimento de padrões: um estudo dirigido

Para fins de exemplificação, o método SVM é aplicado sobre o problema multiclasses usado nos exemplos anteriores fazendo uso das funções kernel RBF, Polinomial e Sigmoide (Equações 4.28 a 4.30) e de diferentes configurações de parâmetros. Os resultados obtidos são apresentados na Figura 4.15.

Quando feito uso do kernel Polinomial com parâmetros $q = 1$, $\gamma = 1$ e $\alpha = 0$, ele é reduzido ao kernel linear, o que também reduz o método SVM à sua versão linear (Seção 3.4.2). Uma maior flexibilização da superfície de decisão é alcançada com o aumento do parâmetro q, relacionado ao grau do polinômio implícito que mapeia os dados para um novo espaço de dimensão superior. Em relação ao kernel RBF, o aumento de γ também proporciona superfícies de decisão ajustadas às características e particularidades dos dados. Por outro lado, quando utilizado o kernel Sigmoide, o aumento de γ implica em superfícies de decisão com maior tendência linear.

Em relação ao emprego da biblioteca Scikit-Learn para aplicação do método SVM com uso das funções kernel discutidas, é suficiente que sejam declarados os parâmetros que estabelecem o kernel desejado e suas respectivas parametrizações. A opção kernel='poly', 'rbf' ou 'sigmoid' determina a função kernel a ser empregada entre as formas Polinomial, RBF e Sigmoide, respectivamente. Em relação aos parâmetros q, γ e α, eles são determinados através de degree, gamma e coef0. No Código 4.3, são exemplificadas as instanciações de classificadores SVM com uso das funções kernel discutidas e os parâmetros associados. Os processos de treinamento e predição são alcançados de forma similar ao Código 3.4.

```
1 g1 = svm.SVC(C=100, kernel='poly', degree=5, coef0=0,
2             gamma=1.0, decision_function_shape='ovr')
3
4 g2 = svm.SVC(C=100, kernel='rbf', gamma=1.5,
5             decision_function_shape='ovr')
6
7 g3 = svm.SVC(C=100, kernel='sigmoid', coef0=0, gamma=1.5,
8             decision_function_shape='ovr')
```

Código 4.3 – Diferentes instanciações do método SVM com uso de funções kernel distintas.

4.5 Árvores de decisão

No contexto da teoria de grafos, uma árvore binária é estruturada através de vértices (ou nós) e relações hierárquicas. Partindo de um nó, usualmente denominado *raiz*, podem ser definidas ramificações bipartidas sucessivas, as quais

Classificadores não lineares 109

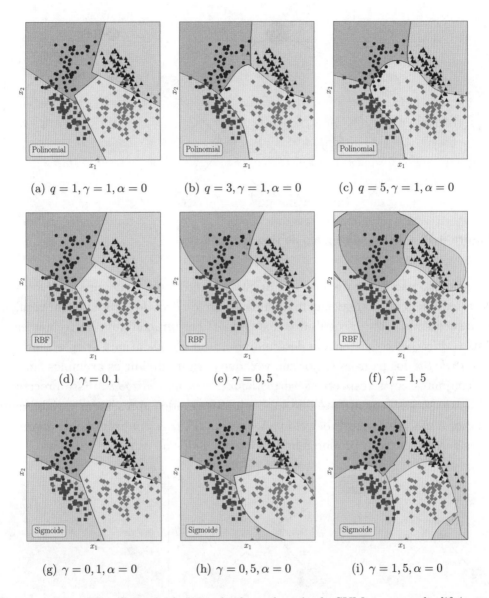

(a) $q=1, \gamma=1, \alpha=0$ (b) $q=3, \gamma=1, \alpha=0$ (c) $q=5, \gamma=1, \alpha=0$

(d) $\gamma=0,1$ (e) $\gamma=0,5$ (f) $\gamma=1,5$

(g) $\gamma=0,1, \alpha=0$ (h) $\gamma=0,5, \alpha=0$ (i) $\gamma=1,5, \alpha=0$

Figura 4.15 – Superfícies de decisão obtidas pelo método SVM com uso de diferentes funções kernel e parametrizações sobre um problema multiclasses. Foram utilizadas a estratégia OVR e penalidade igual a 100 (i.e. parâmetro $C = 100$).

determinam novos nós [West, 2000]. Um nó é dito *interno* desde que produza ramificações, caso contrário é denominado *folha*. A Figura 4.16 ilustra a estrutura discutida.

A estrutura fornecida por este tipo de grafo favoreceu uma abordagem de

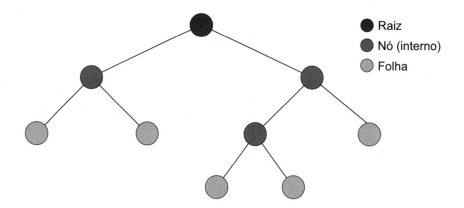

Figura 4.16 – Exemplo de grafo do tipo árvore binária.

classificação não linear distinta das discussões anteriores, denominada árvores de decisão. Em geral, a modelagem de uma árvore de decisão é baseada em verificações sucessivas sobre os atributos dos padrões em um conjunto de treinamento. Tais verificações consistem em determinar um *limiar* que atuará apenas sobre *um dos atributos* dos padrões e, por sua vez, que permite dividir os exemplos em dois subconjuntos cujas respectivas *variabilidades são minimizadas*. Esse processo é realizado sucessivamente até que subconjuntos gerados apresentem variabilidade inferior a um valor preestabelecido. A Figura 4.17 traz um exemplo de árvore de decisão e a separação proporcionada sobre os dados no espaço de atributo.

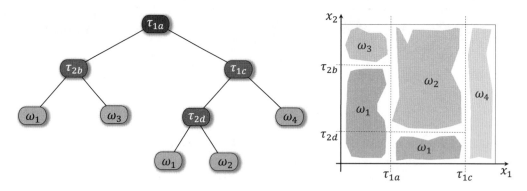

Figura 4.17 – Outro exemplo de árvore de decisão e respectivo particionamento efetuado sobre o espaço de atributos. Em cada nó, valores inferiores ao limiar τ_{kh} são associados ao descendente à esquerda, já valores superiores ou iguais ao limiar apresentado são direcionados à direita. O atributo considerado no processo de divisão é denotado k. O valor de h é irrelevante neste exemplo.

Classificadores não lineares   111

Entre diferentes propostas existentes na literatura para construção de árvores de decisão aplicadas à classificação de padrões e regressão, as discussões que seguem referem-se ao método introduzido por [Breiman et al., 1984], denominado CART (*Classification and Regression Trees*).

Formalmente, partimos de $\mathcal{D} = \{(\mathbf{x}_i, y_i) \in \mathcal{X} \times \mathcal{Y} : i = 1, \ldots, m\}$ como conjunto de treinamento, sendo $\mathcal{X} \subseteq \mathbb{R}^n$ e $\mathcal{Y} = \{1, \ldots, c\}$, o qual é relacionado ao conjunto de classes $\Omega = \{\omega_1, \ldots, \omega_c\}$. Como já empregado, y_i atua como indicador de classe, tal que $y_i = j$ implica que $\mathbf{x}_i$ está associado à classe ω_j.

Conforme evidenciado (Figura 4.17), ao longo do processo de construção da árvore de decisão, são utilizados subconjuntos de $\mathcal{D}$ cada vez mais restritos. A fim de generalizar as notações, será denominado $\mathcal{Q}$ o subconjunto de elementos de $\mathcal{D}$ considerado em um nó desta árvore. Em um primeiro momento, na raiz da árvore, o conjunto $\mathcal{Q}$ equivale a $\mathcal{D}$.

Assim, para um nó qualquer, $\mathcal{Q}$ é composto por q pares $(\mathbf{x}, y)$. Independentemente do comportamento dos padrões $\mathbf{x}$ em $\mathcal{Q}$ e do atributo considerado, existem, no máximo, $\tau \leq q$ valores que permitem a divisão deste conjunto em duas partes. No entanto, devido a possíveis repetições de valores que cada um dos atributos pode apresentar, a quantidade de candidatos a limiar para divisão de $\mathcal{Q}$ pode variar em função dos atributos.

Seja $\mathcal{Q}_k = \{x_k : (\mathbf{x}, y) \in \mathcal{Q}; \; \mathbf{x} = [x_1, \ldots, x_k, \ldots, x_n]\}$ o conjunto de valores observados, sem repetição, sobre o k-ésimo atributo dos exemplos de $\mathcal{Q}$. No contexto desta discussão, podem ser definidos τ_{kh} valores, com $k = 1, \ldots, n$ e $h = 1, \ldots, \#\mathcal{Q}_k$, que, por sua vez, determinam $\mathcal{Q}_{inf}(\tau_{kh})$ e $\mathcal{Q}_{sup}(\tau_{kh})$ como subconjuntos de $\mathcal{Q}$, cujo valor do k-ésimo atributo de seus vetores $\mathbf{x}$ é inferior ou maior-ou-igual a τ_{kh}, respectivamente. Ou seja:

$$\mathcal{Q}_{inf}(\tau_{kh}) = \{(\mathbf{x}, y) \in \mathcal{Q} : x_k < \tau_{kh}\}$$
$$\mathcal{Q}_{sup}(\tau_{kh}) = \{(\mathbf{x}, y) \in \mathcal{Q} : x_k \geq \tau_{kh}\}$$

A fim de quantificar a variabilidade de classes em $\mathcal{Q}$, também denominada *impureza*, é usual o emprego da medida de Entropia da Informação, expressa na Equação 4.33. Cabe observar que o valor máximo desta medida é atingido quando as probabilidades de ocorrência das classes se tornam iguais. Logo, sua minimização leva à mínima incerteza com que os elementos deste conjunto são associados a uma das classes do problema.

$$I(\mathcal{Q}) = -\sum_{j=1}^{c} P(\omega_j | \mathcal{Q}) \log_2 P(\omega_j | \mathcal{Q}) \qquad (4.33)$$

em que:

$$P(\omega_j|\mathcal{Q}) = \frac{1}{\#\mathcal{Q}} \sum_{i=1}^{\#\mathcal{Q}} \delta_j(y_i)$$

$$\delta_j(y_i) = \begin{cases} 1; & \text{se } y_i = j \\ 0; & \text{caso contrário} \end{cases}$$

Dessa forma, diante da escolha de um limiar τ_{kh}, é possível medir a redução de impureza que será proporcionada ao subdividir $\mathcal{Q}$ em $\mathcal{Q}_{inf}(\tau_{kh})$ e $\mathcal{Q}_{sup}(\tau_{kh})$, conforme definido na Equação 4.34. É importante destacar que a determinação de τ_{kh} é alcançada de forma exaustiva com base nos valores de $\mathcal{Q}_k$, para $k = 1, \ldots, n$.

$$\Delta I(\mathcal{Q}; \tau_{kh}) = I(\mathcal{Q}) - \frac{\#\mathcal{Q}_{inf}(\tau_{kh})}{\#\mathcal{Q}} I(\mathcal{Q}_{inf}(\tau_{kh})) - \frac{\#\mathcal{Q}_{sup}(\tau_{kh})}{\#\mathcal{Q}} I(\mathcal{Q}_{sup}(\tau_{kh})) \quad (4.34)$$

Nestas condições, quando $\Delta I(\mathcal{Q}; \tau_{kh})$ supera um limiar $\zeta \in \mathbb{R}_+$ preestabelecido e a quantidade de elementos em $\mathcal{Q}$ também supera um número mínimo $\psi \in \mathbb{N}^*$, torna-se justificada a necessidade de divisão entre $\mathcal{Q}_{inf}(\tau_{kh})$ e $\mathcal{D}_{sup}(\tau_{kh})$. Nesse caso, todos os processos discutidos anteriormente são conduzidos em caráter recursivo sobre cada subconjunto obtido, os quais caracterizam novos nós da árvore de decisão em construção e possuem $\mathcal{Q}$ igual a $\mathcal{Q}_{inf}(\tau_{kh})$ e $\mathcal{D}_{sup}(\tau_{kh})$, respectivamente.

Caso a divisão não se justifique, o nó associado ao conjunto (local) $\mathcal{Q}$ é caracterizado como uma "folha" e, por sua vez, deve representar uma das classe $\omega^\star \in \Omega$. Para tal associação, a seguinte regra pode ser empregada:

$$\omega^\star = \arg\max_{\omega_j \in \Omega} P(\omega_j|\mathcal{Q}) \quad (4.35)$$

Uma vez cessado o crescimento da árvore de decisão, o processo de treinamento é finalizado. Por conseguinte, o processo de classificação de um padrão não rotulado é efetuado a partir da sua apresentação na raiz da árvore de decisão, sendo, então, submetido sequencialmente às diversas regras relacionadas aos nós até que uma folha seja alcançada. A classe representada pela folha em questão determina a classificação do padrão em estudo.

Como exemplo de aplicação, a Figura 4.18 ilustra o comportamento das superfícies de decisão delineadas pelo método CART sobre os mesmos problemas não lineares (binário e multiclasses) empregados nas seções anteriores. O particionamento do espaço de atributos através de limiares constantes em relação aos atributos, similar à concepção da Figura 4.17, proporciona o aspecto de "setores". Além disso, é destacado o efeito do parâmetro ψ (i.e., número mínimo de exemplos por folha) no superajuste da árvore aos dados (Figura 4.18(d)).

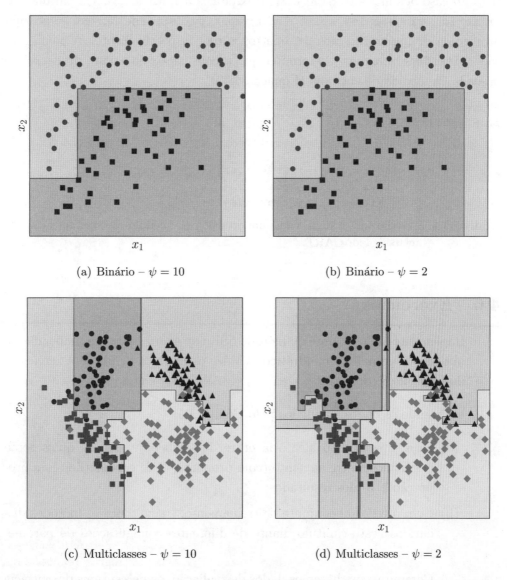

(a) Binário – $\psi = 10$

(b) Binário – $\psi = 2$

(c) Multiclasses – $\psi = 10$

(d) Multiclasses – $\psi = 2$

Figura 4.18 – Superfície de decisão obtida pelo método CART sobre problemas binário e multiclasses. O parâmetro ζ, que estabelece a redução mínima de impureza, é fixado em 10^{-7} para todos os casos.

A partir da biblioteca Scikit-Learn, com a importação do módulo `tree`, a implementação do classificador CART torna-se acessível via `DecisionTreeClas-`

114 Reconhecimento de padrões: um estudo dirigido

`sifier`. O Código 4.4 apresenta apenas o trecho de importação do módulo citado e a instanciação de um classificador CART. As funções de treinamento (i.e., `fit`) e predição/classificação (i.e., `predict`) são omitidas, uma vez que seu uso é idêntico[8] ao caso dos métodos SVM e MLP (Códigos 3.4, 4.1 e 4.3). Os parâmetros `criterion`, `min_samples_split` e `min_impurity_decrease` referem-se ao tipo da medida de impureza e aos parâmetros ψ e ζ, respectivamente. A configuração `criterion='entropy'` determina que a construção da árvore de decisão é baseada na medida de entropia (Equação 4.33).

```
1  #Importa de Scikit-Learn as funções relacionadas ao CART
2  from sklearn import tree
3
4  #Instanciação do classificador 'g'
5  g = tree.DecisionTreeClassifier(criterion='entropy',
6                  min_samples_split=2,
7                  min_impurity_decrease=10**(-7))
```

Código 4.4 – Trecho de código com importação de módulo de instanciação do classificador CART.

4.6 Exercícios

1. Implemente uma variante do método SSE que opera sobre um mapeamento obtido por polinômio quadrático. Utilize os mesmos dados do Exercício 1 do Capítulo 3 (Seção 3.6).

2. Utilizando os dados simulados pelo Código 4.5:

   (a) Faça uma divisão aleatória entre dois subconjuntos, os quais serão destinados ao treinamento (com proporção 2/3) e avaliação (com proporção 1/3) dos resultados;

   (b) Com uso do subconjunto de treinamento, treine todos os métodos discutidos neste capítulo diante de diferentes configurações de parâmetros;

   (c) Compute, com base nos dados de avaliação, os percentuais de acurácia obtidos pelos diferentes métodos/parametrizações;

   (d) Discuta os resultados.

---

[8]Tal fato ocorre uma vez que os métodos de classificação existentes na biblioteca Scikit-Learn são da classe `classifier`, logo devem implementar as funções `fit`, `predict` e `score`. Nesta discussão, a terminologia "classe" está inserida no contexto da programação orientada-a-objetos.

Classificadores não lineares   115

3. Suponha um problema de classificação envolvendo três classes, as quais possuem 30, 40 e 50 exemplos rotulados, respectivamente. Tais exemplos são padrões observados em um espaço tridimensional e supostamente ocupam posições gerais. Admitindo que um método de classificação linear será aplicado para distinção desses padrões e que a estratégia multiclasses OVR será adotada, obtenha a probabilidade de realizar uma separação linear sobre tais padrões caso as superfícies de decisão utilizadas sejam tomadas aleatoriamente. Utilize o Teorema de Cover.

4. Como forma de pré-processamento sobre o conjunto de treinamento, proponha estratégias capazes de viabilizar o treinamento do método RBFN quando:

   (a) Existirem padrões de treinamento repetidos em relação à mesma classe;

   (b) Existirem padrões de treinamento repetidos em classes distintas;

   (c) Existirem padrões de treinamento repetidos em relação à mesma classe bem como em classes distintas (i.e., combine os casos anteriores em uma única proposta).

5. Implemente um algoritmo que:

   (i) Partindo de um problema de classificação envolvendo c classes, efetue o treinamento de $3c$ superfícies de separação segundo o método SVM, em que cada uma atua na distinção de uma classe específica em relação às demais fazendo uso das funções kernel polinomial (com $\gamma = 1$, $\alpha = 0$ e $q = 3$), RBF (com $\gamma = 0,5$) e Sigmoide (com $\gamma = 0,5$ e $\alpha = 0$);

   (ii) Posteriormente, para a classificação de padrões não rotulados e em analogia à estratégia OVR, a decisão seja tomada segundo a maior quantidade de vezes com que o padrão é associado a uma das c classes.

   Em posse dessa implementação, faça uma aplicação considerando os conjuntos de treinamento e avaliação derivados do Exercício 2. Compare os resultados alcançados pelo SVM, com uso de kernel RBF ($\gamma = 0,5$) e estratégia OVR, em termos do percentual de acerto e discuta os resultados.

6. A fim de analisar os efeitos da parametrização do método CART sobre seu desempenho de predição:

   (i) Considere os conjuntos de trinamento e avaliação definidos no Exercício 2;

116 Reconhecimento de padrões: um estudo dirigido

(ii) Treine o método CART segundo todas as combinações possíveis de $\psi \in \{2, 3, \ldots, 20\}$ e $\zeta = \{10^{-7}, 10^{-6}, \ldots, 10^0, 10^1\}$ e compute os respectivos percentuais de acerto sobre o conjunto de avaliação;

(iii) Construa um gráfico de contorno que relaciona as combinações de ψ e ζ com o percentual de acerto computado;

(iv) Discuta os resultados.

7. De forma similar à análise efetuada no exercício anterior:

(i) Considere o método MLP;

(ii) Considere os conjuntos de trinamento e avaliação definidos no Exercício 2;

(iii) Treine o método admitindo arquiteturas compostas por uma até sete camadas escondidas, sendo cada uma delas com cinco neurônios;

(iv) Para cada uma das arquiteturas, teste individualmente as quatro funções de ativação discutidas na Seção 4.1.1;

(v) Construa um gráfico de contorno que relaciona as combinações de arquitetura e as funções de ativação com o percentual de acerto computado;

(vi) Discuta os resultados.

```
1  from sklearn.datasets import make_gaussian_quantiles
2
3  x,y = make_gaussian_quantiles(n_features=2, n_classes=5,
4                                n_samples=200,
5                                random_state=123456)
```

Código 4.5 – Simulação de dados destinados aos exercícios da Seção 4.6.

Capítulo 5

Combinação de classificadores

Até o momento, diversos métodos de classificação foram introduzidos. Apesar de não abrangerem uma parcela substancial de todas as propostas de classificadores existentes na literatura de Reconhecimento de Padrões, eles demostram aspectos importantes e podem auxiliar no entendimento desta área de pesquisa e na familiarização com ela. Uma vertente que permite expandir ainda mais o leque de métodos de classificação, e até mesmo de regressão, envolve a combinação entre propostas conhecidas.

Muito além do mero ato de combinar, a motivação por trás da combinação de classificador consiste em explorar as melhores características que diferentes classificadores desempenham perante uma aplicação e, posteriormente, uni-las a fim de obter resultados mais robustos e com menores taxas de erro.

Ainda mais, entre diversas características que abrangem um "processo de Reconhecimento de Padrões" (Figura 1.1), como o comportamento dos dados, a quantidade de classes e até mesmo a seleção de um método[1], é preciso ressaltar que a parametrização do método em si pode influenciar diretamente sobre os resultados almejados. Neste universo repleto de graus de liberdade, a tentativa de combinar diferentes métodos surge como uma alternativa razoável para minimizar os vários fatores que podem prejudicar a obtenção de resultados satisfatórios.

De acordo com [Webb and Copsey, 2011], diversos esquemas de combinação têm sido apresentados na literatura, os quais podem: (i) realizar combinações envolvendo classificadores que atuam no mesmo espaço ou em espaços de atributos distintos; (ii) considerar combinações efetuadas sobre os padrões, atributos dos dados ou a decisão dos classificadores; (iii) derivar esquemas de combinação que

---

[1]É sempre importante lembrar da inexistência de um método global que resolve satisfatoriamente qualquer problema.

118   Reconhecimento de padrões: um estudo dirigido

podem ser treinados ou não; (iv) possuir, como constituintes, métodos iguais ou não; (v) permitir implementação paralela, serial ou hierárquica; e (vii) apresentar otimização/parametrização que deve ser realizada conjunta ou separadamente em cada constituinte. Para maiores detalhes sobre essas diferentes abordagens, é sugerida a literatura de referência mencionada.

Nas discussões que seguem, é dado enfoque a seis abordagens distintas entre si e com amplo uso nas aplicações em Reconhecimento de Padrões, favorecendo, assim, a diversificação do conhecimento a respeito da combinação de classificadores.

5.1   Combinação envolvendo o conceito de Bayes

Inicialmente, suponhamos a disponibilidade de L classificadores para lidar com a classificação de um padrão $\mathbf{x}$ qualquer, tendo $\Omega = \{\omega_1, \dots, \omega_c\}$ como espaço de classes. A fim de generalizar o espaço de atributos em que cada um dos classificadores atua, denotamos por $\mathbf{x}^{(i)}$, com $i = 1, \dots, L$, o vetor de atributos que o i-ésimo classificador recebe no intuito de colaborar com a classificação de $\mathbf{x}$, auxiliando, por sua vez, na tomada de decisão sobre uma das classes em Ω.

Com base na Regra de Bayes, podemos expressar a decisão em favor da classe ω_j, em vez de qualquer outra classe ω_k, quando:

$$p(\omega_j | \mathbf{x}^{(1)}, \dots, \mathbf{x}^{(L)}) > p(\omega_k | \mathbf{x}^{(1)}, \dots, \mathbf{x}^{(L)}) \tag{5.1}$$

para $k = 1, \dots, c; k \neq j$.

Pelo Teorema de Bayes, podemos reescrever a relação acima na forma:

$$p(\mathbf{x}^{(1)}, \dots, \mathbf{x}^{(L)} | \omega_j) p(\omega_j) > p(\mathbf{x}^{(1)}, \dots, \mathbf{x}^{(L)} | \omega_k) p(\omega_k) \tag{5.2}$$

também com $k = 1, \dots, c; k \neq j$.

Apesar da Equação 5.2 contemplar probabilidades classe-condicional conjuntas, ela fornece base para o desenvolvimento de cinco regras de combinação de classificadores: regra do produto, da soma, do mínimo, do máximo e da mediana.

5.1.1   Regra do produto

Admitindo independência entre as classes e os vetores $\mathbf{x}^{(i)}$, com $i = 1, \dots, L$, a Equação 5.2 pode ser reescrita como:

$$\left(\prod_{i=1}^{L} p(\mathbf{x}^{(i)} | \omega_j) \right) p(\omega_j) > \left(\prod_{i=1}^{L} p(\mathbf{x}^{(i)} | \omega_k) \right) p(\omega_k) \tag{5.3}$$

sendo $k = 1, \ldots, c; k \neq j$.

Ao observar que o lado esquerdo (ou direito) da expressão acima corresponde a

$$\left(\frac{p(\omega_j|\mathbf{x}^{(1)})p(\mathbf{x}^{(1)})}{p(\omega_j)} \cdots \frac{p(\omega_j|\mathbf{x}^{(L)})p(\mathbf{x}^{(L)})}{p(\omega_j)} \right) p(\omega_j)$$

$$= p(\omega_j)^{-L+1} \prod_{i=1}^{L} p(\omega_j|\mathbf{x}^{(i)}) \prod_{i=1}^{L} p(\mathbf{x}^{(i)})$$

obtemos a seguinte forma equivalente para a Equação 5.3:

$$p(\omega_j)^{-L+1} \prod_{i=1}^{L} p(\omega_j|\mathbf{x}^{(i)}) \prod_{i=1}^{L} p(\mathbf{x}^{(i)}) >$$

$$> p(\omega_k)^{-L+1} \prod_{i=1}^{L} p(\omega_k|\mathbf{x}^{(i)}) \prod_{i=1}^{L} p(\mathbf{x}^{(i)}) \tag{5.4}$$

para $k = 1, \ldots, c; k \neq j$.

Diante do caráter equiprovável das classes (i.e., $p(\omega_j)^{-L+1} \equiv p(\omega_k)^{-L+1}$, $\forall i, k$) e observando a existência de termos comuns em ambos os lados da desigualdade obtida (que também são independentes da ocorrência das classes), surge a regra do produto:

$$(\mathbf{x}, \omega_j) \Leftrightarrow \arg \max_{\omega_j \in \Omega} \prod_{i=1}^{L} p(\mathbf{x}^{(i)}|\omega_j) \tag{5.5}$$

Devemos observar que a suposição de independência classe-condicional realizada inicialmente pode causar implicações negativas, uma vez que, entre os vetores $\mathbf{x}^{(1)}, \ldots, \mathbf{x}^{(L)}$, há possibilidade de ser constatada a correlação entre, pelo menos, um par deles. Além disso, possíveis erros na estimação de alguma das probabilidades que envolve a regra 5.5 podem deteriorar o produto.

5.1.2 Regra da soma

Iniciamos agora uma discussão paralela à conduzida na seção anterior, porém com uma suposição um pouco mais robusta:

$$p(\omega_j|\mathbf{x}_i) = p(\omega_j)(1 + \epsilon_{ji}), \quad \text{tal que} \quad \epsilon_{ji} \ll 1$$

Tal suposição admite que a probabilidade $p(\omega_j|\mathbf{x}_i)$ não se difere muito da $p(\omega_j)$, sendo ϵ_{ji} o responsável pelos pequenos desvios observados [Webb and Copsey, 2011].

A aplicação desta suposição sobre o lado esquerdo da desigualdade compreendida na Equação 5.4, já descartando o termo classe-independente, proporciona o seguinte desenvolvimento:

$$p(\omega_j)^{-L+1} \prod_{i=1}^{L} p(\omega_j|\mathbf{x}^{(i)}) = p(\omega_j)^{-L+1} \prod_{i=1}^{L} p(\omega_j) \prod_{i=1}^{L} (1 + \epsilon_{ji})$$

$$= p(\omega_j)^{-L+1} p(\omega_j)^{L} \prod_{i=1}^{L} (1 + \epsilon_{ji}) \qquad (5.6)$$

$$= p(\omega_j) \prod_{i=1}^{L} (1 + \epsilon_{ji})$$

Para fins de explanação e simplicidade de desenvolvimento, vamos supor $L = 3$. Isso torna:

$$\prod_{i=1}^{3} (1 + \epsilon_{ji}) = (1 + \epsilon_{j1})(1 + \epsilon_{j2})(1 + \epsilon_{j3}) =$$

$$= (1 + \epsilon_{j1})(1 + \epsilon_{j2} + \epsilon_{j3} + \epsilon_{j2}\epsilon_{j3}) = (1 + \epsilon_{j1})(1 + \epsilon_{j2} + \epsilon_{j3} + \mathcal{O}^{\geq 2})$$

$$= (1 + \epsilon_{j1} + \epsilon_{j2} + \epsilon_{j3} + \mathcal{O}^{\geq 2})$$

Uma vez que os termos ϵ_{ji} correspondem a pequenas variações, os termos de ordem quadrática ou superior, denotados por $\mathcal{O}^{\geq 2}$, podem ser desconsiderados. Por conseguinte:

$$\prod_{i=1}^{3} (1 + \epsilon_{ji}) \approx (1 + \epsilon_{j1} + \epsilon_{j2} + \epsilon_{j3})$$

$$= (1 + (3 - 1) + \epsilon_{j1} + \epsilon_{j2} + \epsilon_{j3} - (3 - 1))$$

$$= ((1 + \epsilon_{j1}) + (1 + \epsilon_{j2}) + (1 + \epsilon_{j3}) - (3 - 1))$$

Com isso, podemos generalizar o desenvolvimento apresentado para qualquer L, o que nos proporciona $\prod_{i=1}^{L} (1 + \epsilon_{ji}) \approx \left(\sum_{i=1}^{L}(1 + \epsilon_{ji}) \right) - (L - 1)$, que, substituída na relação $p(\omega_j) \prod_{i=1}^{L} (1 + \epsilon_{ji})$ (Equação 5.6), gera:

$$(1 - L)p(\omega_j) + \sum_{i=1}^{L} p(\omega_j|\mathbf{x}^{(i)})$$

Por fim, a regra do produto (Equações 5.4 e 5.5) é convertida na regra da soma, pois:

$$p(\omega_j)^{-L+1}\prod_{i=1}^{L}p(\omega_j|\mathbf{x}^{(i)}) > p(\omega_k)^{-L+1}\prod_{i=1}^{L}p(\omega_k|\mathbf{x}^{(i)}) \approx$$

$$\approx (1-L)p(\omega_j) + \sum_{i=1}^{L}p(\omega_j|\mathbf{x}^{(i)}) > (1-L)p(\omega_k) + \sum_{i=1}^{L}p(\omega_k|\mathbf{x}^{(i)}) \Leftrightarrow \qquad (5.7)$$

$$\Leftrightarrow \sum_{i=1}^{L}p(\omega_j|\mathbf{x}^{(i)}) > \sum_{i=1}^{L}p(\omega_k|\mathbf{x}^{(i)})$$

com $k = 1, \ldots, c; k \neq j$.

Os termos $(1 - L)p(\omega_j)$, para $j = 1, \ldots, c$, são descartados uma vez que as probabilidades de ocorrência das classes são iguais (equiprováveis).

A regra mostrada na Equação 5.7 é mais robusta em comparação à regra do produto no que se refere à ocorrência de erros durante a estimação das probabilidades *a posteriori*. Além disso, é possível inserir ponderações na regra da soma, ou seja:

$$(\mathbf{x}, \omega_j) \Leftrightarrow \arg\max_{\omega_j \in \Omega} \sum_{i=1}^{L}p(\mathbf{x}^{(i)}|\omega_j) \qquad (5.8)$$

sendo que w_i são os pesos introduzidos. Um ponto importante nesta abordagem é o ajuste destes pesos, os quais podem ser determinados a partir de um processo de treinamento adicional e que visa a minimização dos erros de classificação pela combinação estabelecida.

5.1.3   Regras do mínimo, do máximo e da mediana

Em decorrência das formulações anteriores, três novas regras podem ser estabelecidas após simples considerações. A primeira delas refere-se à regra do máximo, obtida ao estipular um limite superior para o somatório que caracteriza a regra da soma. Dessa forma:

$$(\mathbf{x}, \omega_j) \Leftrightarrow \max_{i=1,\ldots,L}\left\{p(\omega_j|\mathbf{x}^{(i)})\right\} > \max_{i=1,\ldots,L}\left\{p(\omega_k|\mathbf{x}^{(i)})\right\} \qquad (5.9)$$

com $k = 1, \ldots, c$ e $k \neq j$.

De forma análoga, ao impor um limite inferior à regra do produto, obtém-se a regra do mínimo:

$$(\mathbf{x}, \omega_j) \Leftrightarrow \min_{i=1,\ldots,L}\left\{p(\omega_j|\mathbf{x}^{(i)})\right\} > \min_{i=1,\ldots,L}\left\{p(\omega_k|\mathbf{x}^{(i)})\right\} \qquad (5.10)$$

para $k = 1, \ldots, c$ e $k \neq j$.

122 Reconhecimento de padrões: um estudo dirigido

Ainda, a menos de uma multiplicação $\frac{1}{L}$ que não existe em ambos os lados da desigualdade que define a regra da soma, tal operação seria equivalente à média das probabilidades $p(\omega_j|\mathbf{x}^{(i)})$ e $p(\omega_k|\mathbf{x}^{(i)})$, para $i = 1, \ldots, L$, e a qualquer par de classes ω_j e ω_k. Porém, sendo a mediana um estimador robusto da tendência central de uma população, é motivada a regra da mediana:

$$(\mathbf{x}, \omega_j) \Leftrightarrow \mathrm{med}_{i=1,\ldots,L}\left\{p(\omega_j|\mathbf{x}^{(i)})\right\} > \mathrm{med}_{i=1,\ldots,L}\left\{p(\omega_k|\mathbf{x}^{(i)})\right\} \qquad (5.11)$$

sendo $k = 1, \ldots, c$ e $k \neq j$.

5.2 Votação por maioria

A "votação por maioria" compreende uma estratégia de combinação de classificadores muito intuitiva e fácil de implementar[2]. Segundo esta proposta, a decisão de classificação é tomada em favor da classe com maior frequência de predição pelos classificadores constituintes da combinação.

Supondo que o classificador é expresso em termos de probabilidade *a priori*, a seguinte regra de decisão resume a estratégia em discussão:

$$\sum_{i=1}^{L} \delta_{ji} > \sum_{i=1}^{L} \delta_{ki}; \quad k = 1, \ldots, c; k \neq j \qquad (5.12)$$

em que $\delta_{ki} = \begin{cases} 1, & \text{se } p(\omega_j|\mathbf{x}^{(i)}) = \max_i\left\{p(\omega_k|\mathbf{x}^{(i)})\right\} \\ 0, & \text{caso contrário} \end{cases}$.

Cabe salientar que a regra estabelecida com o uso de probabilidades *a priori* pode ser facilmente estendida em termos de funções discriminantes ou outro critério.

5.3 *Stacking*

O procedimento conhecido por *stacking* visa à obtenção de um classificador que toma decisões sobre decisões anteriores, obtidas previamente por um conjunto de classificadores. Assim, podemos entender que este processo realiza a combinação de classificadores através de outro classificador.

A fim de elucidar essa estrutura de combinação, fazemos uso do diagrama ilustrado na Figura 5.1. De acordo com o esquema apresentado, o conjunto de treinamento $\mathcal{D} = \{(\mathbf{x}_i, y_i) \in \mathcal{X} \times \mathcal{Y} : i = 1, \ldots, m\}$ é desmembrado em duas

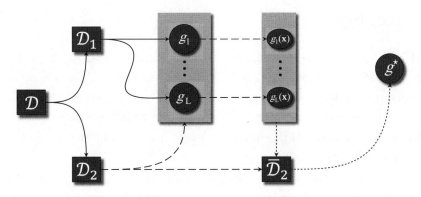

Figura 5.1 – Representação das etapas compreendidas pela abordagem *stacking*.

partes disjuntas, $\mathcal{D}_1$ e $\mathcal{D}_2$. Segundo essa divisão, $\#\mathcal{D}_1 = m_1$, $\#\mathcal{D}_2 = m_2$ e $m = m_1 + m_2$.

A primeira parcela, $\mathcal{D}_1$, é destinada ao treinamento de L classificadores $g_1, \ldots, g_L$, denominados *modelos intermediários*. É válido destacar que não existem restrições quanto aos modelos empregados nesta abordagem. Além disso, estes modelos devem ser vistos nesta etapa como funções discriminantes, e não como regras de decisão que atribuem classes ou indicadores de classes aos padrões apresentados a eles.

Ao fim do treinamento dos modelos intermediários, cada um dos exemplos $\mathbf{x}_i$, com $i = 1, \ldots, m_2$, contidos no conjunto $\mathcal{D}_2$ é apresentado aos modelos $g_1 \ldots, g_L$, e as predições obtidas são utilizadas na definição de um novo vetor de atributos L-dimensional[3]. Netas condições, o conjunto de respostas obtidas através dos exemplos $\mathbf{x}_i$ em $\mathcal{D}_2$, devidamente associado aos indicadores de classe originais y_i, proporciona um novo conjunto de treinamento, denotado aqui por $\overline{\mathcal{D}}_2$.

Em última instância, o conjunto $\overline{\mathcal{D}}_2$ é utilizado no treinamento do modelo $g^\star$, usualmente denominado *misturador*. Após o treinamento de $g^\star$, a classificação de um dado padrão não rotulado $\mathbf{x}$ é feita através da sua apresentação aos modelos intermediários, cujas predições são levadas ao misturador. A resposta gerada pelo misturador é usada na decisão a respeito da classe de $\mathbf{x}$.

---

[2]Além de democrática.

[3]Este procedimento é semelhante aos adotados pelos Classificadores Lineares Generalizados (Seção 4.2) e RBFN (Seção 4.3).

124 Reconhecimento de padrões: um estudo dirigido

5.4 Bagging

Partindo do conjunto de treinamento $\mathcal{D} = \{(\mathbf{x}_i, y_i) \in \mathcal{X} \times \mathcal{Y} : i = 1, \dots, m\}$, uma forma de obter uma *réplica* dele é através de um processo de amostragem aleatória com reposição. Vamos considerar ainda que a quantidade de elementos observados para compor tal réplica é idêntica à quantidade de elementos existentes no próprio $\mathcal{D}$. Na literatura estatística, este procedimento é conhecido como *bootstrap* [Montgomery, 2016].

Baseado neste tipo de amostragem, podemos gerar tantas réplicas de $\mathcal{D}$ quantas foram desejadas e empregar cada uma delas no treinamento de um classificador. Naturalmente, podemos esperar que estes classificadores apresentem determinada concordância entre si e, ao mesmo tempo, mostrem-se divergentes em determinados casos mais "polêmicos". Por sua vez, é razoável que os casos de divergência sejam resolvidos por maioria de votos, conforme discutido na Seção 5.2.

Assim, fundamentado na ideia de derivar um grupo de classificadores a partir de um único conjunto de treinamento, os quais podem concordar ou não quanto à classificação de um determinado padrão e cuja decisão final tomada pelo grupo é sempre democrática, surge a estratégia de combinação de classificadores conhecida como *Bagging*[4].

Uma observação importante a respeito da amostragem *bootstrap* é que um elemento de $\mathcal{D}$, entre os m existentes, possui probabilidade igual a $1 - \left(1 - \dfrac{1}{m}\right)^m$ de ser selecionada ao menos uma vez[5]. Com $m \to \infty$, a expressão apresentada tende a $1 - \dfrac{1}{e} \approx 63\%$. Este valor nos leva a concluir que cada réplica do conjunto de treinamento deve conter aproximadamente 63% de elementos distintos de $\mathcal{D}$, e, por sua vez, os classificadores terão grande chance de serem treinados de forma distinta uns dos outros.

É importante que os classificadores treinados apresentem instabilidade em função das diferentes réplicas do conjunto de treinamento. Assim, a estratégia *Bagging* poderá se beneficiar com a divergência entre os classificadores. Métodos lineares e árvores de decisão são exemplos de classificadores instáveis e que podem ser úteis na composição de um *Bagging*. Por outro lado, o uso de classificadores estáveis tenderá a proporcionar uma mesma decisão, independentemente da réplica do conjunto de treino usado, e que, por sua vez, reduzirá o potencial do *Bagging* quanto à escolha da decisão correta [Martínez-Muñoz and Suárez, 2010].

---

[4]O nome desta estratégia é derivada de *bootstrap aggregating*.

[5]Esta expressão pode ser obtida com auxilio da distribuição Binomial.

A Figura 5.2 ilustra a sistemática desta abordagem de combinação. Destacando que $\#\mathcal{D} = \#\mathcal{D}_j$, as réplicas $\mathcal{D}_j$ do conjunto de treinamento original são destinadas ao treinamento dos respectivos modelos g_j, com $j = 1, \ldots, L$. A decisão final, expressa por $g^\star$, compreende a votação por maioria baseada nos L modelos mencionados.

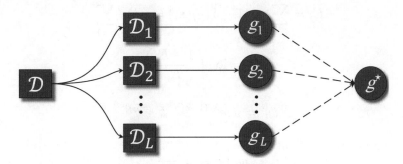

Figura 5.2 – Representação das etapas compreendidas pela abordagem Bagging.

5.5 AdaBoost

Considerando um conjunto de treinamento "não ponderado", o algoritmo AdaBoost constrói uma combinação sobre uma sequência de classificadores. Diante desta sequência, ao passo que os dados de treino são classificados erroneamente, um peso é associado a este padrão (*boosted*), e, por sua vez, o classificador seguinte é modelado segundo o conjunto de treino ponderado. Este processo é desencadeado neste sentido até o último classificador da sequência. Os ajustes sobre as ponderações são realizados enquanto houver erros de classificações durante o treinamento. Além disso, uma "nota" é atribuída a cada modelo da combinação e a classificação final é dada pela combinação linear dos classificadores/modelos em cada estágio.

Em termos formais, admitindo $\mathcal{D} = \{(\mathbf{x}_i, y_i) \in \mathcal{X} \times \mathcal{Y} : i = 1, \ldots, m\}$ como conjunto de treinamento, com $\mathcal{Y} = \{1, \ldots, c\}$, são definidas ponderações $w_i = 1/m$, que, ao serem consideradas sobre os exemplos do conjunto original, irão proporcionar $\mathcal{D}_1$.

É importante destacar que os classificadores empregados na combinação devem suportar o conceito de ponderação sobre os dados de treino. Além disso, é definido por L a quantidade de modelos que compõem a sequência, denotados por g_j, $j = 1, \ldots, L$.

Para cada g_j, é feito seu treinamento via $\mathcal{D}_j$, com $j = 1, \ldots, L$ observado

126 Reconhecimento de padrões: um estudo dirigido

sequencialmente. Em cada um dos treinamentos efetuados, são calculadas: uma medida de erro E_j (Equação 5.13); uma nota λ_j (Equação 5.14) do modelo; bem como o ajuste dos pesos w_i (Equações 5.15 e 5.16) a serem consideradas no conjunto de treinamento $\mathcal{D}_{j+1}$.

$$E_j = \sum_{i=1}^{m} w_i \left(1 - \delta\left(\widetilde{g}_j(\mathbf{x}_i) = y_i\right)\right) / \sum_{i=1}^{m} w_i \tag{5.13}$$

$$\lambda_j = \log\left(\frac{1 - E_j}{E_j}\right) \tag{5.14}$$

$$w_i := w_i e^{\lambda_j \left(1 - \delta\left(\widetilde{g}_j(\mathbf{x}_i) = y_i\right)\right)} \tag{5.15}$$

$$w_i := \frac{w_i}{\sum_{k=1}^{m} w_k} \tag{5.16}$$

Ao fim do ajuste dos L modelos, a seguinte regra de decisão é adotada:

$$(\mathbf{x}, \omega_k) \Leftrightarrow \arg\max_{k=1,\ldots,c} \sum_{j=1}^{L} \lambda_j \delta\left(\widetilde{g}_j(\mathbf{x}_i) = y_i\right) \tag{5.17}$$

Uma fragilidade desta proposta é que o erro esperado por cada modelo seja inferior a $1/2$, o que é garantido e viável quando o problema de classificação envolve apenas duas classes[6]. Por esse motivo, é desaconselhado o uso do algoritmo AdaBoost em problemas multiclasses. No entanto, uma generalização proposta por [Zhu et al., 2009], denominada *Stagewise Additive Modelling using Multiclass Exponential loss-function* (SAMME), torna o algoritmo AdaBoost apto aos problemas multiclasses. Tal tratamento é derivado de uma simples consideração sobre o cálculo de λ_j, dado pela adição do termo $\log(c + 1)$. Assim:

$$\lambda_j = \log\left(\frac{1 - E_j}{E_j}\right) + \log(c + 1) \tag{5.18}$$

O esquema ilustrado na Figura 5.3 resume o treinamento da abordagem Ada-Boost/SAMME. Partindo de um vetor $\mathbf{w}_1$ com ponderações iniciais (e idênticas), é feita sua aplicação sobre os respectivos elementos de $\mathcal{D}$, proporcionando $\mathcal{D}_1$, que é usado no treinamento do modelo g_1. Com base na acurácia do ajuste proporcionado por g_1, é determinado λ_1, que, por sua vez, é usado para reajustar as ponderações, determinar $\mathcal{D}_2$ e treinar g_2. Este processo é desencadeado de forma análoga aos demais modelos da combinação.

---

[6]Esta condição garante que a nota (i.e., λ_j) atribuída ao classificador seja sempre positiva.

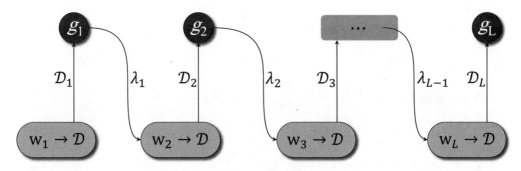

Figura 5.3 – Representação das etapas compreendidas pela abordagem AdaBoost/-SAMME.

5.6 Floresta aleatória

Floresta aleatória (*random forest* – RF) compreende uma combinação de árvores de decisão. Dois pontos importantes desta abordagem referem-se ao uso da amostragem *bootstrap* na determinação de conjuntos de dados de treinamento e da votação por maioria para a tomada de decisão final. Desse modo, podemos afirmar que as florestas aleatórias são um caso particular de Bagging.

Diante do fato das árvores de decisão serem sensíveis aos dados de treinamento, a consideração da abordagem Bagging fará com que os modelos obtidos demonstrem certo grau de distinção entre si. Como consequência, durante o processo de classificação, uma árvore deverá proteger outra árvore do seu próprio erro, logo a classificação ocorre de forma errônea somente quando as árvores erram em favor de uma mesma classe. Outro fator que aumenta ainda mais a distinção entre as árvores é a seleção aleatória de apenas parte dos atributos disponíveis para uso em cada uma das árvore que compõe a combinação.

Uma simples representação do processo discutido é ilustrada na Figura 5.4. Partindo de um conjunto de treinamento $\mathcal{D}$, L réplicas dele são definidas segundo as discussões anteriores e empregadas no treinamento de uma árvore de decisão distinta. Em cada árvore, um subconjunto $\mathcal{X}^{(i)} \subseteq \mathcal{X}$ de atributos é escolhido. Uma vez treinado este conjunto de árvores, o processo de classificação de um padrão não rotulado $\mathbf{x}$ é dado em favor da classe que demonstra maior concordância segundo as decisões oferecidas por cada uma das árvores. A verificação de maior concordância (i.e., votação) é efetuada por $g^\star$.

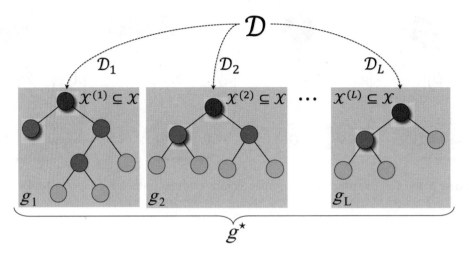

Figura 5.4 – Representação da abordagem por árvores aleatórias.

5.7 Experimento computacional

Para os experimentos a seguir, foi feito uso da função `make_classifi-cation`, disponível no módulo `datasets` da biblioteca Scikit-Learn. Segundo as configurações apresentadas neste exemplo, é gerado um conjunto composto por 400 observações (`n_samples=400`) distribuídas entre quatro classes (`n_classes=4`) unimodais (`n_clusters_per_class=1`) sobre um espaço bidimensional (`n_features=2`). A Figura 5.5 apresenta a distribuição espacial dos dados simulados pelo Código 5.1, segundo pares de atributos.

```
from sklearn.datasets import make_classifiation

x,y = make_classification(n_features=2,n_redundant=0,
                          n_clusters_per_class=1,
                          n_informative=2, n_classes=4,
                          n_samples=400, random_state=10)
```

Código 5.1 – Simulação dos dados com suporte da função `make_classification`.

O Código 5.2 apresenta um exemplo de uso da votação por maioria na combinação de classificadores. Tal abordagem é disponibilizada através do módulo `sklearn.ensemble`, especificamente na classe `VotingClassifier`. Neste exemplo, a combinação é realizada por duas árvores CART, com critério de divisão dos nós dado explicitamente pelas quantidades 2 e 10, e duas SVMs, com funções kernel linear e RBF. A opção `probability=True` determina que os modelos devem expressar os resultados em termos de probabilidade *a posteriori*. Os modelos mencionados compõem os constituintes, organizados segundo a lista de tuplas de-

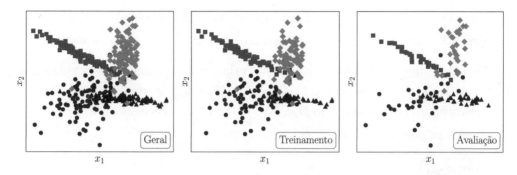

Figura 5.5 – Conjunto de dados simulados, segundo função e configurações discutidas, e respectivas porções destinadas ao treinamento e à avaliação do ajuste.

nominadas `modelos`. Uma vez exposta essa configuração, a instanciação da combinação de classificadores é dada por `VotingClassifier`, sendo `voting='hard'` uma opção que define o critério dado pela Equação 5.12. Ao considerar a opção `voting='soft'`, a regra de decisão gerada pela combinação é dada pela combinação linear dos pesos estabelecidos em `weights`, respectivamente vinculados aos membros em `modelos`, obtendo-se como resultado uma estrutura equivalente à regra da soma. Por fim, com a importação da classe `StackingClassifier`, é instanciada uma combinação baseada na abordagem Stacking a partir dos mesmos modelos usados nos casos anteriores, acrescidos de um misturador ao final. No exemplos em discussão, o método SVM com kernel RBF é usado como misturador.

```
from sklearn.ensemble import VotingClassifier
from sklearn.ensemble import StackingClassifier
from sklearn import tree.DecisionTreeClassifier as DT

#Modelos constituintes
g1 = DT(min_samples_split=2, probability=True)
g2 = DT(min_samples_split=10, probability=True)
g3 = svm.SVC(kernel='linear',C=100,probability=True)
g4 = svm.SVC(kernel='rbf',C=100,gamma=0.5,probability=True)
modelos = [('dt1',g1),('dt2',g2),('svc1',g3),('svc2',g4)]

#Instanciação
votacaoMaioria = VotingClassifier(estimators=modelos,
                        voting='hard')
regraSoma = VotingClassifier(estimators=modelos,
                        voting='soft',
                        weights=[1,1,1,1])

misturador = svm.SVC(kernel='rbf', C=100, gamma=0.5)
stack = StackingClassifier(estimators=estimadores,
```

130 Reconhecimento de padrões: um estudo dirigido

```
21                     final_estimator=misturador)
```

Código 5.2 – Uso das abordagens por votação máxima, regra da soma e *stacking*.

De modo simples, a combinação do tipo Bagging é disponibilizada pela classe `BaggingClassifier`. Segundo o Código 5.3, é instanciada uma combinação deste tipo envolvendo dez modelos do tipo SVM com função kernel linear.

```
1  from sklearn.ensemble import BaggingClassifier
2
3  #Instanciação
4  modelo = svm.SVC(C=100, kernel='linear')
5  bag = ensemble.BaggingClassifier(base_estimator=modelo,
6                                   n_estimators=10)
```

Código 5.3 – Trecho de código com exemplo de emprego da abordagem Bagging.

Similar ao exemplo anterior, o Código 5.4 apresenta a instanciação de uma combinação baseada no método SAMME. Nesta configuração, o modelo final é dado pela combinação de 100 modelos SVM com kernel RBF. Não muito distinta, a instanciação da combinação do tipo florestas aleatórias é mostrada no Código 5.5, para a qual vale destacar sua parametrização similar ao método CART, com exceção do número de estimadores (`n_estimators=100`).

```
1  from sklearn.ensemble import AdaBoostClassifier
2
3  base = svm.SVC(kernel='rbf',C=100,gamma=0.5,probability=True)
4  combClass = AdaBoostClassifier(base, n_estimators=100)
```

Código 5.4 – Exemplo de instanciação do modelo SAMME (AdaBoost multiclasses).

```
1  from sklearn.ensemble import RandomForestClassifier as RF
2
3  combClass = RF(n_estimators=100,criterion='entropy',
4                 min_samples_split=10,
5                 min_impurity_decrease=10**(-5))
```

Código 5.5 – Exemplo de instanciação de uma floresta aleatória.

As Figuras 5.6(a) a 5.6(f) ilustram o efeito das abordagens de combinação na classificação do espaço de atributos após a etapa de treinamento. Os valores de acurácia são apresentados nas legendas das respectivas figuras. Assim como em qualquer outro classificador, a discussão sobre a superioridade ou inferioridade de um determinado modelo pode não depender somente do modelo em si, mas também da sua parametrização ou mesmo das particularidades dos dados que compreendem o problema. Nessas condições, debater a respeito da precisão dos modelos ou da complexidade com que as superfícies de decisão se dispõem pode abrir margem para conclusões equivocadas, já que existem muitos graus de liberdade envolvidos neste universo.

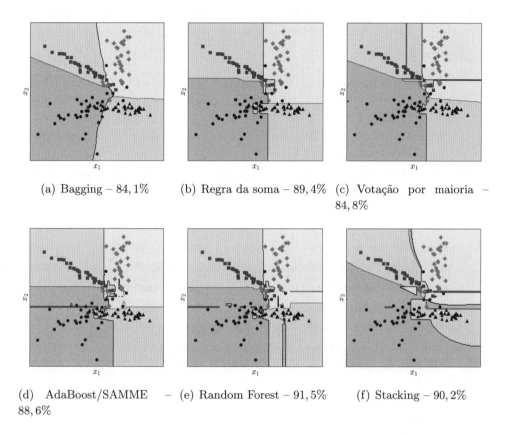

(a) Bagging – 84,1% (b) Regra da soma – 89,4% (c) Votação por maioria – 84,8%

(d) AdaBoost/SAMME – 88,6% (e) Random Forest – 91,5% (f) Stacking – 90,2%

Figura 5.6 – Resultados obtidos por diferentes abordagens de combinação de classificadores.

5.8 Exercícios

Para os exercícios a seguir, faça uso dos dados simulados pelo Código 5.1.

1. Implemente um procedimento que, dado um *array* qualquer, realiza uma subdivisão aleatória (com intersecção vazia) entre dois subconjuntos, sendo o primeiro composto por $p\%$ do conjunto original e o segundo, por $(100-p)\%$. Adote essa implementação para determinar um conjunto de treinamento e outro de avaliação com 67% e 33% sobre o conjunto de dados simulados pelo Código 5.1. Não utilize funções já implementadas, como a função `train_test_split` disponível na na biblioteca Scikit-Learn.

132 Reconhecimento de padrões: um estudo dirigido

2. Implemente uma combinação de 200 classificadores SSE com estratégia multiclasses OVR (Código 3.5) segundo o esquema de votação por maioria. Realize o treinamento e avaliação com base nos conjuntos definidos no exercício anterior. Para avaliação, contabilize o percentual de acertos conforme o Código 2.5.

3. Proponha um modelo baseado no modelo Stacking e teça comparações com os resultados alcançados no exercício anterior.

4. Com uso da abordagem Bagging, combine 100 modelos MLP, cada um composto por uma única camada oculta de apenas um neurônio, e compare seu desempenho com o método SVM munido de kernel RBF com parâmetros $C = 100$, $\gamma = 0.5$ e estratégia multiclasses OVR. Faça uso dos dados simulados pelo Código 4.5.

5. Implemente um algoritmo cujo intuito é avaliar o desempenho da abordagem florestas aleatórias segundo diferentes configurações para o número de modelos que constitui a combinação e o número mínimo de exemplos por folha (i.e., o parâmetro ψ – Seção 4.5) como critério de divisão dos nós. As demais parametrizações da floresta aleatória podem ser ajustadas de acordo com o Código 5.5. Empregue os conjuntos de dados de treinamento e avaliação decorrentes do Exercício 1.

6. Realize uma comparação a respeito da acurácia proporcionada pelo modelo AdaBoost/SAMME quando composto por dez classificadores do tipo:

   a) SVM linear $(C = 100)$

   b) CART $(\psi = 10, \zeta = 10^{-7})$

   c) MLP (uma camada oculta com um neurônio e demais parâmetros similares ao Código 4.1)

   Empregue os conjuntos de treino e avaliação determinados no Exercício 1 e os avalie conforme discutido no enunciado do Exercício 2.

Capítulo 6

Métodos de agrupamento

Nos capítulos anteriores, foram abordados diversos métodos que, partindo de um conjunto de informações rotuladas, proporcionam regras de decisão para classificação de padrões. O uso desta fonte de informação caracteriza os métodos entre as abordagens de aprendizado supervisionado (Capítulos 2 a 5) e semissupervisionado (a seguir, no Capítulo 7).

Em oposição a esses paradigmas, este capítulo traz alguns algoritmos de agrupamento de dados, comumente referenciados na literatura de Reconhecimento de Padrões como métodos de classificação não supervisionados. Como característica marcante, apesar de não identificar classes e atribuir um significado explícito, estes métodos são capazes de revelar associações e estruturas entre os padrões no espaço de atributos.

6.1 Breve discussão introdutória

De acordo com [Everitt et al., 2011], os agrupamentos são regiões do espaço de atributos que contêm alta densidade de padrões e que estão separadas entre si por regiões de baixa densidade. Neste contexto, os métodos de agrupamento abrangem técnicas de exploração de informação que permitem verificar a existência de relações que emergem dos dados. Ainda, as propriedades de um grupo podem ser usadas para resumir o comportamento do conjunto de dados em questão.

É razoável admitir que padrões pertinentes a um determinado agrupamento demonstrem similaridade entre si e dissimilaridade em relação aos membros de outro agrupamento. Com isso, são elementos-chave, no processo de agrupamento, o uso de medidas que permitem a quantificação da dissimilaridade (ou similaridade) entre padrões bem como os critérios que determinam, perante as dissimilaridade

134   Reconhecimento de padrões: um estudo dirigido

observadas, a realização de agregamento entre exemplos em direção à formação dos agrupamentos.

A literatura sobre análise de agrupamentos é muito vasta e suas aplicações estão distribuídas desde o processamentos de sinais até a psicologia, arqueologia e linguística [Webb and Copsey, 2011]. Como ponto anterior à aplicação de técnicas de agrupamento, destaca-se a importância de se conhecer o problema em questão bem como as informações a serem extraídas. Uma vez que os diferentes métodos de agrupamento podem levar a diferentes interpretações, sua escolha deve ocorrer de forma consciente.

Em relação às discussões apresentadas no Capítulo 1, os métodos de agrupamento podem ser entendidos como métodos de classificação cujo paradigma de aprendizado é não supervisionado. Desse modo, podemos expressar os métodos de agrupamento como funções $g : \mathcal{I} \to \mathcal{G}$, em que $\mathcal{I} \subseteq \mathcal{X}$ é um conjunto de m exemplos $\mathbf{x}$ observados no espaço de atributos $\mathcal{X}$, e $\mathcal{G} = \{\mathcal{G}_1, \ldots, \mathcal{G}_c\}$ é uma partição de $\mathcal{I}$ em c subconjuntos. É de extrema importância destacar que não existe conhecimento algum sobre os rótulos dos exemplos contidos em $\mathcal{I}$.

Decorrente do conceito de partição, é assegurado que $\mathcal{G}_j \neq \emptyset$, para $j = 1, \ldots, c$, assim como $\bigcup_{j=1}^{c} \mathcal{G}_j = \mathcal{I}$ e $\bigcap_{j=1}^{c} \mathcal{G}_j = \emptyset$. Esta definição introduzida caracteriza um processo de agrupamento *rígido*, para o qual os exemplos pertencem a um único agrupamento.

Outra abordagem de agrupamento, dita *nebulosa*, é estabelecida com base no conceito de conjuntos nebulosos [Zadeh, 1965]. Nesta abordagem, os padrões desempenham diferentes *graus de pertinência* em relação a cada um dos agrupamentos. Formalmente, podemos denotar por $\lambda_{ij} \in [0,1]$ como o grau de pertinência de um dado padrão $\mathbf{x}_i$ em relação ao agrupamento $\mathcal{G}_j$, com

$$i = 1, \ldots, m \text{ e } j = 1, \ldots, k. \text{ Além disso, deve-se estar assegurado que } \sum_{j=1}^{k} \lambda_{ij} = 1$$

e $0 < \sum_{i=1}^{m} \lambda_{ij} < m$, para os possíveis i e j estabelecidos no problema. Enquanto a primeira restrição impõe um limite de pertinência com que cada padrão se associa aos diferentes grupos, a segunda restrição impede a existência de agrupamentos vazios.

Segundo uma visão geral apresentada por [Theodoridis and Koutroumbas, 2008], os métodos de agrupamento podem ser organizados em: hierárquicos; sequenciais, baseados em otimização de função custo; e outros. Nas seções seguintes, são abordados diferentes métodos de agrupamento distribuídos segundo essas categorias.

6.2 Métodos hierárquicos

Métodos hierárquicos são comuns na sintetização da estrutura organizacional com que os dados se relacionam entre si. Uma representação baseada em dendrograma, conforme ilustrada na Figura 6.1, favorece a compreensão da estrutura mencionada. Por meio dos valores de dissimilaridade que relacionam os elementos, torna-se evidente a existência de subdivisões em relação a um dado limiar. Essas subdivisões determinam, de modo natural, a configuração dos agrupamentos.

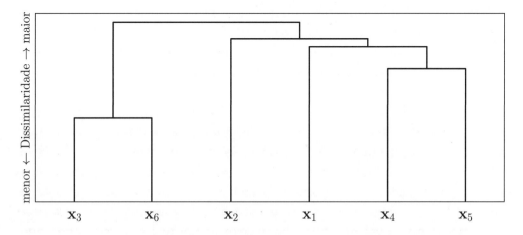

Figura 6.1 – Exemplo de dendrograma.

Os diferentes algoritmos desse tipo que são encontrados na literatura levam à obtenção de uma relação hierárquica sobre os dados. Abordagens hierárquicas *aglomerativas* derivam a relação mencionada através de agrupamentos consecutivos sobre o conjunto de padrões até que um único agrupamento seja alcançado ao fim (Figura 6.1 – vista da menor dissimilaridade até a maior). De modo reverso, um algoritmo hierárquico *divisivo* parte de um único agrupamento composto por todos os dados envolvidos no problema e, por sua vez, sofre sucessivas subdivisões até que sejam obtidos agrupamentos compostos por um único exemplo (Figura 6.1 – vista da maior dissimilaridade em direção à menor).

Em ambos os casos, a medida de dissimilaridade (ou similaridade) é a base de comparação. As distâncias euclidiana, do cosseno e do valor absoluto (ou Manhattan) são medidas de dissimilaridade comumente adotadas.

Oportunamente e de modo genérico, denotamos por $d(\mathbf{x}_i, \mathbf{x}_k)$ a dissimilaridade entre os padrões $\mathbf{x}_i$ e $\mathbf{x}_k$, sendo $d : \mathcal{X} \times \mathcal{X} \to \mathbb{R}_+$. Segundo essa medida, $d(\mathbf{x}_i, \mathbf{x}_k) \to \infty$ indica maior dissimilaridade entre os padrões de entrada e, analogamente, uma maior semelhança é observada ao passo que $d(\mathbf{x}_i, \mathbf{x}_k) \to 0$.

136 Reconhecimento de padrões: um estudo dirigido

Podemos, ainda, denotar $d_j(\mathbf{x}_i)$ como uma medida de dissimilaridade entre $\mathbf{x}_i$ e o agrupamento $\mathcal{G}_j$, assim como $D(\mathcal{G}_j, \mathcal{G}_\ell)$ a dissimilaridade observada entre os agrupamentos $\mathcal{G}_j$ e $\mathcal{G}_\ell$.

"Ligação única" (*single-link* – SL) compreende um método aglomerativo hierárquico cuja formação dos agrupamentos é estabelecida através da seguinte medida de dissimilaridade entre agrupamentos:

$$D(\mathcal{G}_j, \mathcal{G}_\ell) = \min_{\mathbf{x}_a \in \mathcal{G}_j; \mathbf{x}_b \in \mathcal{G}_\ell} d(\mathbf{x}_a, \mathbf{x}_b) \tag{6.1}$$

Perante essa expressão, e assumindo como ponto de partida que cada agrupamento é composto por um único padrão (i.e., $\mathcal{G}_i = \{\mathbf{x}_i\}$, para $i = 1, \ldots, m$), para que um agrupamento sofra expansão é suficiente que qualquer um de seus elementos apresente dissimilaridade inferior a um dado limiar.

A hierarquia apresentada na Figura 6.2(a) ilustra a aglomeração gerada pelo método SL em relação às medidas de dissimilaridade entre os padrões exibidas na Tabela 6.1. Diante desta hierarquia, é importante observar que a união $\{\mathbf{x}_3\} \cup \{\mathbf{x}_5\}$ é a primeira a ocorrer, uma vez que o menor valor de dissimilaridade é observado entre os padrões $\mathbf{x}_3$ e $\mathbf{x}_5$. Em um segundo momento, ocorre a união $\{\mathbf{x}_1\} \cup \{\mathbf{x}_2\}$, já que a segunda menor dissimilaridade acontece entre esse par de padrões. A terceira junção é observada entre os agrupamentos $\{\mathbf{x}_4\}$ e $\{\mathbf{x}_3, \mathbf{x}_5\}$, pois o terceiro menor valor de dissimilaridade ocorre entre $\mathbf{x}_3$ e $\mathbf{x}_4$, caracterizando, assim, a propriedade de "menor distância entre qualquer que seja o par" de exemplos que compõem agrupamentos distintos, determinada pela Equação 6.1. Os próximos agrupamentos acontecem de forma análoga.

Tabela 6.1 – Valores de dissimilaridade entre pares de exemplos. A porção triangular inferior é omitida devido à simetria de $d(\cdot, \cdot)$. Exemplo adaptado de [Webb and Copsey, 2011].

$d(\cdot, \cdot)$	$\mathbf{x}_1$	$\mathbf{x}_2$	$\mathbf{x}_3$	$\mathbf{x}_4$	$\mathbf{x}_5$	$\mathbf{x}_6$
$\mathbf{x}_1$	0	4	13	24	12	8
$\mathbf{x}_2$		0	10	22	11	10
$\mathbf{x}_3$			0	7	3	9
$\mathbf{x}_4$				0	6	18
$\mathbf{x}_5$					0	8,5
$\mathbf{x}_6$						0

Com a substituição do objetivo de minimização presente na Equação 6.1 pela maximização, é definido o método de "ligação completa" (*complete link* – CL), cuja medida de dissimilaridade utilizada, neste caso, é:

$$D(\mathcal{G}_j, \mathcal{G}_\ell) = \max_{\mathbf{x}_a \in \mathcal{G}_j; \mathbf{x}_b \in \mathcal{G}_\ell} d(\mathbf{x}_a, \mathbf{x}_b) \tag{6.2}$$

O efeito dessa mudança de objetivo faz com que o método CL proporcione agrupamentos com maior coesão interna. Assim, ao fixar um limiar de separação τ, enquanto o método SL deve proporcionar agrupamentos separados entre si por uma distância mínima τ, os agrupamentos definidos pelo método CL apresentam, no máximo, uma dissimilaridade igual a τ.

A Figura 6.2(b) ilustra a hierarquia definida segundo o método CL com base nos mesmos valores de dissimilaridade mostrados na Tabela 6.1. Verifica-se uma estrutura de agrupamento similar, porém os valores de dissimilaridade que levam à formação dos agrupamentos sofrem alteração.

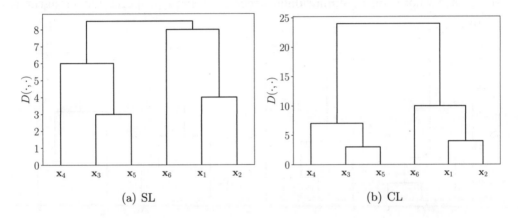

(a) SL (b) CL

Figura 6.2 – Dendrogramas obtidos através dos métodos SL e CL segundo os valores de dissimilaridade apresentados na Tabela 6.1.

Em distinção às propostas anteriores, o método hierárquico de Ward proporciona agrupamentos cuja variabilidade interna é mínima. Para tal, a seguinte medida de dissimilaridade é adotada:

$$D(\mathcal{G}_j \cup \mathcal{G}_k, \mathcal{G}_\ell) = \frac{\#\mathcal{G}_j + \#\mathcal{G}_\ell}{\#\mathcal{G}_j + \#\mathcal{G}_k + \#\mathcal{G}_\ell} D(\mathcal{G}_j, \mathcal{G}_\ell)$$
$$+ \frac{\#\mathcal{G}_k + \#\mathcal{G}_\ell}{\#\mathcal{G}_j + \#\mathcal{G}_k + \#\mathcal{G}_\ell} D(\mathcal{G}_k, \mathcal{G}_\ell) \qquad (6.3)$$
$$- \frac{\#\mathcal{G}_\ell}{\#\mathcal{G}_j + \#\mathcal{G}_k + \#\mathcal{G}_\ell} D(\mathcal{G}_j, \mathcal{G}_k)$$

É importante destacar as seguintes características a respeito dessa medida: (i) os padrões devem estar definidos sobre um espaço euclidiano; (ii) as dissimilaridades iniciais entre os agrupamentos compostos por um único elemento são dadas pela distância euclidiana ao quadrado; (iii) a medida mostrada na Equação 6.3 deve ser computada de forma recursiva.

Uma forma mais simplista, mas que busca considerar as dissimilaridades internas ao agrupamento, é definida pelo método de "ligação média" (*average link* – AL). A expressão de dissimilaridade empregada neste método é:

$$D(\mathcal{G}_j, \mathcal{G}_\ell) = \frac{1}{\#\mathcal{G}_j \#\mathcal{G}_\ell} \sum_{\mathbf{x}_a \in \mathcal{G}_j, \mathbf{x}_b \in \mathcal{G}_\ell} d(\mathbf{x}_a, \mathbf{x}_b) \quad (6.4)$$

Hierarquias de agrupamento segundo os métodos de Ward e AL, mais uma vez com base nos valores de dissimilaridade da Tabela 6.1, são ilustrados na Figura 6.3. Para este exemplo, a diferença entre tais métodos reside apenas em relação aos valores de dissimilaridade necessários para proporcionar os agrupamentos.

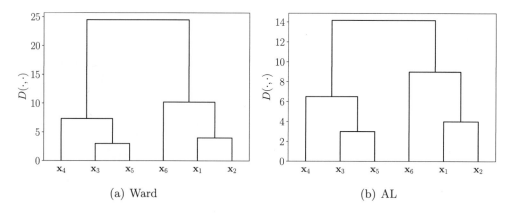

Figura 6.3 – Dendrogramas obtidos através dos métodos de Ward e AL segundo os valores de dissimilaridade apresentados na Tabela 6.1.

As discussões mostradas até aqui evidenciam a identificação da estrutura hierárquica sobre os dados, conforme ilustrado pelos dendrogramas anteriores. Diante dessa organização, o particionamento dos dados em diferentes agrupamentos pode ser alcançado através de um limiar que parte do maior valor de dissimilaridade observado (o qual proporciona um único agrupamento) e que é reduzido a valores imediatamente inferiores.

A Figura 6.4 ilustra uma reinterpretação da hierarquia apresentada no início desta seção, sobre a qual são inseridos limiares que particionam os dados. Segundo o limiar τ_1, são definidos dois agrupamentos: $\{\mathbf{x}_3, \mathbf{x}_6\}$ e $\{\mathbf{x}_1, \mathbf{x}_2, \mathbf{x}_4, \mathbf{x}_5\}$. Em consideração ao limiar τ_4, são verificados cinco agrupamentos: $\{\mathbf{x}_3, \mathbf{x}_6\}$, $\{\mathbf{x}_1\}$, $\{\mathbf{x}_2\}$, $\{\mathbf{x}_4\}$ e $\{\mathbf{x}_5\}$.

Os métodos hierárquicos discutidos ao longo desta seção são implementados na biblioteca Scikit-Learn. O Código 6.1 apresenta a instanciação e execução do

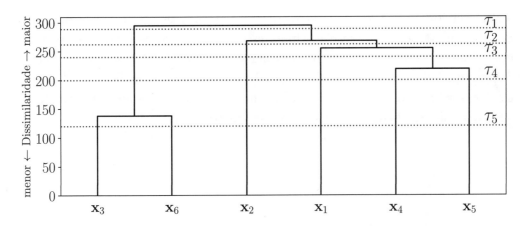

Figura 6.4 – Limiares que determinam diferentes particionamentos sobre o conjunto de padrões.

algoritmo, as quais são efetuadas de forma similar aos métodos abordados em capítulos anteriores. Em especial, `AgglomerativeClustering` é importado do módulo `sklearn.cluster`. Como argumentos de destaque: `n_clusters` determina a quantidade de agrupamentos a ser identificados sobre os dados; `linkage` refere-se ao método de agrupamento, para o qual estão disponíveis as opções `single`, `complete`, `average` e `ward`, que, por sua vez, fazem relação com os métodos SL, CL, AL e de Ward; e, por fim, `affinity` estabelece a medida que deve ser usada para cálculo das dissimilaridades (ou "afinidades") sobre os dados representados pela variável x. As distâncias euclidiana, do cosseno e Manhattan são opções de medida de dissimilaridade disponíveis. Maiores detalhes sobre a classe `AgglomerativeClustering` estão disponíveis em [Buitinck et al., 2020].

```
from sklearn.cluster import AgglomerativeClustering

g = AgglomerativeClustering(n_clusters=n_clusters,
            linkage='ward', affinity='euclidean')

agrupamentos = g.fit(x)
```

Código 6.1 – Forma típica de instanciação e execução dos algoritmos hierárquicos aglomerativos segundo a biblioteca Scikit-Learn.

Em nível de exemplificação, são ilustradas diferentes configurações de agrupamento obtidas com os métodos SL, CL, AL e Ward sobre um conjunto de dados simulados. Os símbolos (quadrado, círculo, triângulo e diamante) representam as classes originais dos dados, e as cores associadas indicam a pertinência a um dos agrupamentos. Para este exemplo, foi estabelecido que quatro agrupamentos devem ser identificados sobre os padrões. Os resultados obtidos pelo métodos SL e AL mostram configurações similares e distantes do esperado, em que um dos agrupamentos é praticamente envolvido por outro. O método de Ward é responsável por alcançar a configuração de agrupamento mais fiel em relação às classes originais dos dados. Resultados similares e aderentes ao comportamento dos dados são também proporcionados pelo método CL.

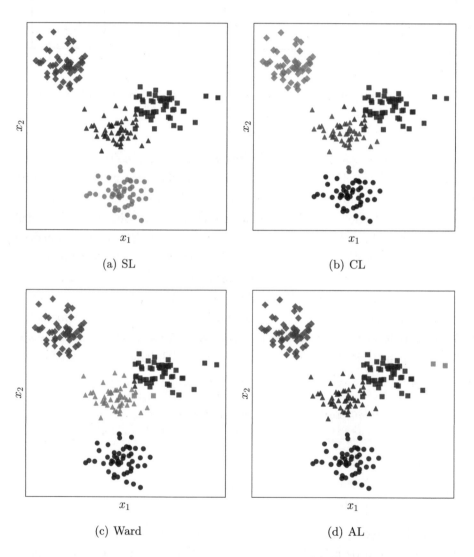

Figura 6.5 – Diferentes configurações de agrupamento geradas pelos métodos discutidos.

6.3 Métodos sequenciais

Um processo de agrupamento sequencial compreende uma forma direta e simples de definir uma partição sobre o conjunto de dados. Neste processo, os padrões são apresentados poucas vezes ao algoritmo diante de uma sequência estabelecida, e, por consequência, a configuração final dos agrupamentos torna-se sensível a esta sequência.

Em [Theodoridis and Koutroumbas, 2008], é apresentado o *Basic Sequential Algorithm Scheme* (BSAS), que, segundo o autor, é derivado de [Hall, 1967]. Neste esquema, o número de agrupamentos não é imposto, mas sim definido ao passo que o algoritmo é executado.

Inicialmente, admitimos três elementos principais: uma medida de dissimilaridade $d_j(\mathbf{x}_i)$ entre $\mathbf{x}_i$ e o agrupamento $\mathcal{G}_j$; um limiar τ usado na avaliação dos valores de dissimilaridade; e um número máximo de agrupamentos permitidos, definido por c.

Uma vez estabelecidos esses elementos, o processo se inicia com a determinação de um agrupamento composto pelo primeiro exemplo observado sobre uma sequência de padrões de $\mathcal{I} = \{\mathbf{x}_1, \ldots, \mathbf{x}_m\}$. Posteriormente, os próximos exemplos são apresentados e comparados a este agrupamento, podendo levar ao agregamento quando a dissimilaridade padrão-agrupamento for inferior a τ; caso contrário, um novo agrupamento é iniciado a partir do exemplo apresentado. As etapas listadas abaixo caracterizam este processo:

Definir τ e c

Inicializar o contador $\ell \leftarrow 1$

Estabelecer $\mathcal{G}_\ell \leftarrow \{\mathbf{x}_1\}$

Para $i = 2, \ldots, m$, faça:

    $k = \arg \min_{j=1,\ldots,\ell} d_j(\mathbf{x}_i)$

    Se $d_k(\mathbf{x}_i) > \tau$ e $\ell < c$, então:

        $\ell \leftarrow \ell + 1$

        $\mathcal{G}_\ell \leftarrow \{\mathbf{x}_i\}$

        $\overline{\mu}_\ell \leftarrow \mathbf{x}_i$

    Senão:

        $\mathcal{G}_k \leftarrow \mathcal{G}_k \cup \{\mathbf{x}_i\}$

        $\overline{\mu}_k \leftarrow \dfrac{(\#\mathcal{G}_k - 1)\overline{\mu}_k + \mathbf{x}_i}{\#\mathcal{G}_k}$

Uma implementação deste procedimento é apresentada no Código 6.2. Os

142 Reconhecimento de padrões: um estudo dirigido

argumentos x, maxClusters e tau são definidos em analogia ao conjunto de padrões $\mathcal{I}$ (estrutura matricial composta por elementos x, cuja dimensão é $m \times n$, sendo n a dimensão do espaço de atributos), ao número de agrupamentos máximo c e ao limiar τ, respectivamente. Ao fim, é retornada a variável ind, que compreende uma sequência de índices que associa cada um dos elementos de x a um agrupamento.

```python
def BSAS(x,tau,maxClusters):
    #Inicialização de um contador e um dicionário
    c, G = 0, {}
    #Criação da lista de indicador de agrupamentos
    ind = np.zeros(x.shape[0])-1
    #Inclusão do primeiro exemplo
    G[c] = []; G[c].append(x[0,:])
    #Incialização do representante do 'G[1]'
    vecMu = []; vecMu.append(x[0,:]); ind[0] = c
    for i in range(1,x.shape[0]):

        diss = np.zeros(c+1) #'+1' para compatibilização
        for j in range(c+1):
            diss[j] = np.linalg.norm(x[i,:] - vecMu[j])

        k = np.argmin(diss)

        if (diss[k] > tau) and (c < maxClusters-1):
            c += 1
            G[c] = []; G[c].append(x[i,:])
            ind[i] = c
            vecMu.append(x[i,:])
        else:
            G[k].append(x[i,:])
            ind[i] = k
            vecMu[k] = ((len(G[k])-1)*vecMu[k] +
                        x[i,:])/len(G[k])
    return ind
```

Código 6.2 – Procedimento de identificação da quantidade de agrupamentos baseado no algoritmo BSAS.

A respeito deste processo, cabe destacar a influência que τ desempenha sobre o processo de formação dos agrupamento. Ao admitir τ pequeno, o processo se torna sensível à criação de agrupamentos desnecessários. Por outro lado, valores suficientemente grandes para este limiar implicam em agrupamentos cuja heterogeneidade entre seus elementos é elevada. Ainda, ao estabelecer $c = m$, o número de agrupamentos é determinado somente em função de τ.

Derivado do algoritmo BSAS, [Theodoridis and Koutroumbas, 2008] elucida

Métodos de agrupamento   143

um procedimento que pode auxiliar na detecção do número de agrupamentos existentes sobre os dados. Tal procedimento compreende verificar diferentes valores de τ em um intervalo $[\tau_{min}, \tau_{max}]$ e a quantidade de agrupamentos que este limiar proporciona sob diferentes ordens de apresentação dos padrões. Para cada τ considerado, a mediana das quantidades de agrupamentos identificados é empregada para resumir o efeito deste parâmetro. O Código 6.3 implementa este processo. A função `find_minmax_tau`, inserida nesta implementação, consiste em uma busca exaustiva sobre os padrões representados por $\mathbf{x}$[1], a qual retorna a menor e a maior distâncias encontradas entre todos os padrões.

```
1  #Busca exaustivamente pela maior/menor distância
2  minTau, maxTau = find_minmax_tau(x)
3
4  #Repetições e avaliações no intervalo [minTau,maxTau]
5  repeticoes = 10; steps = 200
6
7  vecTau = np.linspace(minTau,maxTau,steps)
8  vecAgrups = []
9  for tau in vecTau:
10     vec = []
11     for _ in range(repeticoes):
12         rand = np.argsort(np.random.randint(0,1,x.shape[0]))
13         randX = np.copy(x[rand,:])
14         res = BSAS(x,tau,randX.shape[0])
15         vec.append(np.unique(res).shape[0])
16     vecAgrups.append(np.median(vec))
17
18  #Visualização da relação "Tau vs. Num.Agrupamentos"
19  plt.plot(vecTau,vecAgrups,'r-')
20  plt.xlabel(r'$\tau$',fontsize=20)
21  plt.ylabel('Número mediano de agrupamentos',fontsize=20)
```

Código 6.3 − Procedimento de identificação da quantidade de agrupamentos baseado no algoritmo BSAS.

A Figura 6.6 demonstra a aplicação deste processo sobre um conjunto de padrões simulados composto por dez agrupamentos (Figura 6.6(a)). Conforme ilustra o gráfico da Figura 6.6(b), o número de agrupamentos detectados decresce rapidamente para valores pequenos de τ e, em seguida, (para valores próximos de cinco ou superiores) passa a apresentar tendência assintótica e estacionária.

Uma fragilidade intrínseca do algoritmo BSAS é a definição dos agrupamentos antes mesmo do término do processo em si. A fim de contornar este problema, é proposto o algoritmo *Modified BSAS* (MBSAS)

---

[1]Esta variável segue a mesma estrutura adotada no Código 6.2.

144 Reconhecimento de padrões: um estudo dirigido

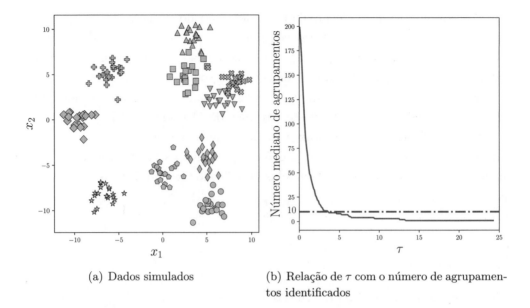

(a) Dados simulados (b) Relação de τ com o número de agrupamentos identificados

Figura 6.6 – Aplicação do procedimento de suporte à identificação do número de agrupamentos. A linha tracejada representa o valor mediano das quantidades de agrupamentos encontrados no intervalo de valores de τ.

[Theodoridis and Koutroumbas, 2008], estruturado em duas etapas principais:

(i) Identificação de representantes para grupos cuja dissimilaridade entre si é superior a τ;

(ii) Diante dos representantes identificados, efetua a associação dos demais padrões ao agrupamento de menor dissimilaridade.

O Código 6.4 implementa uma função referente a este método. Os argumentos exigidos e o retorno gerado são análogos ao Código 6.2.

```
def MBSAS(x,tau,maxClusters):
    #Inicialização de um contador e um dicionário
    c, G = 0, {}
    #Criação da lista de indicador de agrupamentos
    ind = np.zeros(x.shape[0])-1
    #Inclusão do primeiro exemplo
    G[c] = []; G[c].append(x[0,:])
    #Incialização do representante do 'G[1]'
    vecMu = []; vecMu.append(x[0,:]); ind[0] = c

    #Fase de definição dos agrupamentos
    for i in range(1,x.shape[0]):
```

```python
13        diss = np.zeros(c+1) #'+1' para compatibilização
14        for j in range(c+1):
15            diss[j] = np.linalg.norm(x[i,:] - vecMu[j])
16
17        k = np.argmin(diss)
18
19        if (diss[k] > tau) and (c < maxClusters-1):
20            c += 1
21            G[c] = []; G[c].append(x[i,:])
22            ind[i] = c
23            vecMu.append(x[i,:])
24
25    #Fase de associação aos agrupamentos
26    diss = np.zeros(c+1)
27    for i in range(0,x.shape[0]):
28        if ind[i] == -1:
29            for j in range(c+1):
30                diss[j] = np.linalg.norm(x[i,:] - vecMu[j])
31
32            k = np.argmin(diss)
33            G[k].append(x[i,:])
34            ind[i] = k
35            vecMu[k] = ((len(G[k]) -1)*vecMu[k] +
36                        x[i,:])/len(G[k])
37
38    return ind
```

Código 6.4 – Implementação do algoritmo MBSAS.

Na Figura 6.7, são apresentados agrupamentos definidos através do método BSAS e MBSAS diante de diferentes parametrizações. As elipses atuam como referências na delimitação dos agrupamentos característicos (i.e., originais) dos dados. Por outro lado, os símbolos denotam a pertinência dos padrões aos agrupamentos identificados pelos métodos. O aumento em τ, associado a um número pequeno para c, pode implicar em agrupamentos mais dispersos e com menor capacidade de delimitação (Figuras 6.7(a) e 6.7(b)). Cabe destacar que o processo de inicialização adotado por MBAS garante melhor identificação dos agrupamentos dentro da quantidade c estabelecida (Figuras 6.7(c) e 6.7(d)).

6.4 Agrupamentos via modelos de mistura

Durante as discussões do Capítulo 2, especificamente a respeito da estimação de funções densidade de probabilidade, foi introduzido o Modelo de Mistura de Gaussianas (GMM – vide Seção 2.6.2). Segundo esse modelo, uma distribui-

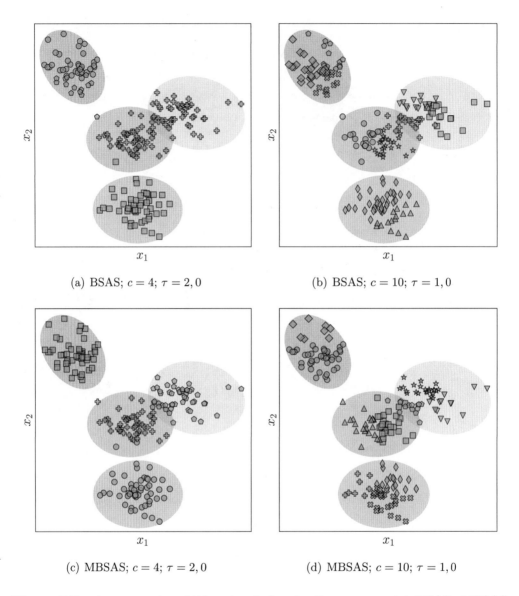

Figura 6.7 – Agrupamentos obtidos através dos algoritmos sequenciais BSAS e MBSAS diante de diferentes configurações de parâmetros.

ção de probabilidade $p(\mathbf{x})$ é resultado da combinação linear envolvendo outras c distribuições, ou seja:

$$p(\mathbf{x}) = \sum_{j=1}^{c} \lambda_j p(\mathbf{x}|\theta_j) \qquad (6.5)$$

em que θ_j corresponde a uma tupla de parâmetros exigidos pela j-ésima componente, ponderada por λ_j, com $j = 1, \ldots, c$. Sobre esses fatores, é imposto que $\sum_{j=1}^{c} \lambda_j = 1$ e $\int_{\mathbf{x} \in \mathcal{X}} p(\mathbf{x}|\theta_j) d\mathbf{x} = 1$.

Naturalmente, as parcelas desta combinação linear carregam consigo uma expressão sobre a pertinência dos padrões que modelam $p(\mathbf{x})$ em relação a cada uma das c componentes. Consequentemente, tais parcelas podem ser empregadas na determinação de um critério de agrupamento da seguinte forma:

$$\mathbf{x} \in \mathcal{G}_j \Leftrightarrow \arg\max_{j=1,\ldots,c} \lambda_j p(\mathbf{x}|\theta_j) \tag{6.6}$$

Fazendo uso do mesmo conjunto de dados considerados na seção anterior, ilustrado na Figura 6.8(a), o método GMM é empregado na modelagem de distribuições de probabilidade compostas por duas e quatro componentes. A associação padrão-agrupamento demonstrada pela Figura 6.8(b) exibe fidelidade à origem dos agrupamentos, conforme denotado pelos diferentes símbolos na Figura 6.8(a).

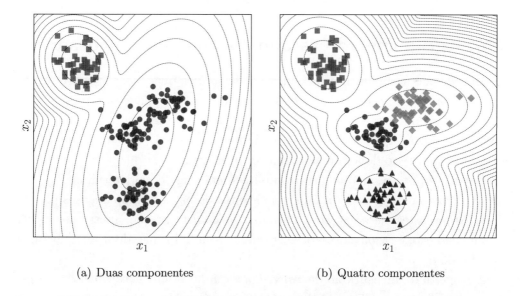

(a) Duas componentes (b) Quatro componentes

Figura 6.8 – Estimação de densidade e identificação de agrupamentos via GMM. As curvas de nível descrevem o formato da distribuição probabilidade estimada.

Para execução deste procedimento a partir da biblioteca Scikit-Learn, são utilizadas funções disponíveis no módulo `sklearn.mixture`, especificamente `GaussianMixture`, que implementa o método GMM. No Código 6.5, após a definição do número de componentes da mistura, via parâmetro `n_components`, é criada

148 Reconhecimento de padrões: um estudo dirigido

a instância **gmm**, que, posteriormente, é modelada segundo os dados expressos na variável **x** através do método **fit**. Por fim, a variável **y** compreende uma lista composta pelos índices associados às componentes cuja probabilidade de ocorrência é máxima. Tais valores de probabilidade são alcançados pelo método **predict_proba**.

```python
from sklearn import mixture

#Instanciação e modelagem
n_clusters = 4
gmm = mixture.GaussianMixture(n_components=n_clusters)
gmm.fit(x)

y = []
for i in range(x.shape[0]):
    y.append(np.argmax(gmm.predict_proba([x[i,:]])))
```

Código 6.5 – Exemplo de procedimento para identificação de agrupamentos com base no método GMM fazendo uso da biblioteca Scikit-Learn.

6.5 Agrupamento baseado na soma dos quadrados

Métodos de agrupamento baseados na "soma dos quadrados" persistem pela busca de partições sobre os dados de modo que a variabilidade interna dos agrupamentos seja minimizada ao mesmo tempo que a separação entre agrupamentos é maximizada. No geral, os métodos fundamentados neste conceito diferem entre si segundo o critério de agrupamento a ser otimizado.

Em consequência do alto custo computacional exigido na determinação e avaliação da qualidade de cada um dos particionamentos[2], os agrupamentos proporcionados por estes métodos são subótimos. Vale destacar que, apesar de admitir tal subcondição, é razoável estabelecer que os resultados não divirjam substancialmente do ótimo.

A respeito da mensuração da *variabilidade interna dos agrupamentos e separação entre agrupamentos*, são definidas as matrizes $\mathbf{V}_I$ e $\mathbf{V}_E$, respectivamente:

$$\mathbf{V}_I = \frac{1}{m} \sum_{j=1}^{c} \sum_{i=1}^{m} \delta(\mathbf{x}_i, \mathcal{G}_j) (\mathbf{x}_i - \mu_j)^T (\mathbf{x}_i - \mu_j) \tag{6.7}$$

---

[2]O número de particionamentos possíveis é calculado por meio do número de Stirling de segunda ordem, definido por $\left\{ \begin{matrix} m \\ c \end{matrix} \right\} = \sum_{j=0}^{m-1} \binom{m-1}{j} \left\{ \begin{matrix} j \\ c-1 \end{matrix} \right\}$, sendo m o número de elementos em um conjunto e c a quantidade de agrupamentos [Grahan et al., 1995].

$$\mathbf{V}_E = \sum_{j=1}^{c} \frac{\#\mathcal{G}_j}{m} \left(\mu - \mu_j\right)^T \left(\mu - \mu_j\right) \tag{6.8}$$

em que $\mu = \frac{1}{m} \sum_{\mathbf{x}_i \in \mathcal{I}} \mathbf{x}_i$ é o vetor médio observado sobre todo os dados em $\mathcal{I}$; $\mu_j = \frac{1}{\#\mathcal{G}_j} \sum_{\mathbf{x}_i \in \mathcal{G}_j} \mathbf{x}_j$ é o vetor médio observado sobre o agrupamento $\mathcal{G}_j$; e $\delta(\mathbf{x}_i, \mathcal{G}_j) = \begin{cases} 1; \text{se } \mathbf{x}_i \in \mathcal{G}_j \\ 0; \text{se } \mathbf{x}_i \notin \mathcal{G}_j \end{cases}$ é um verificador de pertinência padrão-agrupamento.

A partir destas matrizes, são definidos diferentes critérios de agrupamento. Dois exemplos são: (i) minimização de $\mathrm{Tr}\,(\mathbf{V}_I)$; (ii) maximização de $\mathrm{Tr}\,(\mathbf{V}_I^{-1}\mathbf{V}_E)$. O último exemplo é equivalente ao critério anterior, porém utilizando a distância de Mahalanobis como medida de dissimilaridade, que, por sua vez, a torna invariante a transformações sobre os dados [Webb and Copsey, 2011].

Posteriormente, após adoção do critério de agrupamento, é feito uso de um algoritmo que determinará uma partição sobre os dados. K-Médias (K-Means – KM) [Lloyd, 1982] e sua versão baseada em conjuntos nebulosos (Fuzzy K-Means – FKM) [Dunn, 1973, Bezdek, 1981] são exemplos de algoritmos amplamente conhecidos e utilizados para esta finalidade.

6.5.1 K-Médias

O objetivo deste algoritmo é efetuar uma partição sobre o conjunto $\mathcal{I}$ em k agrupamentos[3] de modo que a variabilidade interna destes seja minimizada. Para tal, é adotado o critério $\mathrm{Tr}\,(\mathbf{V}_I)$, cujo desenvolvimento se reduz à soma dos desvios quadráticos em relação ao vetor médio de cada agrupamento, isto é:

$$
\begin{aligned}
\mathrm{Tr}\,(\mathbf{V}_I) &= \mathrm{Tr}\left(\frac{1}{m} \sum_{j=1}^{k} \sum_{i=1}^{m} \delta(\mathbf{x}_i, \mathcal{G}_j)(\mathbf{x}_i - \mu_j)^T(\mathbf{x}_i - \mu_j)\right) \\
&= \mathrm{Tr}\left(\frac{1}{m} \sum_{j=1}^{k} \sum_{\mathbf{x}_i \in \mathcal{G}_j} (\mathbf{x}_i - \mu_j)^T(\mathbf{x}_i - \mu_j)\right) \\
&= \frac{1}{m} \sum_{j=1}^{k} \sum_{\mathbf{x}_i \in \mathcal{G}_j} \|\mathbf{x}_i - \mu_j\|^2
\end{aligned}
\tag{6.9}
$$

Duas etapas principais, de extrema simplicidade, caracterizam este algoritmo:

---

[3]Por mera compatibilização entre o nome do método e as notações anteriores, é considerado $c = k$.

150 Reconhecimento de padrões: um estudo dirigido

(i) Associar os elementos aos agrupamentos segundo a menor dissimilaridade, expressa em termos de distância euclidiana, entre um dado padrão e o vetor médio referente ao agrupamento (i.e., o centroide do agrupamento);

(ii) Recalcular o vetor médio de cada agrupamento de acordo com os elementos associados na etapa anterior.

As duas etapas descritas são realizadas iterativamente até que seja alcançada uma convergência. A não ocorrência de mudança de elementos entre agrupamentos e/ou não alteração na variabilidade interna dos agrupamentos são exemplos de critérios de convergência comumente adotados.

Cabe acrescentar que existem diferentes variantes do algoritmo K-Médias que buscam melhorar sua eficiência computacional bem como garantir menor erro. Existem, ainda, propostas que permitem a remoção e/ou criação de novos agrupamentos durante o processo de particionamento, a citar, o algoritmo ISODAT (*Iterative Self-Organizing Data Analysis Technique*) [Ball and Hall, 1965].

6.5.2 K-Médias nebuloso

Em contraste com o K-Médias, cuja determinação dos agrupamentos segue uma abordagem *rígida*, na qual cada padrão pertence a um único agrupamento, a formulação do método K-Médias nebuloso (FKM) permite que os padrões apresentem diferentes níveis de pertinência aos agrupamentos. Esta abordagem mostra similaridade com o processo de determinação de agrupamentos via modelos de mistura, abordado na Seção 6.4.

Formalmente, diante de um conjunto de padrões $\mathcal{I} = \{\mathbf{x}_i \in \mathcal{X} : i = 1, \ldots, m\}$, sobre o qual se deseja identificar k agrupamentos, o algoritmo FKM busca pela configuração de parâmetros λ_{ij} que otimizam o seguinte problema:

$$\min_{\substack{\lambda_{ij} \\ i=1,\ldots,m \\ j=1,\ldots,k}} \sum_{i=1}^{m} \sum_{j=1}^{k} \lambda_{ij} \|\mathbf{x}_i - \overline{\mu}_j\|^2 \tag{6.10}$$

A respeito de λ_{ij} e $\overline{\mu}_j$ envolvidos no problema acima:

- λ_{ij} expressa a pertinência de $\mathbf{x}_i$ ao agrupamento $\mathcal{G}_j$, com $i = 1, \ldots, m$ e $j = 1, \ldots, k$;

- É restrito que $\sum_{j=1}^{k} \lambda_{ij} = 1$ e $\lambda_{ij} \geq 0$;

- $\overline{\mu}_j = \dfrac{\sum_{i=1}^{m} \lambda_{ij}^{\beta} \mathbf{x}_i}{\sum_{i=1}^{m} \lambda_{ij}^{\beta}}$ representa o centroide do agrupamento $\mathcal{G}_j$;

Métodos de agrupamento   151

- $\beta \in]1, \infty[$ é um expoente que controla a nebulosidade dos agrupamentos, em que $\beta \to 1$ implica que o processo de agrupamentos tende a uma abordagem *rígida*.

Em relação ao algoritmo, são efetuadas as seguintes etapas:

(i) Definir β e inicializar os valores de λ_{ij}, para $i = 1, \ldots, m$ e $j = 1, \ldots, k$;

(ii) Calcular os centroides $\overline{\mu}_j$, para $j = 1, \ldots, k$;

(iii) Calcular as dissimilaridades $d(\mathbf{x}_i, \overline{\mu}_j) = \|\mathbf{x}_i - \overline{\mu}_j\|$, para $i = 1, \ldots, m$ e $j = 1, \ldots, k$;

(iv) Atualizar as pertinências via:

$$\lambda_{ij} = \sum_{\ell=1}^{k} \left(\frac{d(\mathbf{x}_i, \overline{\mu}_j) + \epsilon}{d(\mathbf{x}_i, \overline{\mu}_\ell) + \epsilon} \right)^{\frac{2}{\beta - 1}} \tag{6.11}$$

para $i = 1, \ldots, m$; $j = 1, \ldots, k$ e ϵ um infinitesimal adicionado para evitar indeterminação numérica;

(v) Caso não ocorra convergência no processo, retornar para a etapa (ii).

Como critério de convergência, é usual a verificação dos desvios entre os centroides $\overline{\mu}_j$ computados/atualizados em relação ao seu valor anterior $\overline{\mu}_j^{\dagger}$, para $j = 1, \ldots, k$. Uma medida útil neste processo é definida na Equação 6.12. Uma vez que a convergência é observada, a associação do padrão $\mathbf{x}_i$ ao agrupamento $\mathcal{G}_j$ é realizada segundo j que maximiza λ_{ij}.

$$\left(\sum_{j=1}^{k} \|\overline{\mu}_j - \overline{\mu}_j^{\dagger}\|^2 \right)^{\frac{1}{2}} \tag{6.12}$$

6.5.3   Comparações e implementações

Fazendo uso do algoritmo K-Médias em suas versões clássica e nebulosa, a Figura 6.9 exibe o particionamento dos dados já empregados nas seções anteriores diante de quatro e oito agrupamentos. Ao considerar quatro agrupamentos, a configuração alcançada é similar. Por outro lado, diante da suposição de oito agrupamentos, as configurações tornam-se distintas, principalmente em relação ao formato dos agrupamentos. Neste caso, enquanto o K-Médias rígido define agrupamentos esféricos, sua versão nebulosa proporciona agrupamentos elípticos.

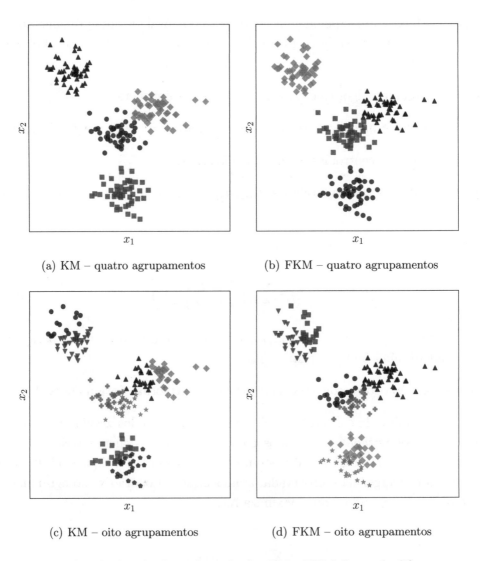

Figura 6.9 – Resultados obtidos pelos métodos KM e FKM diante de diferentes quantidades de agrupamentos.

A implementação do algoritmo K-Médias rígido encontra-se disponível na biblioteca Scikit-Learn. Sua instanciação e execução pode ser conduzida de acordo com o exemplo dado no Código 6.6. Neste caso, `n_clusters` atua de forma similar aos Códigos 6.1 e 6.5. Os parâmetros `max_iter` e `tol` são utilizados na verificação de convergência, em que o primeiro estabelece um número máximo de iterações e o segundo consiste em uma tolerância mínima, testada sobre a soma do quadrado das distâncias entre os padrões e os respectivos agrupamentos em

Métodos de agrupamento   153

relação a duas iterações consecutivas e que, ao atingir valores inferiores, caracteriza a convergência do processo. Ainda neste exemplo, o comando `agrupKM = km.fit_predict(x)` é responsável por obter os agrupamentos sobre os padrões em `x` e atribuir a `agrupKM` uma sequência de índices que indicam a pertinência de cada padrão `x` a um dos oito agrupamentos.

```
1  from sklearn.cluster import KMeans
2
3  #Instanciação e execução dos algoritmos K-Médias
4  km = KMeans(n_clusters=8, max_iter=1000, tol=epsilon)
5  agrupKM = km.fit_predict(x)
```

Código 6.6 – Instanciação e execução do algorítimo K-Médias rígido através da biblioteca Scikit-Learn.

Em relação ao algoritmo K-Médias nebuloso, atualmente a biblioteca Scikit-Learn[4] não oferece suporte. Desse modo, uma implementação[5] é apresentada no Código 6.7. Os argumentos exigidos por esta função são: `data` – matriz que contém os dados a serem agrupados, cujas linhas correspondem a cada um dos padrões envolvidos no processo de agrupamento e cujas colunas, aos atributos dos respectivos padrões; `k` – refere-se ao número de agrupamentos considerados; `beta` – compreende o parâmetro que controla a nebulosidade dos agrupamentos; e `epsilon` – determina uma tolerância mínima usada para caracterizar a convergência do processo segundo a medida estabelecida na Equação 6.12. Como retorno, a função `fuzzy_kmeans` gera uma sequência de índices entre 0 e $k-1$, que estabelece a associação de cada um dos padrões em `data` a um dos k agrupamentos.

```
1  #Método Fuzzy K-Means
2  def fuzzy_kmeans(data,k,beta,epsilon):
3      #Inicialização do mu e lambda
4      mu = init_centroids(data,k)
5      lamb = compute_lambdas(data,mu,beta)
6
7      #Início do processo iterativo
8      while True:
9          mu_old = np.copy(mu) #Para comparação/convergência
10         mu = compute_mu(data,lamb,beta) #Cálc. centroides
11         lamb = compute_lambdas(data,mu,beta) #Ajusta lambdas
12
13         #Teste de convergência
14         if np.linalg.norm( mu - mu_old ) < epsilon: break
```

---

[4]Durante a redação deste documento, seu número de versionamento é 0.2.18.

[5]Vale destacar, mais uma vez, que as implementações apresentadas podem não ser otimizadas em termos de eficiência computacional. O intuito central é favorecer o entendimento dos processos e métodos através de códigos de simples leitura.

154 Reconhecimento de padrões: um estudo dirigido

```
15
16   #Definição dos agrupamentos segundo as pertinências
17   lab = assign_label(lamb)
18   return lab
```

Código 6.7 – Implementação do algoritmo K-Médias nebuloso.

Em complemento ao Código 6.7, são definidas, ainda, quatro funções:

- `init_centroids` – compreende um critério de inicialização dos vetores médios de cada grupo (i.e., os centroides), realizado de modo aleatório com base em testes que minimizam a variabilidade interna do agrupamento, sendo esta medida calculada pela função `intra_cluster_var`;

- `compute_lambdas` – efetua a atualização dos valores de pertinência λ_{ij} de acordo com a Equação 6.11;

- `compute_mu` – calcula/atualiza os centroides $\overline{\mu}_j$ de cada grupo $\mathcal{G}_j$, presentes na Equação 6.10;

- `assign_label` – realiza a associação do padrão $\mathbf{x}_i$ ao agrupamento $\mathcal{G}_j$ tal que λ_{ij} é máximo;

As implementações destas funções são dadas no Código 6.8.

```
1  #Inicialização dos centroides
2  def init_centroids(data,k):
3      m,dim = data.shape
4      bestCost = 10**10
5      mu = np.zeros((k,dim)) #inicialização dos mu's
6      bestMu = np.zeros((k,dim))
7      for _ in range(0, int(np.ceil(0.1*m))):
8          randPos = np.random.randint(0,m,k)
9          mu = data[randPos,:]
10         cost = intra_cluster_var(data,mu)
11         if cost < bestCost:
12             bestCost = cost
13             bestMu = np.copy(mu)
14     return bestMu
15
16 #Verificação da variabilidade interna dos agrupamentos
17 def intra_cluster_var(data,mu):
18     m,_ = data.shape
19     k,_ = mu.shape
20
21     totalCost = np.zeros((k))
22     countClus = np.zeros((k))
```

```python
23      for i in range(0,m):
24          diss = np.zeros((k))
25          for j in range(0,k):
26              diss[j] = np.linalg.norm(data[i,:] - mu[j,:])**2
27          pos = np.argmin(diss)
28          totalCost[pos] += diss[pos]
29          countClus[pos] += 1
30      clusterVar = (1/m) * np.sum(totalCost)
31
32      return clusterVar
33
34  #Cálculo das pertinências
35  def compute_lambdas(data,mu,beta):
36      expo = 2.0/(beta-1.0)
37      m,_ = data.shape
38      k,_ = mu.shape
39      lamb = np.zeros((m,k))
40      diss = np.zeros((k))
41      for i in range(0,m):
42          for j in range(0,k):
43              diss[j] = np.linalg.norm(data[i,:] - mu[j,:])
44                       +0.0001
45          for j in range(0,k):
46              s = 0
47              for ell in range(0,k):
48                  s += (diss[j] / diss[ell])**expo
49              lamb[i,j] = 1/s
50      return lamb
51
52  #Cálculo/atualização dos centroides
53  def compute_mu(data,lamb,beta):
54      m,dim = data.shape
55      _,k = lamb.shape
56      mu = np.zeros((k,dim))
57      for j in range(0,k):
58          num = np.zeros((dim))
59          den = 0
60          for i in range(0,m):
61              num[:] += (lamb[i,j]**beta) * data[i,:]
62              den += (lamb[i,j]**beta)
63          mu[j,:] = num[:]/den
64      return mu
65
66  #Associação padrão-agrupamento
67  def assign_label(lamb):
68      m,_ = lamb.shape
69      lab = np.zeros((m))
```

```
70      for i in range(0,m): lab[i] = np.argmax(lamb[i,:])
71      return lab
```

Código 6.8 – Funções complementares ao Código 6.7.

6.6 Mapas auto-organizáveis

Mapas auto-organizáveis (*self-organizing maps* – SOM) compreendem um modelo de rede neural baseado no arranjo estrutural do cérebro humano, no qual diferentes regiões são responsáveis pela execução de tarefas específicas. Neste modelo de rede neural, os neurônios estão dispostos sobre mapas topologicamente organizados, cuja localização/coordenada expressa uma característica particular dos dados de entrada [Kohonen, 2001].

Convenientemente, um mapa de neurônios é representado por uma matriz $\mathbf{M}$ de dimensão $L_1 \times L_2 \times n$, em que L_1 e L_2 determinam as dimensões do mapa e n refere-se a dimensão do espaço de atributos dos padrões. Para um dado neurônio inserido neste mapa, sobre as coordenadas (u, v), é denotado por $\mathbf{w}_{uv} = [w_{uv1}, \ldots, w_{uvn}]$ o vetor de pesos associado. Assim, para um dado padrão $\mathbf{x} = [x_1, \ldots, x_n]$, é possível verificar sua similaridade em relação a cada um dos neurônios da rede e efetuar, quando necessário, ajustes sobre os respectivos pesos associados. Essa relação é resumida na Figura 6.10, na qual os atributos de um padrão são comparados a cada um dos neurônios desta rede por meio do peso associado ao neurônio.

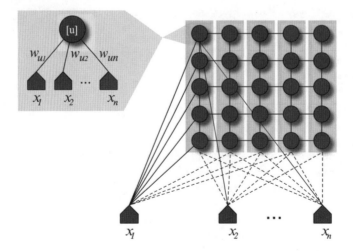

Figura 6.10 – Organização topológica dos neurônios e a relação com os vetores de entrada.

Durante a execução de uma rede neural como esta, estão envolvidos três processos principais [Haykin, 2007]: competição, cooperação e adaptação. O processo *competitivo* consiste na determinação do neurônio presente na rede cuja dissimilaridade com o padrão apresentado é mínima, ou seja:

$$[uv] = \arg \min_{\substack{u=1,\dots,L_1 \\ v=1,\dots,L_2}} \|\mathbf{x} - \mathbf{w}_{uv}\| \qquad (6.13)$$

Uma vez que o neurônio de coordenada (u, v) demonstra maior similaridade (i.e., menor dissimilaridade) como padrão $\mathbf{x}$, deve-se, então, efetuar uma correção sobre todos os demais neurônios da rede com base na configuração do neurônio identificado e no padrão apresentado. Tais correções são conduzidas de modo a beneficiar os neurônios localizados na vizinhança de (u, v), caracterizando, assim, um processo *cooperativo*.

Para isso são utilizadas "funções de vizinhança topológica". Entre diferentes propostas existente na literatura, a seguinte função, de forma gaussiana, é amplamente utilizada:

$$V(\mathbf{a}, \mathbf{b}; \sigma) = \exp\left(-\frac{\|\mathbf{a} - \mathbf{b}\|^2}{2\sigma^2}\right) \qquad (6.14)$$

em que $\mathbf{a}, \mathbf{b} \in \mathbb{N}^2$ representam pares de coordenadas espaciais e $\sigma \in \mathbb{R}_+^*$ é um parâmetro que controla o alcance da vizinhança. A Figura 6.11 ilustra o comportamento desta função admitindo $\mathbf{a} = (0, 0)$ e diferentes valores para σ. Vetores $\mathbf{b}$ são tomados na vizinhança de $\mathbf{a}$.

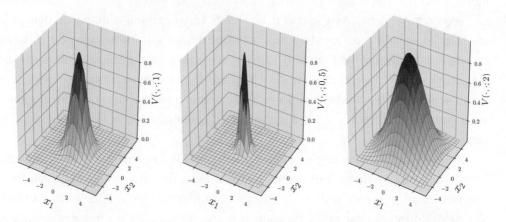

Figura 6.11 – Efeitos do parâmetro σ sobre a função de vizinhança topológica definida. Os valores de σ foram: 1 (à esquerda); $0, 5$ (ao centro); 2 (à direita).

158   Reconhecimento de padrões: um estudo dirigido

Por último, o processo *adaptativo* é responsável pelo ajuste dos pesos dos neurônios ao passo que os padrões são apresentados à rede de neurônios. Supondo que o neurônio de coordenada (u, v) tenha sido identificado durante o processo competitivo e que $(i, j) \in L_1 \times L_2$ compreenda as coordenadas dos neurônios em $\mathbf{M}$, o processo adaptativo é definido por:

$$\mathbf{w}_{ij} := \mathbf{w}_{ij} + \eta V((u, v), (i, j); \sigma)(\mathbf{x} - \mathbf{w}_{ij}) \qquad (6.15)$$

em que $\eta \in \mathbb{R}_+$ representa uma taxa de aprendizado cujo propósito é similar às já discutidas e utilizadas pelos métodos Perceptron e MLP.

Após a apresentação de um padrão à rede de neurônios e atualização dos respectivos pesos, é importante, ainda, que seja efetuada a normalização dos pesos. Este procedimento evita a ocorrência de um desequilíbrio na rede. Ademais, antes do início do processo, o conjunto de padrões deve ser normalizado.

De modo geral, o processo de treinamento é executado iterativamente até que ocorra convergência no ajuste dos pesos. A soma dos desvios absolutos dos pesos dos neurônios em relação a duas iterações consecutivas pode ser usada na verificação da convergência. Além disso, é razoável a consideração de taxas de aprendizado que decrescem ao longo das iterações.

Uma vez que a convergência é detectada, a configuração final dos pesos dos neurônios proporciona uma representação plana sobre as características dos padrões analisados. Com a interpretação deste resultado, é possível definir regiões que respondem a um determinado tipo de estímulo e que, por sua vez, podem ser empregadas na determinação de agrupamentos.

Com uso de uma rede de neurônios de dimensão 10×10 e parâmetro $\sigma = 1$, o método SOM é empregado no agrupamento do conjunto de padrões considerados nas seções anteriores. As Figuras 6.12(a) e 6.12(b) exibem o mapa de neurônios em relação a cada um dos atributos, mostrando, assim, a formação de zonas de resposta específicas. A Figura 6.12(c) apresenta a configuração dos pesos dos neurônios após emprego do método CL para determinação de quatro regiões de maior similaridade, estabelecendo indiretamente regiões que devem responder a agrupamentos diferentes. Na Figura 6.12(d), é ilustrado o agrupamento final alcançado.

O processo geral que implementa o método SOM é apresentado no Código 6.9. Diante deste algoritmo, além de sua simplicidade, destaca-se sua natureza iterativa que envolve a seleção do neurônio mais similar ao estimulo de entrada (linha 29), seguido pela atualização de todo o mapa de neurônios e testagem da convergência (linhas 30 e 32). Funções complementares a esta implementação estão incluídas no Código 6.10.

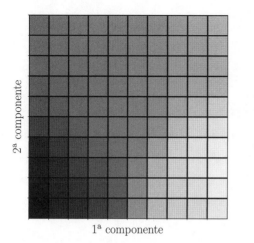

(a) Pesos do mapa de neurônios em relação ao primeiro atributo

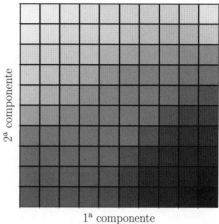

(b) Pesos do mapa de neurônios em relação ao primeiro atributo

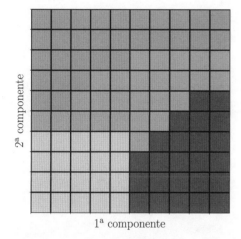

(c) Configuração do mapa de neurônios após agrupamento via CL.

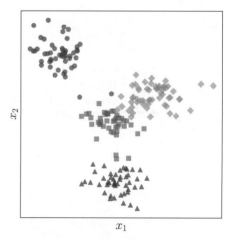

(d) Particionamento final em quatro agrupamentos

Figura 6.12 – Pesos e delimitação do mapa de neurônios e agrupamento proporcionado pelo método SOM. Em (a) e (b), tons mais escuros indicam maiores valores de peso.

```
1 L = 10              #Largura do mapa de neurônios
2 sig = 1.0           #Parâmetro da fun. viz. topológica
3 eta = 1.0           #Taxa de aprendizado
4 epsilon = 0.001     #Tolerância para detecção de convergência
5
6 m,n = x.shape       #Número de observações/dimensões
```

160 Reconhecimento de padrões: um estudo dirigido

```python
7  x = norm_data(x) #Normalização dos dados
8
9  #Gera mapa de neurônios (n x L x L)
10 Map = np.zeros((x.shape[1],L,L))
11
12 #Inicialização aleatória dos neurônios
13 pos = np.argsort( np.random.randint(0,1,m) ); k = 0
14 for i in range(L):
15     for j in range(L):
16         Map[:,i,j] = x[pos[k],:]
17         k += 1
18
19 epoca = 0 #Contador de época
20 while True:
21     oldMap = np.copy(Map) #Usado para testar convergência
22
23     #Define uma ordem aletória a cada iteração
24     pos = np.argsort(np.random.randint(0,1,m))
25     #Cópia 'desordenada' do conjunto de dados
26     xs = np.copy(x[pos,:])
27
28     for i in range(m):
29         pi,pj = neuro_win(xs[i,:],Map,L)
30         Map = update_map([pi,pj],L,xs[i,:],Map,eta,sig)
31
32     if np.max(np.linalg.norm(Map - oldMap)) < epsilon: break
33     print( np.max(np.linalg.norm(Map - oldMap)))
34
35     epoca += 1
36     eta = 1.0/epoca
```

Código 6.9 – Implementação do método SOM.

```python
1  #Normaliza dados
2  def norm_data(data):
3      val = []
4      for i in range(data.shape[0]):
5          val.append(np.linalg.norm(data[i,:]))
6
7      fator = val[np.argmax(val)]
8      data /= fator
9      return data
10
11 #Normaliza pesos/mapa
12 def norm_map(Map):
13     val = []
14     for i in range(Map.shape[1]):
```

Métodos de agrupamento   161

```python
15            for j in range(Map.shape[2]):
16                val.append(np.linalg.norm(Map[:,i,j]))
17
18        fator = val[np.argmax(val)]
19        Map /= fator
20        return Map
21
22  #Verifica o neurônio mais próximo/similar
23  def neuro_win(x,Map,L):
24        cost = np.infty
25        wx,wy = 0,0
26        for i in range(L):
27            for j in range(L):
28                dif = np.linalg.norm(x - Map[:,i,j])
29                if dif < cost:
30                    cost = dif
31                    wx,wy = i,j
32        return wx,wy
33
34  #Atualização dos pesos do mapa de neurônios
35  def update_map(pos,L,x,Map,eta,sig):
36        upMap = np.copy(Map)
37        for i in range(L):
38            for j in range(L):
39                alpha = neigh_rate(pos,[i,j],sig)
40                upMap[:,i,j] = Map[:,i,j] +
41                                eta*alpha*(x - Map[:,i,j])
42        upMap = norm_map(upMap)
43        return upMap
44
45  #Função para ponderação do ajuste na vizinhança
46  def neigh_rate(pos1,pos2,sig):
47        return np.exp( -(np.linalg.norm(np.array((pos1)) -
48                        np.array((pos2)))**2)/(2*(sig**2)) )
```

Código 6.10 – Funções complementares usadas na implementação do método SOM.

6.7 Exercícios

Nos exercícios a seguir, utilize os dados sintéticos gerados pelo Código 6.11.

1. Fundamentado nos conceitos e procedimentos discutidos na Seção 6.2, implemente uma proposta de algoritmo hierárquico divisivo.

2. Implemente uma proposta que combina o método BSAS com outro método de agrupamento discutido no capítulo. Nesta proposta, o BSAS tem o

162 Reconhecimento de padrões: um estudo dirigido

propósito de determinar o número de agrupamentos existentes no conjunto de dados; já o outro método é destinado ao particionamento dos dados em si. A noção de derivada pode auxiliar na identificação do número de agrupamentos segundo o BSAS (vide Figura 6.6(b))

3. Implemente um procedimento que aplica o método GMM no particionamento de um conjunto de padrões em $c = 2, 3, \ldots, 10$ agrupamentos. Para cada particionamento obtido, deve ser computada a medida $\mathrm{Tr}\left(\mathbf{V}_I^{-1}\mathbf{V}_E\right)$, com $\mathbf{V}_I$ e $\mathbf{V}_E$ definidas conforme as Equações 6.7 e 6.8. Por último, construa um gráfico que relaciona cada valor de c com a respectiva medida computada. Discuta os resultados.

4. Modifique o algoritmo FKM a fim de identificar padrões que demonstrem pertinência inferior a $\alpha \in]0, 1[$, sendo este um novo parâmetro inserido no método. Padrões que atendem a este requisito devem ser automaticamente associados a uma classe "indeterminada". Visualize os resultados (adote uma cor específica para identificar tais padrões, por exemplo, preto) e discuta os resultados.

5. Implemente e verifique os efeitos das seguintes funções de vizinhança topológica sobre os resultados do método SOM:

   a) $V(\mathbf{a}, \mathbf{b}, \sigma) = \left(1 - 2\left(\frac{\|\mathbf{a}-\mathbf{b}\|^2}{\sigma^2}\right)\right) \exp\left(\frac{\|\mathbf{a}-\mathbf{b}\|^2}{\sigma^2}\right)$

   b) $V(\mathbf{a}, \mathbf{b}, \sigma) = \begin{cases} 1, & \text{se } \|\mathbf{a} - \mathbf{b}\|^2 \leq \sigma^2 \\ 0, & \text{caso contrário} \end{cases}$

   Utilize parametrização similar ao Código 6.9.

6. Proponha e implemente procedimentos de agrupamento fazendo uso dos seguintes métodos de estimação de densidade em sua formulação:

   a) Janelas de Parzen

   b) KNN

```
1  from sklearn.datasets import make_blobs
2
3  x, y = make_blobs(n_features=4, centers=10,
4                    n_samples=200, random_state=4)
```

Código 6.11 – Simulação de dados destinados aos exercícios da Seção 6.7.

Capítulo 7

Aprendizado semissupervisionado

Quando as classes em um dado problema são definidas de antemão, o aprendizado supervisionado é preferível. No entanto, para o pleno emprego de métodos supervisionados, faz-se necessária a disponibilidade de uma quantidade suficiente de exemplos rotulados. Essa exigência tem por finalidade viabilizar um treinamento apropriado e que proporcione um modelo com boa habilidade de generalização diante de padrões não rotulados. Por sua vez, tal exigência pode se tornar um fator limitante, pois a insuficiência de exemplos rotulados é uma característica comum nos problema reais.

Uma alternativa surge com o emprego de métodos não supervisionados. A aplicação de métodos desta natureza possibilita revelar informações sobre a estrutura organizacional dos dados. Porém, não é definido o que deve ser aprendido pelo método bem como não é garantido que as estruturas identificadas possam ser interpretadas e associadas a uma classe.

Neste contexto surge o paradigma de aprendizado semissupervisionado, que pode ser entendido como um "meio caminho" entre os aprendizados com e sem supervisão, uma vez que são utilizadas informações rotuladas e não rotuladas durante o processo de aprendizagem [Chapelle et al., 2006]. Uma questão primária no aprendizado semissupervisionado reside em como extrair informações relevantes dos dados não rotulados. Modificações em métodos já propostos, tornando-os capazes de utilizar informações não rotuladas no processo de modelagem [Joachims, 1999b, Bruzzone and Persello, 2009], a utilização de passos intermediários para expandir o conjunto de dados rotulados [Qi et al., 2004] ou a combinação entre técnicas supervisionadas e não supervisionadas [Zhu and Goldberg, 2009] são formas de resposta a esta questão.

Independentemente do modo como o problema é tratado, o conhecimento extraído dos dados não rotulados é proveniente da sua estrutura de aglomeração no espaço de atributos [Theodoridis and Koutroumbas, 2008]. Esta afirmação é assegurada pela "hipótese do aprendizado semissupervisionado":

Padrões próximos a uma região de alta densidade tendem a produzir valores de saída semelhantes.

Tal hipótese implica que a proximidade aos padrões rotulados no espaço de atributos deixa de ser um fator decisivo na classificação de dados desconhecidos quando o contexto da distribuição de todo o conjunto de dados é considerado. A Figura 7.1 ilustra esta hipótese. Inicialmente, ao desconsiderar os agrupamentos em que os padrões estão inseridos, a proximidade entre x_1 e x_2 induz à noção de maior similaridade entre tal par de exemplos quando comparados a x_3. Com a inclusão da informação sobre a estrutura dos agrupamentos, é revelado que os padrões x_1 e x_3 estão inseridos em uma mesma região de alta densidade, induzindo, por sua vez, a pertinência destes a uma mesma classe.

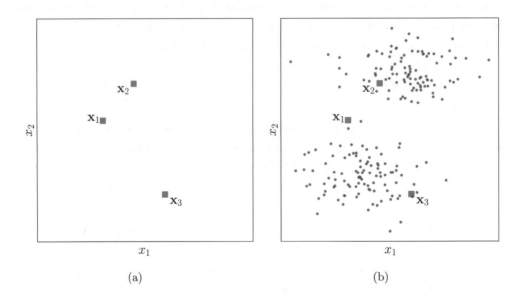

Figura 7.1 – Representação geométrica da hipótese semissupervisionada.

Diferentes modelos de aprendizado semissupervisionado são encontrados na literatura. Nas seções seguintes, são discutidos modelos baseados na rotulação de agrupamentos, em conceitos de autotreinamento e cotreinamento, no aprendizado via grafos e segundo o comportamento estatístico dos dados.

Aprendizado semissupervisionado   165

7.1   Rotulação de agrupamentos

A rotulação de agrupamentos compreende um modelo semissupervisionado de grande simplicidade. Consideremos dois conjuntos distintos $\mathcal{D}$ e $\mathcal{I}$, sendo $\mathcal{D} = \{(\mathbf{x}_i, y_i) \in \mathcal{X} \times \mathcal{Y} : i = 1, \ldots, m\}$ composto por exemplos rotulados e $\mathcal{I} = \{\mathbf{x}_\ell \in \mathcal{X} : \ell = 1, \ldots, m^*\}$, por exemplos não rotulados, sendo $m \ll m^*$. Um terceiro conjunto $\mathcal{J} = \{\mathbf{x}_i : (\mathbf{x}_i, y_i) \in \mathcal{D}; i = 1, \ldots, m\} \cup \mathcal{I}$ é obtido pela união dos padrões contidos nos dois conjuntos anteriores.

Seja $g : \mathcal{J} \to \{\mathcal{G}_1, \ldots, \mathcal{G}_k\}$ uma função que realiza o agrupamento dos padrões de $\mathcal{J}$ em k subconjuntos distintos. Em relação a cada um dos agrupamentos identificados, são definidos subconjuntos de treinamento $\mathcal{D}_j = \{(\mathbf{x}_i, y_i) \in \mathcal{D} : \mathbf{x}_i \in \mathcal{G}_j\}$, para $j = 1, \ldots, k$, ou seja, $\mathcal{D}_j$ compreende uma parcela dos exemplos rotulados contidos em um dos agrupamentos identificados sobre toda a massa de dados.

Sob estas condições, para $j = 1, \ldots, k$, as informações de $\mathcal{D}_j$ são empregadas no treinamento de um classificador $g_j : \mathcal{X} \to \mathcal{Y}$ cujo objetivo específico é a predição das classes dos exemplos não rotulados contidos em $\mathcal{G}_j$.

Duas considerações merecem destaque sobre esta abordagem. A primeira refere-se à possibilidade da identificação de agrupamentos cujo subconjunto de treinamento relacionado é vazio. Em tal circunstância, é viável o emprego do subconjunto de treinamento não vazio associado ao agrupamento de menor dissimilaridade em relação ao agrupamento que se deseja classificar, ou ainda, pode-se optar pelo não rotulamento do agrupamento. Outra consideração importante refere-se aos agrupamentos identificados, de modo que as regiões de baixa densidade que os delimitam devem coincidir com as superfícies de decisão das diferentes classes envolvidas no problema de classificação. Caso contrário, os resultados proporcionados podem demonstrar baixa acurácia.

A Figura 7.2 ilustra resultados obtidos pela rotulação de agrupamentos sobre um conjunto de padrões simulados. Apenas cinco amostras rotuladas por classe compõem o conjunto de treinamento. Neste exemplo, o algoritmo K-Médias foi empregado mediante diferentes quantidades de agrupamentos. A decisão sobre o rótulo dos agrupamentos foi tomada em favor da classe de maior frequência observada dentro de cada um dos agrupamentos identificados. A acurácia dos resultados mostra sensibilidade do método em relação ao número de agrupamentos considerados. A implementação deste modelo semissupervisionado, em conformidade com o exemplo da Figura 7.2, é apresentada no Código 7.1.

```
1  #Dados de treinamento
2  yD,xD = read_class_data(path_labelled_data)
```

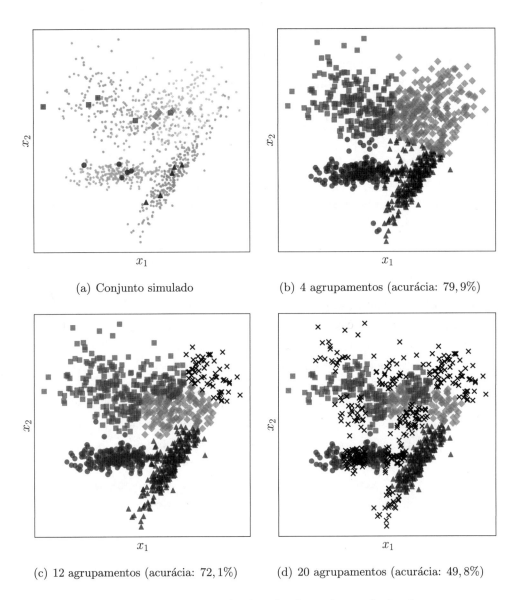

Figura 7.2 – Dados simulados e resultados obtidos pela rotulação de agrupamentos. Em (a), os símbolos identificam os exemplos rotulados sobre cada uma das classes. Em (b), (c) e (d), a classificação é definida pelos símbolos em si. Cruzes negras denotam amostras cujas classes não foram identificadas.

```
3 #Dados não rotulados
4 yI,xI = read_class_data(path_unlabelled_data)
5 #Junção dos dados em um único conjunto
6 data = np.append(xD,xI, axis=0)
```

Aprendizado semissupervisionado   167

```
7
8   #Vetor que contém o índice da classe, quando o padrão
9   #...é rotulado, ou -1 quando não rotulado
10  labels = np.append(yD, np.zeros(yI.shape[0])-1 ,axis=0)
11
12  t = data.shape[0]          #quantidade de padrões no problema
13  c = len( np.unique(yD) ) #quantidade de classes
14
15  #Instanciação e agrupamento dos dados
16  g = KMeans(n_clusters=n_clusters)
17  agrup = g.fit_predict(data)
18
19  #Observação e rotulação dos agrupamentos detectados
20  pred = np.zeros(t)-1 #Elementos identificados por -1
21                       #...não possuem rótulo associado
22
23  for i in range(0,n_clusters):
24      posAgrup = np.where(agrup == i)
25
26      #Contagem de exemplos rotulados no agrupamento
27      countClass = np.zeros(c)
28      for item in posAgrup[0]:
29          if labels[item] != -1:
30              countClass[int(labels[item])] += 1
31
32      if np.sum(countClass) != 0:
33          win = np.argmax(countClass)
34          pred[posAgrup] = win
```

Código 7.1 – Implementação da rotulação de agrupamentos baseada no algoritmo K-Médias e decisão baseada em maior frequência.

7.2   Modelagem baseada em mistura de gaussianas

O modelo de mistura de gaussianas (GMM) foi empregado anteriormente na modelagem de distribuições de probabilidade (Seção 2.6.2) e na determinação de agrupamentos (Seção 6.4). Através de mais uma simples consideração, o método GMM é inserido de forma direta no contexto do aprendizado semissupervisionado.

Como já é sabido, a seguinte combinação linear caracteriza um modelo de mistura com k componentes:

$$p(\mathbf{x}) = \sum_{j=1}^{k} \lambda_j p(\mathbf{x}|\theta_j) \tag{7.1}$$

168 Reconhecimento de padrões: um estudo dirigido

sendo $\sum_{j=1}^{k} \lambda_j = 1$, $\int_{\mathbf{x} \in \mathcal{X}} p(\mathbf{x}|\theta_j)d\mathbf{x} = 1$, λ_j, com $j = 1, \ldots, c$.

Como ponto de partida, suponhamos a existência de um conjunto de exemplos rotulados $\mathcal{D} = \{(\mathbf{x}_i, y_i) \in \mathcal{X} \times \mathcal{Y} : i = 1, \ldots, m\}$ que podem pertencer a uma dentre c classes distintas (i.e., $\mathcal{Y} = \{1, \ldots, c\}$), e que as funções de verossimilhança $p(\mathbf{x}|\theta_j)$, com $j = 1, \ldots, k$, são distribuições gaussianas multivariadas. Além disso, existe um conjunto de padrões não rotulados $\mathcal{I}$ cujas classes desejamos estimar.

Diante dessas considerações, é razoável:

- Admitirmos $k = c$, associando assim cada uma das classes envolvidas no problema de classificação a uma das componentes do modelo $p(\mathbf{x})$;

- Empregarmos as observações $\mathbf{x}_i$ contidas em $\mathcal{D}$, tal que $y_i = j$, com a finalidade de proporcionar uma estimação inicial à parametrização θ_j, para $j = 1 \ldots, c$;

- Iterarmos o modelo $p(\mathbf{x})$ com uso do algoritmo EM sobre o conjunto de observações $\mathcal{I}$ a fim de ajustar os parâmetros θ_j segundo a distribuição de $\mathcal{I}$.

Em especial, através do processo iterativo considerado, a estrutura expressa pelos exemplos não rotulados é inserida no processo de treinamento e vai ao encontro da *hipótese do aprendizado semissupervisionado*. Tal processo é caracterizado pelas Equações 2.28 a 2.31, e a verificação de convergência é observada quando a função log-verossimilhança (Equação 2.32) se torna estacionária. Além disso, quando os exemplos em $\mathcal{D}$ são utilizados na parametrização inicial do modelo, é estabelecida uma relação entre cada uma das diferentes classes envolvidas no problema sob uma respectiva componente da combinação linear.

O resultado alcançado com o uso desta abordagem, perante o mesmo conjunto de dados empregado nas seções anteriores, é ilustrado na Figura 7.3. Além da consistência das pertinências padrões-classes, cabe destacar também a capacidade de distinguir o comportamento elíptico das classes.

Com uso da implementação do método GMM presente na biblioteca Scikit-Learn (`GaussianMixture`), o Código 7.2 apresenta uma reinterpretação dele segundo o paradigma semissupervisionado. Para tal, são calculados os parâmetros μ_j e Σ_j, com $j = 1, \ldots, c$, para cada uma das classes conhecidas através do conjunto de dados rotulados (linha 3 – variáveis xD e yD), que, por sua vez, são empregados no cálculo do valor inicial do respectivo λ_j (linha 6). Em posse dessas informações, é feita a instanciação do método (linha 10–12), seguida pela

Aprendizado semissupervisionado 169

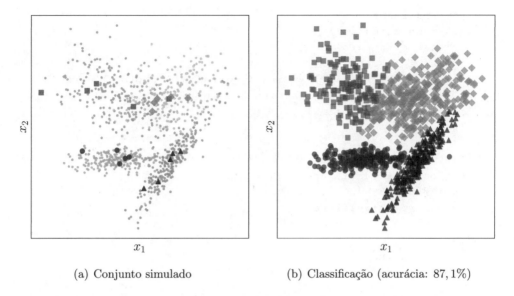

(a) Conjunto simulado (b) Classificação (acurácia: 87,1%)

Figura 7.3 – Versão semissupervisionada do modelo de mistura de gaussianas.

aplicação sobre os dados (linha 14) e predição das probabilidades de pertinência padrão-classe (linhas 15 e 16).

```
#Cálculo do vetor médio e da matriz de covariância
#...utilizando dados rotulados
muInit, sigmaInit = init_pars_gmm(xD,yD)

#Inicialização dos lambdas
lamb = init_lambda(xD,muInit,sigmaInit)

#Instanciação do método GMM utilizando os
#...parâmetros inicializados
gmm = GaussianMixture(n_components=len(np.unique(yD)),
                means_init=muInit.T,weights_init=lamb,
                covariance_type='full')

gmm.fit(data)
predProb = G.predict_proba(data)
pred = np.argmax(G.predict_proba(data),axis=1)
```

Código 7.2 – Implementação do modelo de mistura de gaussianas associado ao aprendizado semissupervisionado.

```
#Inicialização dos lambdas
def init_lambda(xD,mu,sigm):
    m,_ = xD.shape
```

170 Reconhecimento de padrões: um estudo dirigido

```
4      _,c = mu.shape
5      lamb = np.zeros((c))
6      for ind in range(c):
7          for i in range(m):
8              lamb[int(ind)] += multi_gauss(xD[i,:],
9                        mu[:,int(ind)],sigm[:,:,int(ind)])
10     lamb[:] /= np.sum(lamb)
11     return lamb
12
13 #Inicialização dos parâmetros
14 def init_pars_gmm(data,labels):
15     _,n = data.shape
16     c = len(np.unique(labels))
17
18     #Instanciação das variáveis/parâmetros dos modelo
19     mu = np.ndarray((n,c))          #vetores médios
20     sigm = np.ndarray((n,n,c)) #matrizes de coveriância
21
22     for ind in np.unique(labels):
23         pos = np.where(labels == ind)
24         mu[:,int(ind)] = np.mean(data[pos,:].reshape(
25                         (len(pos[0]),n)),axis=0)
26         sigm[:,:,int(ind)] = np.cov(data[pos,:].reshape(
27                         (len(pos[0]),n)),rowvar=False)
28     return mu, sigm
```

Código 7.3 – Funções complementares ao Código 7.2.

7.3 Autotreinamento e cotreinamento

Autotreinamento é uma forma de aprendizado semissupervisionado que independe do método de classificação adotado. Como sugere sua denominação, o autotreinamento consiste em aprender através de instruções dadas a si mesmo, nas quais exemplos rotulados por um dado método com alto nível de certeza são incorporados ao conjunto de treinamento. Diante da nova composição do conjunto de treinamento, o método é novamente treinado. Este processo pode ser realizado sequencialmente, segundo uma quantidade preestabelecida de vezes e/ou enquanto existirem rotulações efetuadas com alto nível de certeza. A quantidade de autotreinamentos e o nível de certeza atuam como parâmetros neste modelo de aprendizado.

Formalmente, seja $\mathcal{D} = \{(\mathbf{x}_i, y_i) \in \mathcal{X} \times \mathcal{Y} : i = 1, \ldots, m\}$ um conjunto de exemplos rotulados e $g : \mathcal{X} \to \mathcal{Y}$ um classificador que é treinado a partir das informações em $\mathcal{D}$ com intuito de classificar exemplos não rotulados contidos em um conjunto $\mathcal{I}$. Admitindo que $\widehat{g}(\mathbf{x})$ representa o nível de certeza na classificação de $\mathbf{x}$ a partir de g, o conjunto $\mathcal{D}$ é expandido em $\mathcal{D} \cup \{(\mathbf{x}_i, g(\mathbf{x}_i)) : \mathbf{x}_i \in \mathcal{I}; \widehat{g}(\mathbf{x}_i) > \alpha; i = 1, \ldots, m'\}$, sendo α um limiar mínimo para o nível de certeza dos exemplos classificados e que devem ser reutilizados na expansão do conjunto de treinamento; e m' denota a quantidade de exemplos classificados segundo o nível de certeza mínimo exigido.

É importante destacar que os exemplos selecionados para compor o conjunto de treinamento expandido devem ser removidos de $\mathcal{I}$. Além disso, como já mencionado, o processo acima pode ser realizado de forma sequencial, proporcionando, assim, um aumento gradativo em $\mathcal{D}$. Uma vez que este processo de expansão é cessado, o classificador g é aplicado na classificação de $\mathcal{I}$ em sua composição original.

Com base no autotreinamento, é proposto um modelo variante, denominado cotreinamento. Segundo este modelo, em vez de apenas um classificador, são utilizados dois classificadores em cooperação mútua na qual os exemplos rotulados por um classificador com alto nível de certeza são utilizados para o treinamento do outro classificador e *vice-versa*. Os classificadores considerados neste processo devem ser de mesma natureza, isto é, possuírem formulação análoga.

Outro conceito introduzido pelo cotreinamento é a multivisão, que, informalmente, pode ser entendida como a observação de um mesmo problema a partir de dois "pontos de vista" diferentes. Precisamente, seja $\mathcal{D}$ um conjunto de treinamento conforme definido anteriormente, cujo espaço de atributos $\mathcal{X}$ possui dimensão n. Duas visões distintas de $\mathcal{D}$ são denotadas por $\mathcal{D}^{(1)}$ e $\mathcal{D}^{(2)}$, de forma que a diferença entre tais conjuntos surge apenas em relação ao espaço de atributos, estabelecidos por $\mathcal{X}^{(1)}$ e $\mathcal{X}^{(2)}$, ambos de dimensão inferior a n e diferentes entre si. Por consequência, o conjunto de dados não rotulados passa a ser observado segundo as visões $\mathcal{I}^{(1)}$ e $\mathcal{I}^{(2)}$.

Com o treinamento de dois classificadores g_1 e g_2 a partir dos conjuntos $\mathcal{D}^{(1)}$ e $\mathcal{D}^{(2)}$, respectivamente, é realizada a classificação de $\mathcal{I}$ segundo as visões particulares do espaço de atributos $\mathcal{X}^{(1)}$ e $\mathcal{X}^{(2)}$. Por sua vez, sejam $\{(\mathbf{x}_i, g_1(\mathbf{x}_i)) : \mathbf{x}_i \in \mathcal{I}^{(1)}; \widehat{g}_1(\mathbf{x}_i) > \alpha; i = 1, \ldots, m'_1\}$ e $\{(\mathbf{x}_i, g_2(\mathbf{x}_i)) : \mathbf{x}_i \in \mathcal{I}^{(2)}; \widehat{g}_2(\mathbf{x}_i) > \alpha; i = 1, \ldots, m'_2\}$ os conjuntos de exemplos rotulados por g_1 e g_2 com nível de certeza igual ou superior a α, respectivamente. Consequentemente, o conjunto de treinamento $\mathcal{D}^{(1)}$ é expandido com o acréscimo dos elementos em $\{(\mathbf{x}_i, g_2(\mathbf{x}_i)) : \mathbf{x}_i \in \mathcal{I}^{(1)}; \widehat{g}_2(\mathbf{x}_i) > \alpha; i = 1, \ldots, m'_2\}$, assim como $\{(\mathbf{x}_i, g_1(\mathbf{x}_i)) : \mathbf{x}_i \in \mathcal{I}^{(2)}; \widehat{g}_1(\mathbf{x}_i) > \alpha; i = 1, \ldots, m'_1\}$ é usado na expansão de $\mathcal{D}^{(2)}$. Os exemplos selecionados em $\mathcal{I}^{(1)}$ e $\mathcal{I}^{(2)}$ para compor a expansão devem ser removidos deles.

De modo análogo ao autotreinamento, este processo pode ser aplicado sequencialmente por um número predeterminado de vezes e/ou enquanto forem observados exemplos rotulados com nível de certeza mínimo por ambos os classificadores g_1 e g_2. Ao fim deste processo, um dos conjuntos de treinamento expandidos é retomado no espaço de atributos $\mathcal{X}$ e adotado no treinamento de um classificador g, que, por sua vez, é empregado na classificação de $\mathcal{I}$.

A Figura 7.4 ilustra o efeito benéfico proporcionado pelo autotreinamento. O método ML foi empregado neste exemplo. O conjunto de padrões é o mesmo considerado nas Seção 7.1. O uso deste modelo semissupervisionado implica um incremento absoluto de 7,5% sobre a acurácia. O Código 7.4 apresenta a implementação utilizada neste experimento, cujo resultado leva à expansão do conjunto de treinamento. Ao fim do processo, o método ML deve ser treinado com base no conjunto obtido e, então, aplicado sobre o conjunto não rotulado.

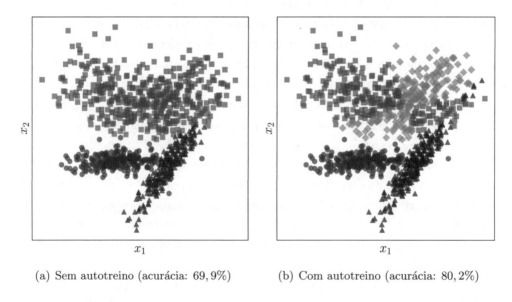

(a) Sem autotreino (acurácia: 69,9%)   (b) Com autotreino (acurácia: 80,2%)

Figura 7.4 – Emprego da estratégia de autotreinamento. Nível de confiança mínimo de 90% e número máximo de repetições igual a 20.

```
1 #Dados de treinamento (yD,xD) e não rotulados (yD,xD)
2 yD,xD = read_class_data(path_labelled_data)
3 yI,xI = read_class_data(path_unlabelled_data)
4 #Número de repetições e nível de certeza considerados
5 repeticoes = 5; nivel = 0.90
6 #Cópias das variáveis para uso posterior
7 yDcopy = np.copy(yD); xDcopy = np.copy(xD)
8 yIcopy = np.copy(yI); xIcopy = np.copy(xI)
```

Aprendizado semissupervisionado 173

```python
iteracao = 0
while (iteracao < repeticoes) and (len(yI) > 0):
    #Número de observações e de classes
    m,n = xI.shape; c = len(np.unique(yD))
    #Cálculo dos parâmetros via conjunto de treino atual
    mu,sigm = compute_pars_gauss_multi(xD,yD)

    #Classificação em termos do nível de confiança
    conf = np.ndarray((m,c))
    refConf = np.zeros((c))
    for i in range(m):
        for j in range(c):
            conf[i,j] = multi_gauss(xI[i,:],
                                    mu[:,j],sigm[:,:,j])
            if conf[i,j] > refConf[j]: refConf[j]=conf[i,j]

    #Representação do "nível de confiança"
    #...via normalização pelo máximo
    for j in range(c): conf[:,j] /= np.max(conf[:,j])

    #Verificação do exemplo que ultrapassa o nível de
    #...confiança estabelecido e ajuste dos conjuntos
    itensRemove = []
    for i in range(m):
        pos1 = np.where(conf[i,:] > nivel)
        if len(pos1[0]) > 0:
            pos2 = np.argmax(conf[i,pos1[0]])
            #Inclusão no conjunto de treino
            xD = np.append(xD,(xI[i,:]).reshape((1,n)),
                                                axis=0)
            yD = np.append(yD,pos1[pos2],axis=0)
            #Lista de itens para remoção posterior
            itensRemove.append(i)

    #Remoção/atualização de xI e yI
    if len(itensRemove) > 0:
        xI = np.delete(xI, itensRemove,axis=0)
        yI = np.delete(yI, itensRemove)

    iteracao += 1
```

Código 7.4 – Implementação do modelo de autotreinamento baseado no método ML.

7.4 Modelagem baseada em grafo

Em distinção aos modelos anteriores, que combinam técnicas existentes em um contexto semissupervisionado, existem ainda métodos cuja presença deste tipo de aprendizado surge naturalmente em sua formulação. O uso de conceitos da teoria de grafos têm sido empregado para este propósito [Subramanya and Talukdar, 2014].

De modo geral, um modelo baseado em grafo consiste na construção de uma matriz de afinidade $\mathbf{H}$ que fornece uma representação numérica de um grafo e carrega consigo informações sobre as similaridades entre padrões, sejam eles rotulados ou não. Nesta interpretação, dois padrões quaisquer $\mathbf{x}_i, \mathbf{x}_\ell \in \mathcal{D} \bigcup \mathcal{I}$ representam dois vértices sobre um grafo, cujo valor (peso) associado à aresta entre tais vértices corresponde à medida de similaridade $h_{i\ell}$, expressa como elemento de $\mathbf{H}$. Os padrões $\mathbf{x}_i$ e $\mathbf{x}_\ell$ tendem a estar associados à mesma classe, ao passo que o valor de $h_{i\ell}$ diminui.

Segundo [Zhu and Goldberg, 2009], os métodos baseados em grafo são fundamentados na hipótese de *suavidade dos rótulos*, cuja interpretação no contexto deste modelo estabelece que a mudança da classe associada ao padrão, neste caso, os vértices, varia de forma suave sobre o grafo. O processo de associação de uma classe a um vértice (padrão) não rotulado depende da similaridade apresentada com relação aos demais vértices do grafo.

A Figura 7.5 reproduz um processo de classificação baseada em grafo. Segundo este exemplo, inicialmente, apenas dois vértices são rotulados e as medidas de similaridade são conhecidas, representadas nesta ilustração pela espessura das arestas (Figura 7.5(a)). A classificação dos vértices não rotulados acontece em função da maior similaridade, e não apenas no caminho de menor distância (Figura 7.5(b)). Cabe observar que a classificação baseada em grafo não retorna uma função de decisão a ser usada na rotulação de padrões, mas fornece um mapeamento entre os vértices e as classes definidas no problema.

Entre diferentes propostas existentes na literatura, [Camps-Valls et al., 2007] apresentam um modelo baseado em grafo de fácil implementação e que tem proporcionado bons resultados em diferentes aplicações. Para isso, partimos da união $\mathcal{D} \bigcup \mathcal{I}$, sendo $\mathcal{D}$ um conjunto de padrões rotulados, composto por m exemplos distribuídos entre c classes, e $\mathcal{I}$ composto por m^* padrões não rotulados. A partir destas informações, é determinada a matriz de afinidade $\mathbf{H}$:

$$\mathbf{H} : h_{i\ell} = \begin{cases} \exp\left(-\frac{\|\mathbf{x}_i - \mathbf{x}_\ell\|^2}{2\sigma^2}\right), \text{ se } i \neq \ell \\ 0, \text{ caso contrário} \end{cases} \quad i, \ell = 1, \ldots, m + m^* \quad (7.2)$$

Aprendizado semissupervisionado 175

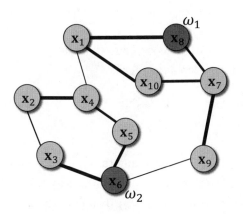

(a) O grafo, com poucos vértices rotulados, e as similaridades entre vértices

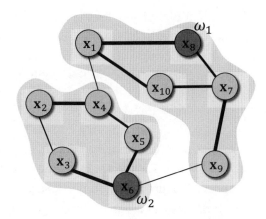

(b) Classificação dos vértices em função dos vértices rotulados e da similaridade entre vértices

Figura 7.5 – Os padrões são os vértices do grafo e a classe é determinada pela similaridade entre vértices, representada pelo peso das arestas. Adaptado de Camps-Valls et al. (2007).

sendo $\sigma \in \mathbb{R}_+^*$ um parâmetro que controla a expressão da similaridade entre exemplos.

Posteriormente, é aplicada a seguinte normalização simétrica sobre os valores de **H**, gerando, por sua vez, a matriz **S**:

$$\mathbf{S} = \sqrt{\mathbf{Q}^{-1}} \mathbf{H} \sqrt{\mathbf{Q}^{-1}} \tag{7.3}$$

em que **Q** é uma matriz diagonal, denominada *matriz grau*, de elementos $q_{ii} = \sum_{\ell=1}^{m+m^*} h_{i\ell}$.

Com relação aos padrões de $\mathcal{D}$, é determinada uma matriz de rótulos **Y**, de dimensão $(m + m^* \times c)$:

$$\mathbf{Y} : y_{ij} = \begin{cases} 1, \text{ se } (\mathbf{x}_i, \omega_j) \\ 0, \text{ caso contrário} \end{cases} \quad i = 1, \ldots, m + m^*; \ j = 1, \ldots, c \tag{7.4}$$

Cabe ressaltar que **Y** possui o número de linhas equivalente ao número de padrões envolvidos no problema de classificação, enquanto o número de colunas refere-se à quantidade de classes. Ainda, é importante destacar que são nulas as linhas de **Y** relacionadas aos padrões não rotulados.

Por último, a partir de **S** e **Y**, é determinada a *matriz de pertinência* **U**:

$$\mathbf{U} = (\mathbf{I} - \alpha \mathbf{S})^{-1} \mathbf{Y} \tag{7.5}$$

176　Reconhecimento de padrões: um estudo dirigido

sendo $\mathbf{I}$ a matriz identidade e $\alpha \in (0,1)$ um fator destinado ao controle da pertinência dos padrões em relação a cada uma das classes.

A classificação de um dos padrões não rotulados $\mathbf{x}_i$ é efetuada segundo os elementos que ocupam a i-ésima linha de $\mathbf{U}$, através da regra:

$$(\mathbf{x}_i, \omega_j) \Leftrightarrow \arg\max_{j=1,\dots,c} u_{ij}; \; i = m+1, \dots, m^* \tag{7.6}$$

em que u_{ij} é um elemento de $\mathbf{U}$.

O Código 7.5 apresenta a função `graph_ssl`, que implementa o método semissupervisionado discutido nesta seção. Como parâmetros de entrada, são exigidas as variáveis `data` – que representam o conjunto de padrões, e `label` – sequência de indicadores de classes associados aos padrões de `data`, sendo estes equivalente ao índice da classe quando o padrão é rotulado, ou igual a -1 quando o padrão não possui rótulo.

```python
#Implementação do método baseado em grafo
def graph_ssl(data,label):

    t = data.shape[0]         #quantidade de padrões
    c = len( np.unique(yD) ) #quantidade de classes

    #Definir a matriz de rótulos
    Y = np.zeros((t,c))
    for i in range(t):
        if labels[i] != -1:
            Y[i,int(labels[i])] = 1

    #Definir a matriz de afinidade
    K = np.zeros((t,t))
    for i in range(t-1):
        for j in range(i+1,t):
            K[i,j] = np.exp(-(np.linalg.norm(data[i,:]-
                     data[j,:])**2)/(2*(sig**2)))
            K[j,i] = K[i,j]

    #Definir a matriz 'grau'
    Q = np.zeros((t,t))
    for i in range(t):
        Q[i,i] = 1/np.sum(K[i,:])

    #Calcular a matriz de afinidade normalizada
    S = (Q.dot(K)).dot(Q)

    #Calcular a matriz de pertinência
    U = np.linalg.inv( np.identity(t) - alpha*S)
```

```
31      U = U.dot(Y)
32
33      return U
```

Código 7.5 – Implementação do método de classificação baseada em grafo proposto em Camps-Valls et al. (2007).

A Figura 7.6 exemplifica a aplicação do método discutido. De modo superficial, é verificada uma maior influência do parâmetro σ em comparação a α.

7.5 Exercícios

1. Com finalidade de determinar um conjunto de padrões para uso nos exercícios/experimentos que seguem:

   a) Adote o Código 7.6 para simulação de um conjunto de dados;

   b) Com uso do procedimento implementado no Exercício 1 da Seção 5.8, selecione 1% de amostras para compor um "conjunto de dados rotulados" e admita os 99% remanescentes como "conjunto de dados não rotulados";

   c) Selecione 1/3 do "conjunto de dados não rotulados" a fim de compor um "conjunto de padrões para avaliação". Tal subconjunto não deve ser excluído do "conjunto de dados não rotulados".

2. Reimplemente o procedimento de rotulação de agrupamentos de acordo com as seguintes considerações:

   a) Utilize o método FKM a fim de determinar tantos agrupamentos quanto o dobro do número de classes envolvidas no problema de classificação. Em seguida, associe cada um dos agrupamentos identificados à classe mais próxima em termos das distância de Mahalanobis. Contabilize o número de acertos com base nas previsões feitas sobre o "conjunto de padrões para avaliação".

   b) Aplique o método SOM sobre o conjunto de dados não rotulados a fim de obter um mapa de neurônios de dimensão 10×10. Em seguida, associe cada um dos neurônios deste mapa a uma das classes envolvidas no problema segundo a menor distância euclidiana observada entre tal neurônio e um dos padrões de treinamento. Por fim, utilize o mapa de neurônios, agora munido da habilidade de associar classes aos padrões, a fim de determinar as classes de cada elemento do "conjunto de padrões para avaliação" e contabilize o número de acertos.

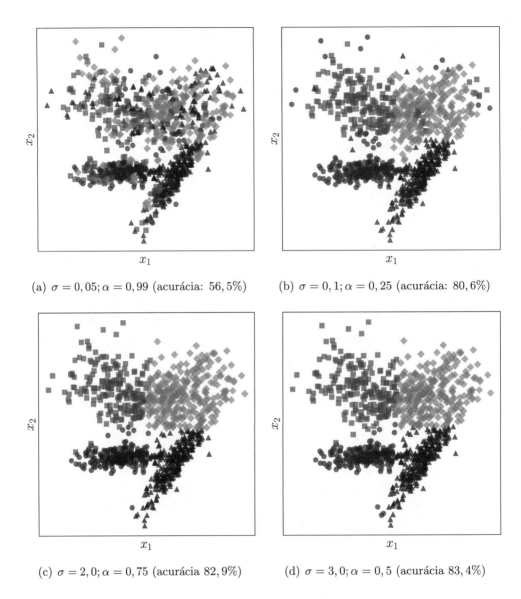

(a) $\sigma = 0,05; \alpha = 0,99$ (acurácia: $56,5\%$)

(b) $\sigma = 0,1; \alpha = 0,25$ (acurácia: $80,6\%$)

(c) $\sigma = 2,0; \alpha = 0,75$ (acurácia $82,9\%$)

(d) $\sigma = 3,0; \alpha = 0,5$ (acurácia $83,4\%$)

Figura 7.6 – Resultados alcançados pelo método semissupervisionado baseado em grafos.

3. Aplique o método implementado no Código 7.1 sobre os dados simulados no Exercício 1 e, em seguida, compare seu desempenho com o desempenho das propostas implementadas no exercício anterior.

4. Com intuito de investigar os efeitos da dimensão do "conjunto de dados rotulados" sobre o treinamento e desempenho da proposta supervisionada

baseada em GMM, implemente um procedimento que:

i) Baseado nos dados simulados no Exercício 1, seleciona o "conjunto de amostras rotuladas" com percentuais que vão de 1% até 50%, com incrementos de 0,5%;

ii) Mantém fixo o "conjunto de amostras não rotuladas" e o "conjunto de avaliação" igual ao próprio conjunto de dados simulados;

iii) Treina o método GMM segundo os Códigos 7.2 e 7.3 e verifica seu desempenho segundo o número de acertos sobre o "conjunto de avaliação";

iv) Exibe um gráfico que relaciona a quantidade de dados de treinamento (em termos percentuais) com o percentual de acerto do modelo.

Ao fim de todas estas etapas, discuta os resultados obtidos.

5. Adapte o Código 7.4 substituindo o ML pelos seguintes métodos apontados abaixo e proponha adaptações que se façam necessárias e convenientes sobre a noção de "confiança":

a) Naive Bayes

b) Perceptron Sequencial

c) SSE

Posteriormente: (i) aplique as implementações resultantes dos itens (a), (b), (c) e do Código 7.4 sobre os dados simulados no Exercício 1; (ii) avalie os respectivos desempenhos; (iii) compare os percentuais de acerto e discuta os resultados alcançados.

6. Com finalidade de averiguar os efeitos da dimensão do "conjunto de dados rotulados" sobre o treinamento e desempenho do modelo baseado em grafo, implemente um procedimento que:

i) (...mais uma vez) baseado nos dados simulados no Exercício 1, produz o "conjunto de amostras rotuladas" com percentuais que vão de 1% até 50%, com incrementos de 0,5%, em relação ao conjunto original simulado;

ii) Mantém fixo o "conjunto de amostras não rotuladas" e o "conjunto de avaliação" igual ao próprio conjunto de dados simulados;

iii) Treina o modelo baseado em grafo considerando valores do parâmetro α variando de $0,1$ a $0,9$, com incrementos de $0,05$, e verifica seu desempenho segundo o número de acertos sobre o "conjunto de avaliação";

iv) Exibe um gráfico de contorno que relaciona as quantidade de dados de treinamento (em termos percentuais) e os valores de α com os respectivos percentuais de acerto do modelo.

Apresente uma discussão a respeito do comportamento observado.

```
from sklearn.datasets import make_classification

x,y = make_classification(n_features=4, n_redundant=0,
                          n_informative=4,
                          n_clusters_per_class=2,
                          n_classes=6, n_samples=6000,
                          random_state=0)
```

Código 7.6 – Simulação de dados destinados aos exercícios da Seção 7.5.

Capítulo 8

Avaliação e parametrização

Nos exemplos e comparações realizados nos capítulos anteriores, as verificações sobre a acurácia dos resultados foram baseadas em critérios quantitativos simplistas ou meramente qualitativos. Outro ponto ainda não destacado corresponde ao processo de seleção de parâmetros, cuja escolha inadequada tende naturalmente a prejudicar o desempenho dos métodos.

Frente a essas questões, este capítulo é dividido em duas partes, sendo uma delas referente à formulação de medidas para avaliação e comparação de resultados de classificação e agrupamento, e outra que discute alguns procedimentos que podem auxiliar na parametrização dos métodos.

8.1 Avaliação de classificação

8.1.1 Matriz de confusão e coeficientes de acurácia

Uma vez que os processos de classificação estão sujeitos a erros, torna-se fundamental o uso de procedimentos capazes de avaliar a acurácia dos resultados. Para tal finalidade, são empregadas medidas de acurácia, as quais refletem a proximidade entre os resultados observados e esperados bem como permitem julgar a confiabilidade das predições e dos métodos adotados.

Seja $g : \mathcal{X} \to \mathcal{Y}$ um classificador empregado na predição das classes do conjunto de padrões $\mathcal{I}$, para o qual é considerado o espaço de classes $\Omega = \{\omega_1, \ldots, \omega_c\}$. Uma forma de avaliar a acurácia das predições efetuadas é fazendo uso de um conjunto de referência $\mathcal{A} = \{(\mathbf{x}_i, y_i) \in \mathcal{I} \times \mathcal{Y} : i = 1, \ldots, m\}$, cujos indicadores de classes y_i são admitidos como corretos (i.e., esperados). Diante desse referencial, torna-se razoável verificar a concordância entre as predições geradas por $g(\mathbf{x}_i)$ em relação às classes indicadas por y_i, para $i = 1, \ldots, m$.

182 Reconhecimento de padrões: um estudo dirigido

Uma forma eficiente de representar as concordâncias que decorrem deste processo, bem como expressar os erros de inclusão e exclusão, é fazendo uso de uma Matriz de Confusão, conforme estruturada pela Tabela 8.1. Nesta matriz, a_{ij} representa o número de exemplos em $\mathcal{A}$ que foram associados à classe ω_i, sendo tais exemplos pertencentes à classe ω_j. Ainda, a_{i+} e a_{+i} representam as quantidades marginais em relação à classe ω_i em termos do observado (i.e., classificado) e do esperado, respectivamente. As somas das quantidades marginais devem resultar em m.

Tabela 8.1 – Elementos da matriz de confusão.

		Referência				
		ω_1	ω_2	$\cdots$	ω_c	
Classificação	ω_1	a_{11}	a_{12}	$\cdots$	a_{1c}	a_{1+}
	ω_2	a_{21}	a_{22}	$\cdots$	a_{2c}	a_{2+}
	$\vdots$	$\vdots$	$\vdots$	$\ddots$	$\vdots$	$\vdots$
	ω_c	a_{c1}	a_{c2}	$\cdots$	a_{cc}	a_{c+}
		a_{+1}	a_{+2}	$\cdots$	a_{+c}	m

Diversas medidas de acurácia são extraídas da Matriz de Confusão, as quais proporcionam um resumo sobre a concordância entre as expectativas e predições alcançadas. O *acerto global* é uma medida simples e que expressa a soma da quantidade de predições corretas em relação à quantidade total de observações consideradas, ou seja:

$$A_g = \frac{1}{m} \sum_{i=1}^{c} a_{ii} \tag{8.1}$$

Avaliações efetuadas individualmente sobre cada uma das classes envolvidas no problema de classificação podem ser expressas em termos de acurácias do *produtor* e do *usuário*. Enquanto a acurácia do produtor refere-se à probabilidade de uma dada observação ter sido corretamente classificada, a acurácia do usuário expressa a probabilidade de uma observação qualquer, após sua classificação, representar de fato a classe atribuída. Para uma classe ω_i, as respectivas acurácias do produtor e do usuário são expressas por:

$$A_{pi} = \frac{a_{ii}}{a_{+i}} \qquad A_{ui} = \frac{a_{ii}}{a_{i+}}$$

O coeficiente kappa, introduzido por [Cohen, 1960], é amplamente empregado na avaliação de classificações. Esta medida verifica a concordância entre a predição efetuada e a realidade assim como pode ser empregada para determinar se os acertos alcançados são significativamente melhores que uma classificação conduzida de forma aleatória. A seguinte expressão leva ao cálculo desta medida:

$$\kappa = \frac{A_g - A_a}{1 - A_a} \tag{8.2}$$

em que A_g corresponde ao acerto global e $A_a = \dfrac{\sum_{i=1}^{c} a_{i+}a_{+i}}{m^2}$ refere-se aos acertos ocorridos de modo casual. Os valores desta medida ocorrem no intervalo $]-\infty, 1]$, sendo 1 indicativo da melhor acurácia possível.

Segundo a motivação desta medida, os acertos aleatórios são removidos da contabilização final de acurácia através de $A_g - A_a$, que, posteriormente, é normalizado por $1 - A_a$ a fim de proporcionar $\kappa = 1$ como valor de perfeita concordância entre o esperado e o observado bem como a ausência de acertos casuais.

Em complemento ao coeficiente kappa, em [Congalton and Green, 2009] é desenvolvida uma expressão sobre a variância desta medida:

$$\sigma_\kappa^2 = \frac{1}{m} \left(\frac{\phi_1(1 - \phi_1)}{(1 - \phi_1)^2} + \frac{2(1 - \phi_1)(2\phi_1\phi_2 - \phi_3)}{(1 - \phi_2)^3} \right. \\ \left. + \frac{(1 - \phi_1)^2(\phi_4 - 4\phi_2)^2}{(1 - \phi_2)^4} \right) \tag{8.3}$$

sendo:

$$\phi_1 = A_g \qquad\qquad\qquad \phi_2 = A_a$$
$$\phi_3 = \frac{1}{m^2} \sum_{i=1}^{c} a_{ii}(a_{i+} + a_{+i}) \qquad \phi_4 = \frac{1}{m^3} \sum_{i=1}^{c} \sum_{j=1}^{c} a_{ij}(a_{j+} + a_{+i})$$

Além da noção de variabilidade, esta medida de variância surge como ferramenta importante na verificação da significância entres resultados de classificação quando expressos em termos do coeficiente kappa.

Admitindo os coeficientes κ_1 e κ_2, cujas respectivas variâncias são $\sigma_{\kappa_1}^2$ e $\sigma_{\kappa_2}^2$, sabe-se que a estatística $z_\kappa = \dfrac{\kappa_1 - \kappa_2}{\sqrt{\sigma_{\kappa_1}^2 + \sigma_{\kappa_2}^2}}$ segue a distribuição gaussiana padrão (i.e., $z_\kappa \sim \mathcal{N}(0,1)$). Nessas condições, é possível afirmar que as classificações associadas a κ_1 e κ_2 são estatisticamente significantes a um nível α quando a probabilidade de ocorrer um valor igual ou mais extremo que z_κ, denominado p-valor, torna-se inferior a $1 - \alpha$. Esta discussão resume um processo de teste de hipóteses unilateral. Para maiores detalhes, é sugerida a consulta de [Mood et al., 1974, Montgomery, 2016].

184 Reconhecimento de padrões: um estudo dirigido

Conforme exposto, na formulação do coeficiente kappa, os acertos casuais são quantificados por A_a e, posteriormente, sua contribuição é removida do acerto global. A estimativa sobre a ocorrência desses acertos aleatórios é efetuada a partir da quantidade de observações distribuídas sobre cada uma das classes em relação aos dados empregados na avaliação. Ao supor que os acertos casuais ocorram de forma uniforme sobre as c classes, surge o coeficiente de concordância tau:

$$\tau = \frac{A_g - \frac{1}{c}}{1 - \frac{1}{c}} \tag{8.4}$$

cujos valores pertencem ao intervalo $[-1, 1]$, tal que -1 e 1 apontam para completa discordância e concordância, respectivamente.

Em relação a esse coeficiente, sua medida de variância é:

$$\sigma_\tau^2 = \frac{1}{m} \left(\frac{A_g(1 - A_g)}{(1 - \frac{1}{c})^2} \right) \tag{8.5}$$

Análogo ao coeficiente kappa, a estatística $z_\tau = \dfrac{\tau_1 - \tau_2}{\sqrt{\sigma_{\tau_1}^2 + \sigma_{\tau_2}^2}} \sim \mathcal{N}(0, 1)$ pode ser utilizada na verificação da significância entre duas classificações de coeficientes τ_1 e τ_2.

Para fins de exemplificação, o Código 8.1 apresenta o uso das funções `confusion_matrix`, `accuracy_score` e `cohen_kappa_score`, presentes na classe `metrics` da biblioteca Scikit-Learn, aplicadas na avaliação das classificações proporcionadas pelos métodos SVM[1] (Figura 4.15(e)) e CART[2] (Figura 4.18(c)) durante os experimentos do Capítulo 4. Foi tomada uma divisão do conjunto de padrões destinados ao treinamento e avaliação nas proporções 2/3 e 1/3, com uso da função `train_test_split`[3,4]. Suponha que as variáveis `predCart` e `predSVM` contêm as predições sobre as classes dos padrões no conjunto de avaliação segundo os métodos CART e SVM, respectivamente. A variável `yI` é uma lista com os rótulos dos padrões no conjunto de avaliação.

```
1 from sklearn.metrics import confusion_matrix
2 from sklearn.metrics import cohen_kappa_score
```

---

[1]Função kernel RBF; $\gamma = 0, 5$; $C = 100$; estratégia OVR.

[2]Impureza expressa pela Entropia da Informação; $\psi = 10$; $\zeta = 10$ [7].

[3]Em consonância com os nomes de variáveis adotados até aqui, o código a seguir exemplifica o uso desta função de acordo com a sua sintaxe:

```
from sklearn.model_selection import train_test_split
xD, xI, yD, yI = train_test_split(x, y, test_size=0.33, random_state=0)
```

[4]Sim, há vários exercícios anteriores requisitando implementações que fizessem o mesmo que esta função... foi proposital ☺.

Avaliação e parametrização 185

```python
from sklearn.metrics import accuracy_score

matConf_cart = confusion_matrix(yI, predCart)
matConf_svm  = confusion_matrix(yI, predSVM)

aGlobal_cart = accuracy_score(yI, predCart, normalize=True)
aGlobal_svm  = accuracy_score(yI, predSVM, normalize=True)

kappa_cart = cohen_kappa_score(yI, predCart)
kappa_svm  = cohen_kappa_score(yI, predSVM)

print('CART')
print('Acerto Global: ',aGlobal_cart)
print('Kappa:          ',kappa_cart)
print('Matriz de confusão: \n',matConf_cart)
print('')

print('SVM')
print('Acerto Global: ',aGlobal_svm)
print('Kappa:          ',kappa_svm)
print('Matriz de confusão: \n',matConf_svm)
print('')
```

Código 8.1 – Avaliação e comparação de resultados de classificação segundo acerto global, coeficiente kappa e matriz de confusão.

Diante dos dados, métodos e parametrizações consideradas, o resultado gerado pelo código acima é:

```
---CART---
Acerto Global:  0.872093023255814
Kappa:          0.8293342955078478
Matriz de confusão:
 [[17  3  2  0]
 [ 0 17  0  0]
 [ 0  0 18  1]
 [ 0  4  1 23]]
```

```
---SVM---
Acerto Global:  0.9186046511627907
Kappa:          0.891433724075744
Matriz de confusão:
 [[21  1  0  0]
 [ 0 17  0  0]
 [ 0  0 19  0]
 [ 0  4  2 22]]
```

Os valores apresentados mostram que o método SVM supera o CART em termos de acerto global e coeficiente kappa. Ainda, a matriz de confusão[5] resume as quantidades absolutas de acertos e erros em cada uma das classes. Uma ferramenta útil na visualização de matrizes de confusão é implementada pela função `plot_confusion_matrix`[6], presente na classe `metrics`. O resultado de sua aplicação nos casos discutidos é ilustrada na Figura 8.1.

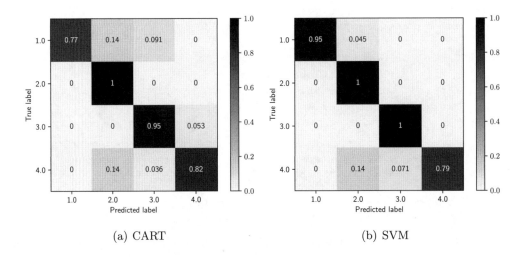

(a) CART (b) SVM

Figura 8.1 – Representação de matrizes de confusão com apoio da função `plot_confusion_matrix`.

Por último, com finalidade de verificar a significância estatística do método SVM em relação ao CART, a um nível de 5% (i.e., $\alpha = 0,05$), segundo os respectivos valores de coeficiente kappa, são computados z_κ e o p-valor associado. O trecho de código abaixo resume o cálculo destes valores. Admita que as variâncias do kappa para os métodos SVM e CART, representadas pela variáveis `vkappa_svm` e `vkappa_cart`, são iguais a $0,001532$ e $0,002270$, respectivamente. Uma vez que o p-valor resultante supera $0,05$, conclui-se que o resultado de classificação proporcionado pelo método SVM não é significante em relação ao CART, isto é, *podem ser considerados estatisticamente equivalentes*. O processo descrito resume um teste de hipótese unilateral e, novamente, para maiores detalhes, é sugerida a leitura de [Mood et al., 1974, Montgomery, 2016].

```
1  #Biblioteca usada no cálculo da probabilidade a seguir
2  import scipy
```

---

[5] As classes esperadas estão dispostas nas linhas e as classes observadas, nas colunas, segundo a mesma estrutura exibida na Tabela 8.1.
[6] Para maiores detalhes, é sugerida consulta à documentação da biblioteca Scikit-Learn.

Avaliação e parametrização   187

```
3
4  zKappa = (kappa_svm - kappa_cart)/np.sqrt(vkappa_svm +
5                                            vkappa_cart)
6
7  #Calcula a probabilidade P(Z > zKappa)
8  #...isto é, um valor igual ou mais extremo que zKappa
9  #...norm(0,1) implica em distribuição normal padrão
10 #...e cdf(zKappa), a probabilidade acumulada até
11 #...o valor zKappa
12 pval = 1 - scipy.stats.norm(0,1).cdf(zKappa)
13
14 print('p-valor: ',pval)
```

```
p-valor: 0.15693043374198135
```

8.1.2   A medida F_β e o coeficiente de Matthews

Em situações específicas, o problema de classificação é reduzido a duas classes apenas, em que uma delas aponta positividade/ocorrência de uma determinada condição e a outra indica a não ocorrência da condição em questão. Este cenário é convenientemente expresso pela seguinte tabela de contingência:

Tabela 8.2 – Situações possíveis em um problema de classificação que envolve a ocorrência de uma determinada condição.

		Expectativa	
		Condição Positiva	Condição Negativa
Predição	Condição Positiva	Verdadeiro Positivo (VP)	Falso Positivo (FP)
	Condição Negativa	Falso Negativo (FN)	Verdadeiro Negativo (VN)

VP e VN indicam as quantidades corretamente preditas em relação à ocorrência e não ocorrência de uma determinada condição, respectivamente. De forma análoga, FP e FN expressam previsões errôneas, sendo FP a quantidade de previsões positivas, mas que deveriam ter sido negativas, assim como FN, que contabiliza previsões negativas que deveriam ter sido positivas.

Diante da representação dos resultados nos termos da Tabela 8.2, a medida F_β pode ser empregada para extração de um único valor de exatidão. Seu cálculo compreende uma média harmônica envolvendo outros dois índices, a precisão (Pr

188 Reconhecimento de padrões: um estudo dirigido

– *precision*) e a revocação (*Re* – *recall*), em que:

$$Pr = \frac{VP}{VP + FP} \tag{8.6}$$

$$Re = \frac{VP}{VP + FN} \tag{8.7}$$

Uma vez postas a precisão e revocação, temos a expressão para F_β:

$$F_\beta = (1 + \beta^2) \frac{PrRe}{(\beta^2 Pr) + Re} \tag{8.8}$$

Alguns valores típicos para β são 1, 2 e 1/2. Quando $\beta = 1$, a medida introduzida é reduzida a uma forma usualmente conhecida como *F1-Score* [Rijsbergen, 1979]. Na condição de $\beta = 2$, a expressão impõe maior importância à revocação, e, por outro lado, com $\beta = 1/2$, a precisão recebe maior importância, atenuando, assim, a influência de falsos negativos sobre o valor final da medida.

Vale observar que resultados de maior acurácia ocorrem quando esta medida se aproxima de 1. Por outro lado, a pior acurácia é associada ao valor 0.

Apesar da sua ampla utilização, a medida F_β não leva em conta os verdadeiros negativos (VN), o que pode induzir a interpretações errôneas quando as observações utilizadas para avaliação dos resultados não se encontram igualmente distribuídas entre as duas classes envolvidas no problema. Em situações como essa, é sugerido o uso do coeficiente de correlação de Matthews (MCC) [Matthews, 1975]:

$$MCC = \frac{VP \cdot VN - FP \cdot FN}{\sqrt{(VP + FP)(VP + FN)(VN + FP)(VN + FN)}} \tag{8.9}$$

No contexto de uma medida de correlação, os valores de MCC estão limitados a $[-1, 1]$, em que os extremos -1 e 1 implicam predições totalmente discordantes e concordantes, respectivamente. Valores próximos de 0 tendem a uma concordância meramente aleatória.

A aplicação dessas medidas por meio da biblioteca Scikit-Learn é realizada por intermédio da classe `metrics`. Supondo a existência das variáveis `yI` e `pd`, que contêm os rótulos esperado e preditos em uma classificação binária[7], o comando:
`precision_recall_fscore_support(yI,pd,average='binary',beta=2)`
gera como retorno uma tupla de valores correspondente às medidas de precisão, revocação e F_β, com $\beta = 2$. A respeito da medida MCC, seu cálculo é efetuado por `matthews_corrcoef(yI,pd)`.

---

[7]Neste caso, os rótulos devem ser expressos por 0 e 1. Não são válidas outras opções de rótulo.

Admitindo que o problema de classificação considerado na Seção 3.4.2 é submetido aos métodos SVM (kernel linear, $C = 100$ e estratégia OVR) e CART ($\zeta = 10^{-7}$, $\psi = 10$ e impureza calculada pela medida de entropia), são determinadas as regiões de decisão exibidas na Figura 8.2. Os padrões de validação são destacados nesta representação pelo símbolo "×", e o respectivo rótulo predito pelos métodos considerados é armazenado nas variáveis predSVM e predCART.

O Código 8.2 quantifica a precisão das classificações por meio das medidas discutidas. Na linha 20, é computada a correlação entre os resultados gerados pelos métodos SVM e CART segundo a medida MCC, a qual é também calculada com base nos dados de validação (linhas 18 e 19). Os valores apresentados justificam a menor quantidade de classificações errôneas cometidas pelo método CART.

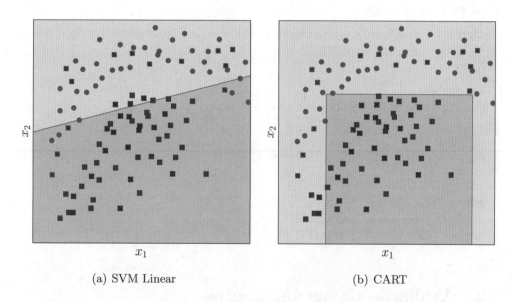

(a) SVM Linear (b) CART

Figura 8.2 – Classificações binárias avaliadas pela medidas Pr, Re, F_β e MCC. Padrões de avaliação destacados pelo símbolo "×". Os demais padrões compõem o conjunto de treinamento.

```
1 #Importação de funções para cálculo das medidas de acurácia
2 from sklearn.metrics import precision_recall_fscore_support
3 from sklearn.metrics import matthews_corrcoef
4
5 #Cálculo das medidas Pr, Re e Fbeta
6 print('--- SVM ---')
7 res = precision_recall_fscore_support(yI,predSVM,
8                                       average='binary',
```

190 Reconhecimento de padrões: um estudo dirigido

```
 9                                                         beta=2)
10 print('Pr: %f   Re: %f   F-Score: %f\n'%(res[0],res[1],res[2]))
11 print('\n--- CART ---')
12 res = precision_recall_fscore_support(yI,predCART,
13                                        average='binary',
14                                        beta=2)
15 print('Pr: %f   Re: %f   F-Score: %f'%(res[0],res[1],res[2]))
16
17 #Cálculo da medida MCC
18 mccSVM = matthews_corrcoef(yI,predSVM)
19 mccCART = matthews_corrcoef(yI,predCART)
20 mccSVM_CART = matthews_corrcoef(predSVM,predCART)
21 print('\n--- MCC ---')
22 print('SVM   vs. Referência: %f'%(mccSVM))
23 print('CART vs. Referência: %f'%(mccCART))
24 print('SVM   vs. CART:      %f'%(mccSVM_CART))
```

Código 8.2 − Avaliação e comparação de resultados de classificação segundo as medidas Pr, Re, F_β e MCC.

```
--- SVM ---
Pr: 0.809524  Re: 0.850000  F-Score: 0.841584


--- CART ---
Pr: 1.000000  Re: 0.900000  F-Score: 0.918367


--- MCC ---
SVM   vs. Referência: 0.550848
CART vs. Referência: 0.883176
SVM   vs. CART:       0.448543
```

8.2 Avaliação de agrupamentos

Em analogia à avaliação de resultados de classificação, o particionamento efetuado por um método de agrupamento pode ser avaliado segundo sua capacidade de descrever a organização dos dados contemplados pelo problema em si. Neste caso, o processo de avaliação pode ser conduzido através de medidas baseadas em observações de referência ou mesmo de forma autônoma.

Dentre diferentes propostas existentes na literatura, o Coeficiente Silhueta (*Silhouette Coefficient − SC*) [Rousseeuw, 1987] e o Índice de Calinski-Harabasz (*Calinski-Harabasz Index − CHI*) [Caliński and Harabasz, 1974] são medidas que permitem avaliar resultados de agrupamentos com base em indicadores estatísticos. Por outro lado, a medida V [Rosenberg and Hirschberg, 2007] contempla uma forma de avaliação baseada em exemplos de referência.

8.2.1 As medidas SC e CHI

Como mencionado, as medidas SC e CHI não utilizam informações de referência para a avaliação de resultados de agrupamento. Nestes casos, a quantificação das variabilidades interna e externa dos agrupamentos é tomada como referencial.

Mais uma vez admitindo que o conjunto de padrões $\mathcal{I}$ é particionado entre os agrupamentos $\mathcal{G}_1, \ldots, \mathcal{G}_k$, a medida SC é expressa por:

$$SC = \frac{S_E - S_I}{\max\{S_I, S_E\}} \tag{8.10}$$

em que:

$$S_I = \frac{2}{k} \sum_{j=1}^{k} \frac{1}{km_j(m_j - 1)} \sum_{\substack{\mathbf{x}_i, \mathbf{x}_\ell \mathcal{G}_j \\ \mathbf{x}_i \neq \mathbf{x}_\ell}} \|\mathbf{x}_i - \mathbf{x}_\ell\| \tag{8.11}$$

$$S_E = \frac{1}{k} \sum_{j=1}^{k} \frac{1}{m_j m_{p_j}} \sum_{\mathbf{x}_i \in \mathcal{G}_j} \sum_{\mathbf{x}_\ell \in \mathcal{G}_{p_j}} \|\mathbf{x}_i - \mathbf{x}_\ell\|$$

$$p_j = \arg \max_{\substack{p_j = 1, \ldots, k \\ p_j \neq j}} \|\mu_j - \mu_{p_j}\| \tag{8.12}$$

sendo μ_j e μ_{p_j} os vetores médios (i.e., os centroides) que representam, respectivamente, os agrupamentos $\mathcal{G}_j$ e $\mathcal{G}_{p_j}$, para um $j \neq p_j \in \{1, \ldots, k\}$, de cardinalidades m_j e m_{p_j}, respectivamente. Os valores de SC estão limitados ao intervalo $[-1, 1]$, cujos limites inferior e superior indicam pior e melhor avaliação possível.

A quantidade S_I, conforme representada, fornece a distância euclidiana média entre cada par de observação pertencente a um mesmo agrupamento; já S_E expressa a distância euclidiana média entre cada padrão e todos os padrões que ocupam o agrupamento mais próximo.

Em relação à medida CHI, sua formulação é baseada em critérios de agrupamento empregados por métodos baseados na soma de quadrados (Seção 6.5):

$$CHI = \frac{Tr(\mathbf{V}_E)}{Tr(\mathbf{V}_I)} \frac{\#\mathcal{I} - k}{k - 1} \tag{8.13}$$

sendo que $\mathbf{V}_I$ e $\mathbf{V}_E$, conforme já definidos pelas Equações 6.7 e 6.8, quantificam a variabilidade interna dos agrupamentos e a separação entre agrupamentos.

Os valores expressos por esta medida tendem a aumentar ao passo que os agrupamentos se tornam densos e com maior separabilidade entre si. No entanto, vale destacar que, devido à presença de V_I em sua composição, a medida CHI tende a diminuir quando os agrupamentos identificados não são compactos.

Como demonstração, as medidas introduzidas são empregadas na avaliação da qualidade dos agrupamentos determinados pelos métodos K-Médias e Ward quando aplicados na distinção de quatro grupos sobre os dados considerados nos experimentos do Capítulo 4. A Figura 8.3 exibe os dados dados simulados e os resultados gerados por estes métodos, cujos agrupamentos são distinguidos através de diferentes colorações e simbologias.

Por sua vez, com o uso das funções `calinski_harabasz_score` e `silhouette_score` existentes no módulo `metrics` da biblioteca Scikit-Learn, são computadas as medidas SC e CHI, respectivamente. O Código 8.3 exibe o emprego destas funções na avaliação dos resultados de agrupamentos em questão. A maior concordância, verificada visualmente, entre os resultados esperados (Figura 8.3(a)) e proporcionados pelo método K-Médias justifica sua superioridade numérica em relação ao método de Ward, conforme evidenciam as saídas do código implementado.

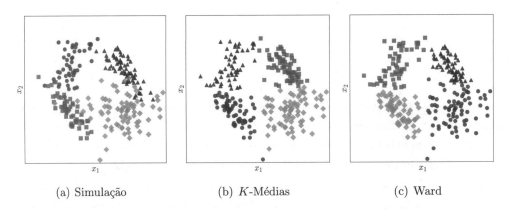

(a) Simulação   (b) K-Médias   (c) Ward

Figura 8.3 – Exemplos de agrupamento para avaliação segundo as medidas SC e CHI. Os agrupamentos são delimitados segundo os diferentes símbolos.

```
# Importação do módulo de funções de avaliação
from sklearn import metrics

sc_ward = metrics.silhouette_score(x,agrupWard,
                        metric='euclidean')
chi_ward = metrics.calinski_harabasz_score(x,agrupWard)
sc_km = metrics.silhouette_score(x,agrupKM,
```

```
 8                                                  metric='euclidean')
 9 chi_km = metrics.calinski_harabasz_score(x,agrupKM)
10
11 print("--- Ward ---")
12 print("SC: %f    CHI: %f\n\n"%(sc_ward,chi_ward))
13 print("\n--- KM ---")
14 print("SC: %f    CHI: %f\n\n"%(sc_km,chi_km))
```

Código 8.3 – Avaliação e comparação de resultados de agrupamento segundo as medidas SC e CHI.

```
--- Ward ---
SC: 0.464445    CHI: 321.869967


--- KM ---
SC: 0.475034    CHI: 332.952742
```

8.2.2   A medida V

Inicialmente, suponhamos $\mathcal{I}$ um conjunto de padrões particionado entre os agrupamentos $\mathcal{G}_1, \ldots, \mathcal{G}_k$. A partir de um conjunto de padrões $\mathcal{D}$ previamente conhecido e adotado como referencial, sabe-se que os elementos de $\mathcal{I}$ estão associados a uma das classes de $\Omega = \{\omega_1, \ldots, \omega_c\}$. Além disso, em $\mathcal{D}$ existem m_j exemplos associados à classe ω_j, de modo que $\sum_{j=1}^{c} m_j = m$.

Nessas condições, a medida V [Rosenberg and Hirschberg, 2007] realiza uma avaliação do particionamento feito sobre $\mathcal{I}$ com base em duas características: a homogeneidade (H_o) e a completude (C_o). A primeira propriedade, de homogeneidade, vislumbra que os agrupamentos identificados sejam compostos por exemplos de uma única classe. Por outro lado, a completude estabelece que exemplos de uma mesma classe devam estar associados a um mesmo agrupamento.

A verificação dessas características é baseada em medidas de entropia. Para um particionamento composto por k agrupamentos, sobre o qual é considerada a existência de c classes, são calculadas:

$$H(\Omega) = -\sum_{j=1}^{c} \frac{m_j}{m} \log\left(\frac{m_j}{m}\right) \qquad (8.14)$$

$$H(\Omega|\mathcal{G}) = -\sum_{j=1}^{c} \sum_{\ell=1}^{k} \frac{m_{j\ell}}{m} \log\left(\frac{m_{j\ell}}{m_\ell}\right) \qquad (8.15)$$

em que $H(\Omega)$ se refere à entropia das classes e $H(\Omega|\mathcal{G})$ é a entropia das classes condicionada aos agrupamentos; sendo $\mathcal{G}$ o particionamento que determina os agrupamentos $\mathcal{G}_1, \ldots, \mathcal{G}_k$; e ainda, m_j representa a quantidade de exemplos de referência da classe ω_j assim como $m_{j\ell}$ representa a quantidade de exemplos desta mesma classe que estão contidos no agrupamento $\mathcal{G}_\ell$. Por simetria, são definidas $H(\mathcal{G})$ e $H(\mathcal{G}|\Omega)$.

Posteriormente, são determinadas expressões para a homogeneidade, a completude e, em último, para a medida V:

$$H_o = 1 - \frac{H(\Omega|\mathcal{G})}{H(\Omega)} \tag{8.16}$$

$$C_o = 1 - \frac{H(\mathcal{G}|\Omega)}{H(\mathcal{G})} \tag{8.17}$$

$$V = \frac{2H_oC_o}{H_o + C_o} \tag{8.18}$$

Os valores retornados pela medida V estão contidos no intervalo $[0, 1]$, no qual 1 aponta para um ajuste perfeito entre os agrupamentos e as classes expressas definidas através das informações de referência. Por outro lado, diante de agrupamentos aleatórios, essas medidas podem levar a valores distintos entre si, ambos diferentes de zero.

Além da avaliação baseada em amostras de referência, a medida V pode ser empregada na comparação de aderência entre particionamentos gerados por dois métodos distintos ou mesmo através de parametrizações diferentes. Neste caso, basta assumir $\mathcal{D}$ como um conjunto de referência cujos indicadores de classe associados aos padrões foram definidos por um processo de agrupamento.

Como experimento didático, a medida V e suas componentes H_o e C_o são aplicados na avaliação do mesmo conjunto de dados considerado na seção anterior. Os rótulos já conhecidos de antemão (i.e., símbolos na representação da Figura 8.3(a)) compreendem o referencial de comparação. A Figura 8.4 exibe uma relação entre os resultados gerados pelo método K-Médias, segundo diferentes quantidades de agrupamentos, e seus respectivos valores de V, H_o e C_o. Como previsto, a máxima concordância é observada em V quando $k = 4$, uma vez que o conjunto de padrões simulados é originalmente composto por quatro agrupamentos distintos. As medidas H_o e C_o são expostas para fins de comparação e não devem ser consideradas de forma isolada.

Ainda, o Código 8.4 aplica as medidas discutidas na comparação entre os resultados de agrupamento gerados pelos métodos K-Médias e Ward apresentados na Figura 8.3. A função `homogeneity_completeness_v_measure`, quando aplicada sobre as variáveis `agrupKM` e `agrupWard`, aponta a alta concordância entre os resultados comparados.

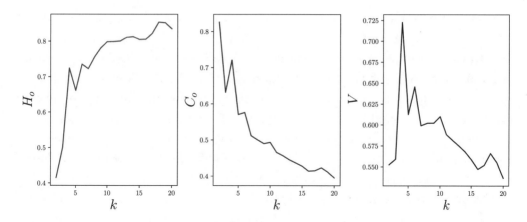

Figura 8.4 – Medidas H_o, C_o e V computadas sobre resultados gerados pelo método K-Médias diante de diferentes quantidades de agrupamento.

```
from sklearn import metrics

ho,co,vm = metrics.homogeneity_completeness_v_measure(agrupKM,
    agrupWard)
print('Ho: %f   Co: %f   V: %f'%((ho,co,vm)))
```

Código 8.4 – Comparação entre resultados de agrupamento com uso das medidas Ho, C_o e V.

```
Ho: 0.917139   Co: 0.918164   V: 0.917651
```

8.3 Ajuste de parâmetros

Anterior à etapa de treinamento dos métodos de classificação e agrupamento, é comum a escolha de parâmetros associados ao método em si. Tais parâmetros, usualmente denominados *hiperparâmetros*, não são determinados durante o treinamento, como feito para o vetor **w** nos métodos SVM, MLP e SOM, ou para as tuplas de parâmetros θ estimadas e empregadas nos métodos de natureza estatística como o ML e GMM. A escolha dos hiperparâmetros é uma responsabilidade do usuário que, caso conduzida de forma inconveniente, pode interferir no treinamento do método e impactar negativamente na acurácia dos resultados.

O desenvolvimento de procedimentos capazes de auxiliar na escolha de hiperparâmetros é uma questão em contínua investigação [Yu and Zhu, 2020]. Entre diferentes propostas desta natureza, destacam-se os procedimentos de busca em grade (*grid search*) e de busca aleatória (*randomized search*) [Bergstra and Bengio, 2012].

O procedimento *grid search* consiste em avaliar o desempenho, segundo alguma medida de acurácia, diante de diferentes combinações de parâmetros, que, por sua vez, fomenta a escolha de uma configuração conveniente, geralmente como aquela que maximiza o desempenho. Os valores de acurácia observados nas diferentes configurações de parâmetros são computados através de classificação/agrupamento de parte dos padrões do conjunto de treinamento, enquanto o restante dos padrões deste conjunto é destinado ao processo de treinamento.

Além disso, usualmente é empregado o procedimento de múltipla validação cruzada (*v-fold cross-validation*) no cálculo da acurácia associada a cada configuração de parâmetro, evitando, assim, superajustes [Hsu et al., 2010]. Este procedimento consiste em particionar o conjunto $\mathcal{D}$ em v subconjuntos mutuamente exclusivos e com aproximadamente mesma cardinalidade. Dado este particionamento, é selecionado um subconjunto para avaliação do método, treinado com a união dos $v - 1$ subconjuntos remanescentes. Após repetir esses passos para cada um dos v subconjuntos, é calculada, ao fim, uma medida descritiva (e.g., a média) sobre os valores de acurácia observados.

A característica exaustiva do *grid search*, em especial quando o número de validações cruzadas (v) aumenta, torna o procedimento computacionalmente custoso. É diante desta característica que o *randomized search* surge como alternativa. Em vez de testar todas as combinações de parâmetros no espaço de busca, é selecionada aleatoriamente e avaliada apenas uma quantidade determinada de configurações de parâmetros, sejam estas submetidas ou não a múltiplas validações cruzadas.

As medidas empregadas pelo *grid search* e *randomized search*, na avaliação do desempenho associado às configurações de parâmetros, podem ser escolhidas de forma conveniente à aplicação. Exemplos de medidas foram discutidos nas Seções 8.1 e 8.2.

Os procedimentos *grid search* e *randomized search* estão implementados na biblioteca Scikit-Learn através da classe `model_selection` pelas funções `Grid-SearchCV` e `RandomizedSearchCV`. Apesar da ampla gama de opções oferecidas por essas funções, três elementos fundamentais são: o estimador; o espaço de busca; e o número de validações cruzadas consideradas. Enquanto o estimador corresponde à instanciação de um método de classificação/agrupamento, e o número de validações cruzadas pode ser um número inteiro, o espaço de busca é delimitado por meio de uma estrutura do tipo "dicionário", na qual cada chave de entrada corresponde ao nome do parâmetro e o conteúdo associado refere-se ao conjunto de valores para verificação.

O Código 8.5 exemplifica a aplicação dos procedimentos *grid search* e *randomized search* para obtenção de parametrizações ao método SVM. Os dados utilizados neste experimento correspondem aos mesmos empregados no Capítulo 4. Neste código, as variáveis `espacoBuscaGS` e `espacoBuscaRS` definem os espaços de busca dos métodos *grid search* e *randomized search*, respectivamente. Uma vez que o *randomized search* considera escolhas aleatórias sobre um dado conjunto, é feito o uso de distribuições de probabilidade conforme desempenhadas por `scipy.stats.loguniform(0.1,100)` e `scipy.stats.uniform(0.001,5)`[8]. Por outro lado, *grid search* deve efetuar todas as combinações possíveis envolvendo os valores associados às chaves `kernel`, `C`, `gamma` e `decision_function_shape` do dicionário `espacoBuscaGS`.

Em um instante seguinte (linhas 14–16 e 33–36), são instanciados os procedimentos de busca com cinco validações cruzadas (`cv=5`) para cada configuração de parâmetros a ser avaliada. O uso do coeficiente kappa, estabelecido via `scoring=metrics.make_scorer(metrics.cohen_kappa_score)`, é tomado como medida para quantificação da acurácia.

Uma vez instanciados, o método `fit` (linhas 19 e 39) executa o processo de busca por parâmetros bem como parametriza o método SVM segundo a melhor configuração apontada (linhas 23 e 43 – revelada por meio dos atributos `best_params_` e `best_score_`). O conjunto de treinamento é expresso pelas variáveis `xD` (padrões) e `yD` (rótulos).

A Figura 8.5 evidencia a dissimilaridade dos resultados de classificação, em termos do formato das regiões de decisão, alcançados após escolha de parâmetros com auxílio dos métodos discutidos. Em relação aos parâmetros, a função kernel RBF foi escolhida por ambos os casos, porém, enquanto o *grid search* sugere o uso de $C = 10$, $\gamma = 1.5$ e estratégia OVO, o procedimento *randomized search* aponta para $C \approx 34.25$, $\gamma \approx 4$ e estratégia OVR.

```
1  #Bibliotecas e funções utilizadas
2  import scipy.stats
3  from sklearn import metrics
4  from sklearn.model_selection import GridSearchCV
5  from sklearn.model_selection import RandomizedSearchCV
6
7  #Definição do espaço de busca para o Grid Search
8  espacoBuscaGS = {'kernel': ['linear', 'rbf'],
```

---

[8]Foi adotada a distribuição de probabilidade log-uniforme e uniforme para geração de valores nos intervalos $[0.1, 100]$ e $[0.001, 5]$, uma vez que tais distribuições são condizentes com os valores geralmente associados aos parâmetros C e γ, respectivamente.

198 Reconhecimento de padrões: um estudo dirigido

```
9                      'C':[0.1,1,10,100],
10                     'gamma':[0.001,0.01,0.1,1.0,1.5,2.0,5.0],
11                     'decision_function_shape':['ovo','ovr']}
12
13  #Instanciação do procedimento
14  GS = GridSearchCV(svm.SVC(), espacoBuscaGS, cv=10,
15                    scoring=metrics.make_scorer(
16                    metrics.cohen_kappa_score))
17
18  #Execução do procedimento
19  GS.fit(xD,yD)
20
21  #Verificação dos resultados
22  print('--- Grid Search ---')
23  print('Melhor parametrização: ',GS.best_params_)
24  print('Acurácia da melhor parametrização: ', GS.best_score_)
25
26  #Definição do espaço de busca para o Randomized Search
27  espacoBuscaRS = {'kernel':['linear','rbf'],
28                   'C':scipy.stats.loguniform(0.1,100),
29                   'gamma':scipy.stats.uniform(0.001,5),
30                   'decision_function_shape':['ovo','ovr']}
31
32  #Instanciação do procedimento
33  RS = RandomizedSearchCV(svm.SVC(), espacoBuscaRS,
34                     scoring = metrics.make_scorer(
35                     metrics.cohen_kappa_score),
36                     cv=10, n_iter=20)
37
38  #Execução do procedimento
39  RS.fit(xD,yD)
40
41  #Verificação dos resultados
42  print('\n--- Randomized Search ---')
43  print('Melhor configuração: ',RS.best_params_)
44  print('Acurácia observada: ',RS.best_score_)
```

Código 8.5 – Aplicação dos procedimentos *grid search* e *randomized search*.

Ainda, em resultado à execução do Código 8.5, são geradas as saídas exibidas abaixo. Apesar da similaridade entre os valores alcançados de coeficiente kappa, vale destacar a divergência entre as respectivas configurações de parâmetros.

```
--- Grid Search ---
Melhor parametrização:  {'C': 10, 'decision_function_shape': 'ovo',
                    'gamma': 1.5, 'kernel': 'rbf'}
Acurácia da melhor parametrização:  0.905868705157212
```

```
--- Randomized Search ---
Melhor configuração:   {'C': 34.24942525733109,
                        'decision_function_shape': 'ovr',
                        'gamma': 3.9939729788256098,
                        'kernel': 'rbf'}
Acurácia observada:    0.9054692268306892
```

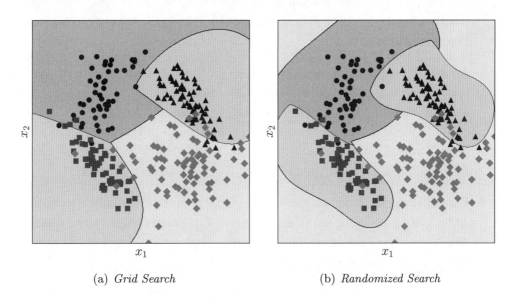

(a) *Grid Search*   (b) *Randomized Search*

Figura 8.5 – Resultados de classificação obtidos com uso do método SVM após parametrização sugerida pelos procedimentos *grid search* e *randomized search*.

8.4 Exercícios

1. Com base nas matrizes de confusão apresentadas na Tabela 8.3:

    a) Calcule os respectivos coeficientes kappa e variâncias associadas;

    b) Calcule os respectivos coeficientes tau e variâncias associadas;

    c) Segundo os coeficientes kappa e variâncias calculadas, verifique se os resultados de classificação em questão são significantes em um nível de 5%;

    d) Refaça o item anterior com base no coeficiente tau.

2. Considerando o conjunto de padrões simulados através do Código 8.6, efetue comparações e discussões entre os métodos Perceptron Sequencial, SSE e

200   Reconhecimento de padrões: um estudo dirigido

SVM linear ($C = 100$) em termos das medidas:

a) F_β, com $\beta = 1$;

b) F_β, com $\beta = 2$;

c) MCC;

Faça uma separação dos dados simulados entre um conjunto de treinamento e outro de avaliação, na proporção $1/2 - 1/2$, com apoio da função `train_test_split`.

3. Altere o número de classes geradas no Código 8.6 para cinco e descarte a informação sobre as classes associadas. Em seguida, realize comparações entre os métodos KM e FKM (Seção 6.5) segundo a medida V. Considere que o número de agrupamentos a ser identificado por ambos os métodos é igual a quatro. Analise os efeitos que o parâmetro β, associado ao método FKM, implica sobre os resultados em comparação ao método KM.

4. Fazendo uso dos dados simulados no exercício anterior, compute as medidas SC e CHI para cada um dos métodos discutidos no Capítulo 6 admitindo três, cinco e sete agrupamentos. Quando necessária a definição de parâmetros, realize escolhas empíricas.

5. Implemente um procedimento que avalia as classificações geradas pelo método SVM, utilizando kernel RBF, segundo diferentes combinações de penalidade (C) e parâmetro γ. Admita $C \in \{10^{-2}, 10^{-1}, \ldots, 10^4\}$ e $\gamma \in \{0.01, 0.1, 0.5, 1.0, 1.5, 2.0\}$. Considere os dados gerados no Exercício 2 e adote o acerto global como medida de acurácia. O uso de validação cruzada é dispensado. Por fim, construa um gráfico de contorno que relaciona o acerto global com cada um dos possíveis pares (C, γ) e discuta os resultados.

6. Refaça o exercício anterior, porém, com uso das funções `GridSearchCV` e `RandomizedSearchCV` implementadas na biblioteca Scikit-Learn. Considere o procedimento de validação cruzada com $v = 5$. A configuração de parâmetros indicada por cada uma das funções é aderente aos resultados do exercício anterior? Discuta a respeito.

7. Proponha um procedimento, baseado nas medidas de avaliação e nos procedimentos de ajuste de parâmetros que auxilie na identificação do número de agrupamentos em um conjunto de dados qualquer através de um método de agrupamento de sua escolha. Empregue os mesmos dados do Exercício 3.

Tabela 8.3 – Matrizes de confusão provenientes de duas classificações distintas.

		Referência							Referência			
		ω_1	ω_2	ω_3	ω_4			ω_1	ω_2	ω_3	ω_4
Classif. A	ω_1	140	20	0	0	Classif. B	ω_1	140	30	2	0
	ω_2	10	130	0	10		ω_2	10	110	5	0
	ω_3	5	0	150	10		ω_3	0	10	140	0
	ω_4	15	10	0	120		ω_4	20	10	3	140

```
1  from sklearn.datasets import make_classification
2
3  x, y = make_classification(n_features=4, n_redundant=0,
4                             n_informative=4,
5                             n_clusters_per_class=1,
6                             n_classes=4, n_samples=400,
7                             random_state=0)
```

Código 8.6 – Simulação de dados destinados aos exercícios da Seção 8.4.

Capítulo 9

Redução de dimensionalidade e seleção de atributos

Determinados problemas de classificação, ou mesmo regressão, podem envolver dados em espaços de atributos de alta dimensionalidade. Tal circunstância pode proporcionar o efeito conhecido por *maldição da dimensionalidade*, que introduz maior complexidade no processo de aprendizado dos métodos e na obtenção dos resultados desejados. Neste contexto, as técnicas de *redução de dimensionalidade* e de *seleção de atributos* surgem como ferramentas de apoio, podendo ser aplicadas em favor da diminuição da quantidade de atributos.

Neste estágio do nosso estudo, faremos inicialmente uma breve caracterização da maldição da dimensionalidade e, em seguida, serão abordados dois métodos capazes de proporcionar a redução da dimensionalidade dos dados. O primeiro método, denominado Análise de Componentes Principais (*Principal Component Analysis* – PCA), é amplamente utilizado em diversas áreas aplicações e é fundamentado na noção de projeção. Posteriormente, o conceito matemático de "variedades" (i.e., *manifolds*) fornece base para a formalização do método Incorporação Localmente Linear (*Locally Linear Embedding* – LEE). Em seguida, são abordados procedimentos de seleção de atributos que visam à identificação de subconjuntos de atributos mais relevantes.

9.1 Breve discussão sobre a maldição da dimensionalidade

Em um ponto de vista vetorial, o aumento das dimensões tem efeito direto sobre a noção de distância. Além disso, já devemos ter percebido que a maioria das formulações realizadas até aqui exploram, de alguma forma, o conceito de similaridade, expressa em termos da distância entre os padrões no espaço de atributos. A interferência negativa que o aumento de dimensionalidade proporciona sobre os métodos de Reconhecimento de Padrões é conhecida como *maldição da dimensionalidade*.

Um exemplo apresentado em [Géron, 2019] expõe, de forma muito intuitiva, essa relação. Suponhamos a existência de um quadrado unitário[1] sobre o qual é selecionado aleatoriamente um ponto de seu interior. A chance de esse ponto estar, no máximo, a uma distância igual ou inferior a $0,001$ da borda deste quadrado é de aproximadamente $0,4\%$[2]. Ao interpretar o quadrado como o espaço de atributo dos dados, a região de borda caracteriza os padrões com valor extremo em pelo menos um dos atributos. Por analogia, ao considerá-lo um cubo unitário, esta probabilidade aumenta para $0,6\%$. Em espaços com 200, 1000 e 2000 dimensões, as respectivas probabilidades correspondem a $18,1\%$, $63,2\%$ e $86,4\%$, mostrando, assim, que o aumento da dimensão do espaço de atributos implica no aumento na probabilidade de um vetor neste espaço possuir ao menos uma característica extrema.

Outro efeito causado pelo aumento de dimensionalidade é observado nos valores de distância entre padrões (i.e., vetores de atributos). Sobre o quadrado, cubo e hipercubo com 100 dimensões, todos unitários, a maior distância que se pode observar entre dois pontos, através de uma das diagonais desses objetos, será de $\sqrt{2}$, $\sqrt{3}$ e 10 unidades, respectivamente. Assim, se observarmos esta situação do ponto de vista em que dois pontos próximos estão contidos em um mesmo hipercubo unitário, eles estarão, ao mesmo tempo, afastados um do outro caso a noção induzida pelo valor de distância seja levada em consideração, o que revela, por sua vez, outra contradição.

No contexto da aplicação dos métodos de Reconhecimento de Padrões em espaços de alta dimensionalidade, os padrões inseridos nos processos de treinamento ou classificação estarão sempre distantes entre si. Por sua vez, este comportamento implica sérias degradações e pode até inviabilizar a utilização desses métodos.

---

[1] Isto é, o comprimento de seu lado é igual a 1 unidade. Este conceito se estende para os demais objetos geométricos.

[2] Basta considerar o evento "estar na borda" como o evento complementar de "estar no interior", que equivale à diferença entre a área do quadrado 1×1 (nosso universo amostral) e do quadrado interior $0,998 \times 0,998$ (complemento do evento de interesse).

9.2 Redução de dimensionalidade

9.2.1 PCA

Proposta em [Pearson, 1901], a técnica PCA realiza combinações lineares envolvendo um conjunto de variáveis originais e as transforma em novas variáveis, sobre as quais ficam embutidos determinados níveis de relevância na descrição dos dados. Em termos geométricos, a PCA compreende uma rotação nos eixos do espaço de atributos original (i.e., as variáveis originais), transformando-o em um novo espaço definido por eixos ortogonais (i.e., as novas variáveis), sendo estes ordenados em função da variabilidade observada ao projetar um conjunto de dados sobre tal eixo. Esse conjunto de dados mencionado é tido como referencial no processo de rotação/transformação dos eixos.

Com objetivo de despertar nossa intuição a respeito do conceito introduzido, a Figura 9.1 ilustra um conjunto de dados (no espaço de atributos original) cujos eixos são denotados por x_1, x_2 e x_3. Em seguida, são observados eixos tais que os dados projetados proporcionam maior variabilidade, nos quais x_1' demonstra maior variabilidade em comparação aos eixos ortogonais x_2' e x_3'. É importante observar que x_1', x_2' e x_3' são obtidos como combinação linear de x_1, x_2 e x_3. O ponto central, concordante com a origem dos eixos ortogonais, equivale ao vetor médio do conjunto observado.

O uso de conceitos da Estatística e da Álgebra Linear nos ajudam a modelar o problema exposto pela Figura 9.1. Formalmente, partindo de $\mathcal{D} = \{\mathbf{x}_i \in \mathbb{R}^n : i = 1, \dots, m\}$, um conjunto de observações n-dimensionais, computamos o vetor médio μ e a matriz de covariância $\mathbf{\Sigma}$:

$$\mu = \frac{1}{m} \sum_{i=1}^{m} \mathbf{x}_i \quad \mathbf{\Sigma} = \frac{1}{m} \sum_{i=1}^{m} (\mathbf{x}_i - \mu)(\mathbf{x}_i - \mu)^T$$

em que, por conveniência, $\mathbf{x}_i$ é representado na forma de matricial $n \times 1$, isto é, como um vetor coluna.

Uma vez que $\mathbf{\Sigma}$ é uma matriz real e simétrica de dimensão $n \times n$, é garantida a existência de n autovetores ortogonais $\mathbf{v}_j$ e respectivos autovalores λ_j, com $j = 1, \dots, n$ [Poole, 2016]. Impondo uma ordenação decrescente sobre os autovalores obtidos, porém mantendo a relação original entre cada autovalor e respectivo autovetor, é estabelecida uma reindexação tal que $\lambda_k \geq \lambda_{k+1}$, com $k = 1, \dots, n - 1$.

Diante dessa consideração, é definida a matriz $\mathbf{V}$ cuja k-ésima coluna corresponde a $\mathbf{v}_k^T$, mais uma vez, para $k = 1, \dots, n-1$. Vale observar que $\mathbf{V}$ compreende

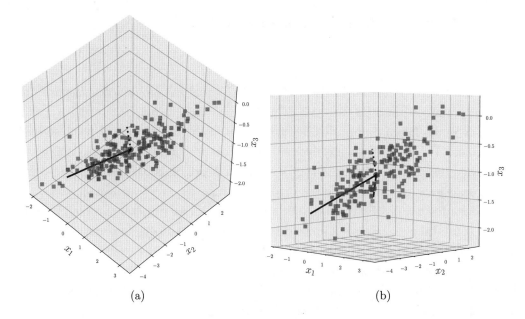

Figura 9.1 – Visualização dos eixos ortogonais de maior variabilidade. As linhas contínua, tracejada e pontilhada identificam os eixos x'_1, x'_2 e x'_3, respectivamente.

um conjunto de vetores, os quais serão responsáveis pela rotação do espaço original através de uma transformação linear. Ainda, a reordenação imposta tem como efeito reposicionar os eixos de modo que, ao reprojetar os dados originais sobre este novo espaço vetorial, os primeiros eixos concentrem os maiores níveis de variabilidade. Tal reprojeção, nos modos discutidos, é expressa por:

$$\mathbf{x}' = \mathbf{V}^T (\mathbf{x} - \mu) \tag{9.1}$$

em que $\mathbf{x}'$ representa a reprojeção $\mathbf{x}$. Além disso, a subtração por μ tem função de remover a tendência central dos dados, deslocando, assim, a projeção para a vizinhança da origem do novo espaço.

Um fato que merece destaque refere-se à variabilidade dos vetores de $\mathcal{D}$ após transformação via Equação 9.1. Ao computar a matriz de covariância $\mathbf{\Sigma}'$ dos dados reprojetados, o resultado obtido compreenderá uma matriz diagonal com $\sigma'_{kk} = \lambda_k$, para $k = 1, \ldots, n$, exibindo, assim, uma relação entre o valor do autovalor calculado inicialmente e a variabilidade existente que se concentra sobre os respectivos autovetores (que agora atuam como eixos do novo espaço vetorial). A respeito dos demais elementos, σ'_{ij}, $i \neq j$, sua nulidade indica ausência de correlação entre o i e j-ésimo eixo do novo espaço. Em resumo, obtemos uma reprojeção na qual a maior variabilidade dos dados está concentrada nas primeiras componentes, que são descorrelacionadas entre si.

A importância dos eixos do novo espaço vetorial em relação à representação dos padrões projetados é usualmente expressa em termos da *razão de variância* $\Lambda_k = \frac{\lambda_k}{\sum_{j=1}^{n} \lambda_j}$, para $k = 1, \ldots, n$. Considerando ainda que $\lambda_k \leq \lambda_{k+1}$, a soma acumulada $\sum_{j=1}^{p} \Lambda_j \in [0, 1]$ surge como medida capaz de indicar o percentual explicativo das p primeiras componentes/eixos na representação dos dados. A análise deste valor pode suportar repostas a perguntas como: *qual o número de componentes que retém 95% da variabilidade dos dados?*

Outra propriedade importante refere-se à transformação inversa, ou seja, o caminho inverso ao realizado pela Equação 9.1, proporcionando $\mathbf{x}$ através de $\mathbf{x}'$. Relembrando que $\mathbf{W}$ é ortogonal, e, logo, possui como propriedade $\mathbf{V}^{-1} = \mathbf{V}^T$, podemos garantir que:

$$\mathbf{x}' = \mathbf{V}^T (\mathbf{x} - \mu) \Leftrightarrow \mathbf{V}\mathbf{x}' = \mathbf{V}\mathbf{V}^T (\mathbf{x} - \mu) \Leftrightarrow \mathbf{x} = \mathbf{V}\mathbf{x}' + \mu \tag{9.2}$$

Suponhamos agora que, em vez de realizar uma transformação inversa conforme a Equação 9.2, desejemos que apenas as p primeiras componentes sejam consideradas. Para tal, considerando $\mathbf{V}_p$, a matriz $n \times p$ composta apenas pelas p primeiras colunas de $\mathbf{V}$, a projeção entre o espaço original dos dados e o espaço reprojetado em apenas p eixos é alcançada via:

$$\mathbf{x}'_p = \mathbf{V}_p^T (\mathbf{x} - \mu) \tag{9.3}$$

Por analogia ao desenvolvimento apresentado na Equação 9.2, a inversa da transformação realizada pela Equação 9.3 corresponde a $\widehat{\mathbf{x}} = \mathbf{V}_p \begin{pmatrix} \mathbf{x}'_p \\ \mathbf{0} \end{pmatrix}$, em que $\widehat{\mathbf{x}}$ se refere à "quase"-projeção inversa no espaço original, porém com as $n - p$ últimas componentes nulas e sem a contribuição dos últimos $n - p$ autovetores no cálculo das demais componentes resultantes. Sendo assim, com bases nesses resultados apresentados, podemos utilizar a seguinte transformação para efetuar a projeção dos dados originais para um espaço de p-dimensional, com $p \leq n$, de forma a manter uma consistência parcial sobre a dispersão original:

$$\widehat{\mathbf{x}}_p = \mathbf{V}_p \mathbf{V}_p^T (\mathbf{x} - \mu) + \mu_p \tag{9.4}$$

sendo μ_p com as p primeiras componentes de μ.

O exemplo ilustrado na Figura 9.2 exemplifica a projeção realizada pelo método PCA de um espaço original de três dimensões para um espaço de

208   Reconhecimento de padrões: um estudo dirigido

duas dimensões. A função PCA, disponível na biblioteca Scikit-Learn, foi empregada neste exemplo. O Código 9.1 apontas as instruções básicas para este remapemaneto. Enquanto pca.fit(x) e pca.transform(x) conduzem à projeção dos dados em um espaço bidimensional, devido a n_components=2 durante a instanciação do método, a projeção inversa é proporcionada por pca.inverse_transform(proj_x). As variáveis proj_x e reproj_x representam a projeção e reprojeção de x, respectivamente.

Ainda em relação ao exemplo da Figura 9.2, a razão de variância calculada para o primeiro, segundo e terceiro eixo do espaço projetado é igual a $0,897$, $0,076$ e $0,027$, respectivamente. Esses valores revelam que os dois primeiros eixos, destacados na Figura 9.2(d), contêm $97,3\%$ de toda informação presente nos dados tridimensionais da Figura 9.2(a).

```
1  #Instanciação do método
2  pca = PCA(n_components=2)
3  #Determinação dos eixos de projeção segundo dados em x
4  pca.fit(x)
5  proj_x = pca.transform(x)
6  reproj_x = pca.inverse_transform(proj_x)
```

Código 9.1 – Remapemento dos dados via PCA.

9.2.2   LLE

Uma *variedade* consiste em um espaço topológico[3] que, nas vizinhanças de cada elemento seu, é observada uma equivalência topológica (i.e., um homeomorfismo) com um espaço euclidiano. O método LLE [Saul and Roweis, 2000] assume que os padrões estão dispostos sobre uma variedade suave e de dimensão inferior em relação à dimensão original do espaço de atributos. Ainda, admitindo que os padrões estão distribuídos em densidade suficiente, a suposição de suavidade permite também considerar que padrões próximos tendem a ocupar um caminho localmente linear.

Partindo de um conjunto de parões $\mathcal{D} = \{\mathbf{x}_i \in \mathbb{R}^n : i = 1, \ldots, m\}$, o método LLE pode ser resumido em três etapas principais [Saul and Roweis, 2000]:

(i) Para cada $\mathbf{x}_i$, com $i = 1, \ldots, m$, é definido um conjunto $\mathcal{V}_k(\mathbf{x}_i)$, composto pelos k padrões mais próximos (i.e., os vizinhos) de $\mathbf{x}_i$. A distância euclidiana é adotada nesta comparação.

---

[3]Espaços topológicos, de modo superficial, podem ser definidos como um conjunto de pontos e vizinhanças relacionadas que atendem a uma série de axiomas. Detalhes sobre este conceito são abordados, com maestria, em [Lima, 2014].

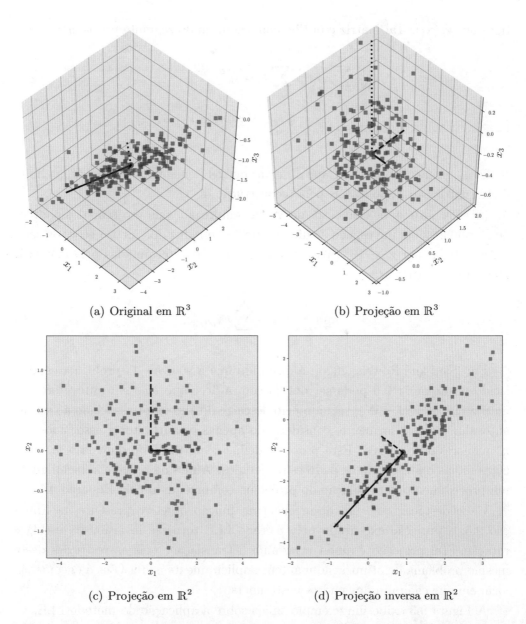

(a) Original em $\mathbb{R}^3$
(b) Projeção em $\mathbb{R}^3$
(c) Projeção em $\mathbb{R}^2$
(d) Projeção inversa em $\mathbb{R}^2$

Figura 9.2 – Projeção de um espaço tridimensional em bidimensional. Os dados resultantes demonstram descorrelação entre si. Os eixos em (b) e (c) possuem amplitude unitária.

(ii) Posteriormente, é determinada uma matriz de pesos $\mathbf{W}$, de dimensão $m \times m$, cuja finalidade é expressar uma reconstrução de cada $\mathbf{x}_i$ através de uma combinação linear que envolve os demais padrões de $\mathcal{D}$, em especial aqueles con-

210   Reconhecimento de padrões: um estudo dirigido

tidos em $\mathcal{V}_k(\mathbf{x}_i)$. Tal matriz é obtida como solução do seguinte problema:

$$\min_{\mathbf{W}} \sum_{i=1}^{m} \left\| \mathbf{x}_i - \sum_{j=1}^{m} w_{ij}\mathbf{x}_j \right\|^2 \tag{9.5}$$

$$\text{sujeito a:} \begin{cases} w_{ij} = 0 \text{ se } \mathbf{x}_j \notin \mathcal{V}_k(\mathbf{x}_i) \\ \sum_{j=1}^{m} w_{ij} = 1 \end{cases}$$

sendo w_{ij} elementos de $\mathbf{W}$. Cabe observar que os elementos sobre a i-ésima linha desta matriz são responsáveis pela reconstrução de $\mathbf{x}_i$.

(iii) Por último, os elementos de $\mathbf{W}$ são empregados na projeção dos padrões de $\mathcal{D}$, porém sobre um espaço de dimensão $n^\star < n$ reduzido. As projeções de cada $\mathbf{x}_i$, denotadas por $\mathbf{z}_i \in \mathbb{R}^{n^\star}$, para $i = 1, \ldots, m$, são determinadas pela matriz $\mathbf{Z}$ que surge ao otimizar:

$$\min_{\mathbf{Z}} \sum_{i=1}^{m} \left\| \mathbf{z}_i - \sum_{j=1}^{m} w_{ij}\mathbf{z}_j \right\|^2 \tag{9.6}$$

Em [Saul and Roweis, 2000], é discutido que a solução do problema estabelecido na Equação 9.6 pode ser obtida com a decomposição em autovetores da matriz $(\mathbf{I} - \mathbf{W})^T(\mathbf{I} - \mathbf{W})$, seguido pelo descarte do autovetor associado ao menor autovalor e, posteriormente, considerando apenas os autovetores associados aos $n^\star$ menores autovalores. Este processo define a matriz $\mathbf{Z}$ de dimensão $m \times n^\star$, cujas linhas representam os padrões projetados. A mesma referência inclui ainda um procedimento para solução do problema compreendido pela Equação 9.5.

Cabe destacar que, em decorrência da função objetivo presente na Equação 9.5, a projeção executada pelo método LLE torna-se invariante a escala e rotação. Tal projeção é ainda invariante a translação, pois as restrições deste mesmo problema de otimização mantêm implicitamente as relações da geometria local em que cada um dos padrões está imerso.

A Figura 9.3 exibe um exemplo típico sobre a aplicação do método LLE, no qual uma superfície não linear é remapeada sobre um plano. As relações de vizinhança entre os padrões são denotadas pelas respectivas intensidades de coloração associada, relação esta mantida após a projeção. Esse tipo de resultado evidencia o potencial do método LLE na projeção dos dados segundo uma configuração que viabiliza o uso dos métodos de classificação e agrupamento já abordados.

O Código 9.2 exemplifica o uso do método LLE implementado na biblioteca Scikit-Learn. As variáveis `viz` e `dimProj` representam a quantidade de vizinhos considerados (k) e a dimensão do espaço projetado ($n^\star$). A opção `'standard'`

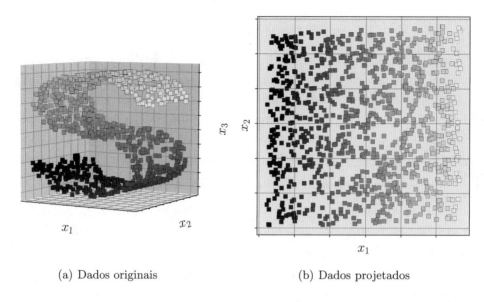

(a) Dados originais (b) Dados projetados

Figura 9.3 – Exemplo de remapeamento realizado pelo método LLE. Adaptado de [Saul and Roweis, 2000].

refere-se à implementação do método LLE segundo [Saul and Roweis, 2000]. Outras opções de implementação encontram-se também disponíveis na biblioteca utilizada.

```
from sklearn import manifold

#Instanciação do método admitindo 20 vizinhos
#...e projeção bidimensional
viz = 20; dimProj = 2
lle = manifold.LocallyLinearEmbedding(viz,dimProj,
                                     method='standard')

#Projeção dos padrões em x para z
z = method.fit_transform(x)
```

Código 9.2 – Remapemento dos dados via LLE.

9.3 Seleção de atributos

Nos problemas de classificação, especialmente quando o espaço de atributos é de dimensão elevada, os efeitos da maldição da dimensionalidade e as limitações de recursos computacionais fazem com que a seguinte pergunta surja naturalmente:

212 Reconhecimento de padrões: um estudo dirigido

qual é o subconjunto de atributos mais conveniente para resolução do problema de classificação em questão?

Sem a consideração de transformações sobre os padrões, originalmente contidos em um espaço de atributos de dimensão n, a resposta para a pergunta feita pode ser alcançada com a verificação de todas as possíveis combinações destes n atributos em subconjuntos menores, seguido pela respectiva avaliação da capacidade de separação dos padrões. Ao admitir uma parcela fixa de s atributos, em um total de n, sabe-se que a quantidade de verificações sugeridas é $\binom{n}{s} = \dfrac{n!}{s!(n-s)!}$, que, dependendo dos valores de n e s, pode compreender um número demasiadamente grande e computacionalmente infactível.

Em resumo, o processo se torna inviável e motiva, por sua vez, o desenvolvimento de meios que permitam explorar as possibilidades em direção ao melhor subconjunto de atributos e com custo computacional permissivo. Os métodos de seleção de atributos são introduzidos na resolução deste tipo de problema, sendo estes geralmente categorizados entre: (i) *ótimos*, que envolvem procedimentos como a busca exaustiva e estratégias de otimização como *branch-and-bound, simulated annealing* e algoritmos genéticos; e (ii) *subótimos*, que admitem a busca por soluções não ótimas em favor de uma postura computacionalmente mais eficiente.

Além das abordagens ótima e subótima, o processo de seleção de atributos é guiado ainda por uma função custo, que traça uma relação entre um dado subconjunto de atributos e a respectiva capacidade de separação entre classes. Com isso, a otimização dessa função leva ao subconjunto de atributos que demonstra maior separabilidade.

De forma simplista, um classificador pode ser adotado como função custo, cuja noção de separabilidade é mostrada pelas acurácias de suas predições após o treinamento sob diferentes subconjuntos de atributos. Porém, é importante destacar que o processo de seleção é influenciado pelo modelo do classificador adotado, logo pode ocasionar perda de generalidade.

Outro modo de definir uma função custo é tomando como base medidas a respeito da sobreposição entre as distribuições das classes diante de diferentes subconjuntos de atributos. Vale destacar que este processo independe da adoção de um classificador e geralmente demonstra menor custo computacional, porém é necessário que as medidas adotadas na mensuração da sobreposição sejam capazes de expressar o comportamento dos dados; caso contrário, a seleção dos atributos pode refletir comportamentos equivocados e distantes da realidade.

Sendo assim, de acordo com o panorama geral apresentado, o processo de seleção de atributos se desdobra entre estratégias ótimas e subótimas, que, por sua vez, podem considerar funções custo baseadas em modelos de classificação ou estimativas sobre a separabilidade entre classes. As discussões a seguir estão limitadas ao uso de função custo sobre a separabilidade entre classes, em que serão abordados o uso de medidas provenientes de matrizes de espalhamento. Posteriormente, serão discutidas estratégias subótimas para seleção de atributos.

9.3.1 Medidas baseadas em matrizes de espalhamento

Matrizes de espalhamento intra e entre-classes já foram empregadas na formalização de métodos de agrupamento (Seção 6.5) e em processos de avaliação (Seção 8.2.1). Estas medidas mostram-se úteis na quantificação da separabilidade entre classes. Adaptadas ao contexto dos problema de seleção de atributos, admitindo a existência de um conjunto de padrões rotulados $\mathcal{D} = \{(\mathbf{x}_i, y_i) : i = 1, \ldots, m\}$, com y_i indicando uma das classes de $\Omega = \{\omega_1, \ldots, \omega_c\}$, as separabilidades intra e entre-classes são definidas respectivamente por:

$$\mathbf{V}_I = \frac{1}{m} \sum_{j=1}^{c} \sum_{i=1}^{m} \delta(\mathbf{x}_i, \omega_j) \, (\mathbf{x}_i - \mu_j)^T \, (\mathbf{x}_i - \mu_j) \tag{9.7}$$

$$\mathbf{V}_E = \sum_{j=1}^{c} \frac{m_j}{m} \, (\mu - \mu_j)^T \, (\mu - \mu_j) \tag{9.8}$$

em que m_j compreende a quantidade de exemplos em $\mathcal{D}$ associados à classe ω_j; $\mu = \frac{1}{m} \sum_{\mathbf{x}_i \in \mathcal{D}} \mathbf{x}_i$ é o vetor médio observado sobre todo os padrões em $\mathcal{D}$; $\mu_j = \frac{1}{m_j} \sum_{\mathbf{x}_i \in \omega_j} \mathbf{x}_j$ é o vetor médio observado sobre a classe ω_j; e

$\delta(\mathbf{x}_i, \omega_j) = \begin{cases} 1; \text{se } y_i = j \\ 0; \text{se } y_i \neq j \end{cases}$ verifica a pertinência dos padrões às diferentes classes.

A partir dessas expressões, é razoável estabelecer uma medida que aponte para maiores valores de separabilidade em função da minimização do espalhamento intra-classes e maximização do espalhamento entre-classes. Exemplos de medidas que vão ao encontro deste raciocínio são:

$$J = \text{Tr}\left(\mathbf{V}_I^{-1}\mathbf{V}_E\right) \tag{9.9}$$

$$J = \frac{|\mathbf{V}_E + \mathbf{V}_I|}{|\mathbf{V}_I|} \tag{9.10}$$

$$J = \frac{\text{Tr}\left(\mathbf{V}_E + \mathbf{V}_I\right)}{\text{Tr}\left(\mathbf{V}_I\right)} \tag{9.11}$$

214   Reconhecimento de padrões: um estudo dirigido

9.3.2   Abordagens subótimas

Conforme já definido, a seleção de atributos almeja identificar uma parcela dos atributos que se demonstram mais relevantes na resolução de um dado problema de classificação.

Dado um espaço de atributos $\mathcal{X}$ de dimensão n, os padrões deste espaço são vetores forma $\mathbf{x} = [x_1, \ldots, x_n]^T$, para o qual cada componente x_i está associado a um atributo ξ_i. Dessa forma, podemos definir $\Xi = \{\xi_1, \ldots, \xi_n\}$ como o conjunto de atributos que caracteriza $\mathcal{X}$.

Ao admitir um conjunto de exemplos rotulados $\mathcal{D} = \{(\mathbf{x}_i, y_i) \in \mathcal{X} \times \mathcal{Y} : i = 1, \ldots, m\}$, e que o processo de seleção de atributos deve implicar a redução da dimensionalidade de $\mathcal{X}$, é preciso observar que os padrões $\mathbf{x}_i$ sofrerão as respectivas reduções de componentes, porém a associação $(\mathbf{x}_i, y_i)$ se mantém. Esse fato permite avaliar a separabilidade entre as classes segundo um subconjunto $\widehat{\Xi} \subseteq \Xi$ de atributos.

Neste contexto, a notação $J[\widehat{\Xi}]$ será adotada para expressar a separabilidade entre as classes observadas em $\mathcal{D}$ segundo o subconjunto de atributos $\widehat{\Xi}$. Cabe incluir que $J[\cdot]$ compreende uma função custo relacionada à separabilidade das classes e pode, por exemplo, corresponder a uma das formas apresentadas na Seção 9.3.1.

Os algoritmo subótimos de seleção não efetuam verificações exaustivas sobre os possíveis subconjuntos de atributos, mas sim sobre subconjuntos potenciais. *Sequential Forward Selection* (SFS) [Whitney, 1971] e *Sequential Backward Selection* (SBS) [Marill and Green, 1963] são exemplos de algoritmos desta natureza.

O algoritmo SFS consiste em uma busca do tipo *bottom-up*, na qual os atributos são selecionados um-a-um, entre n disponíveis, até que sejam contabilizados s atributos. A seleção dos atributos é guiada pela maximização da separabilidade entre classes, medida pela função custo J. Assim, para um dado subconjunto de atributos $\widehat{\Xi}$, inicialmente vazio, os atributos $\xi_\ell \in \Xi$ são selecionados e incluídos em $\widehat{\Xi}$ desde que:

$$\max_{\substack{\ell=1,\ldots,n \\ \xi_\ell \notin \widehat{\Xi}}} J[\widehat{\Xi} \cup \{\xi_\ell\}] \tag{9.12}$$

Com a inclusão sucessiva de atributos em $\widehat{\Xi}$, o processo é finalizado quando $\#\widehat{\Xi} = s$. É importante destacar que não existe remoção de atributos de $\widehat{\Xi}$ uma vez feita a inclusão.

Ao contrário do SFS, o algoritmo SBS adota uma busca *top-down* que parte de $\widehat{\Xi} = \{\xi_1, \ldots, \xi_n\}$ e efetua a eliminação um-a-um de atributos deste conjunto até que ele seja reduzido a s elementos. O processo de eliminação visa garantir a menor perda de capacidade de separabilidade, ou seja, ξ_ℓ é removido[4] de $\widehat{\Xi}$ se:

$$\max_{\substack{\ell=1,\ldots,n \\ \xi_\ell \notin \widehat{\Xi}}} J[\widehat{\Xi}\backslash\{\xi_\ell\}] \tag{9.13}$$

As remoções sucessivas são interrompidas quando $\#\widehat{\Xi} = s$. Em analogia ao algoritmo SFS, os elementos removidos de $\widehat{\Xi}$ não são incluídos em um momento posterior. Cabe ainda observar que, para n grande, o número de verificações exigidas pode elevar drasticamente o custo computacional.

Algoritmo SFS:	Algoritmo SBS:
Dado $\mathcal{D}$ e s	Dado $\mathcal{D}$ e s
$\Xi = \{\xi_1,\ldots,\xi_n\}$	$\Xi = \{\xi_1,\ldots,\xi_n\}$
$\widehat{\Xi} = \emptyset$	$\widehat{\Xi} := \Xi;\ \ \Xi := \emptyset$
Enquanto $\#\widehat{\Xi} < s$:	Enquanto $\#\widehat{\Xi} > s$:
$\quad \xi_\ell = \max\limits_{\substack{\ell=1,\ldots,n \\ \xi_\ell \notin \widehat{\Xi}}} J[\widehat{\Xi} \cup \{\xi_\ell\}]$	$\quad \xi_\ell = \max\limits_{\substack{\ell=1,\ldots,n \\ \xi_\ell \in \widehat{\Xi}}} J[\widehat{\Xi}\backslash\{\xi_\ell\}]$
$\quad \Xi := \Xi\backslash\{\xi_\ell\}$	$\quad \Xi := \Xi \cup \{\xi_\ell\}$
$\quad \widehat{\Xi} := \widehat{\Xi} \cup \{\xi_\ell\}$	$\quad \widehat{\Xi} := \widehat{\Xi}\backslash\{\xi_\ell\}$

A fim de ilustrar o comportamento dos algoritmos SFS e SBS, a Figura 9.4 exibe o processo de escolha de 19 atributos a partir de um conjunto de padrões simulados[5] com 40 atributos. A expressão definida pela Equação 9.10 foi usada como medida de separabilidade. No exemplo ilustrado, verifica-se que, apesar dos processos ocorrerem de forma reversa, o conjunto de atributos selecionados ao fim é parcialmente similar. A escolha entre SFS e SBS pode ser guiada com base na quantidade de atributos a serem selecionados. Quando esta quantidade for superior a metade do número de atributos observados nos dados originais, o método SBS exigirá menos iterações em comparação ao SFS. Já quando tal quantidade for inferior à metade citada, o método SFS será menos custoso. Os métodos citados tornam-se computacionalmente equivalentes quando a quantidade selecionada equivale exatamente a metade do número de atributos que caracterizam os padrões.

---

[4]A operação de remoção de elemento de conjunto é denotada por "$\backslash$".

[5]Para simulação do mesmo conjunto, considere o comando:

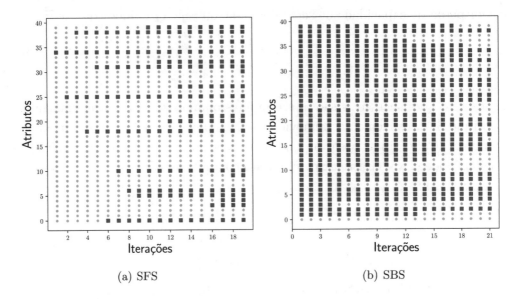

Figura 9.4 – Determinação do subconjunto de atributos com uso dos algoritmos SFS e SBS. Quadrados escuros e círculos claros denotam como verdadeira e falsa a seleção do atributo, respectivamente.

A fim de contornar a fragilidade imposta pela impossibilidade de "desfazer" a seleção ou eliminação de um atributos, conforme prosseguem os métodos SFS e SBS, são propostas as variantes *Sequential Forward Floating Selection* (SFFS) e *Sequential Backward Floating Selection* (SBFS) [Pudil et al., 1994].

Na abordagem SFFS, supondo um conjunto de atributos $\widehat{\Xi}$ inicialmente vazio, é efetuada a seleção do atributo $\xi_{\ell_1} \notin \widehat{\Xi}$ segundo a condição da Equação 9.12 e, logo, passa a compor $\widehat{\Xi}$. Posteriormente, é feita a identificação do atributo $\xi_{\ell_2} \in \widehat{\Xi}$, cuja remoção de $\widehat{\Xi}$, com base na Equação 9.13, proporciona o menor decremento na capacidade de separabilidade das classes.

No caso de $\xi_{\ell_1} = \xi_{\ell_2}$, a remoção não deve ser concretizada e prossegue-se com a inclusão de um novo atributo (via Equação 9.12). Por outro lado, se $\xi_{\ell_1} \notin \xi_{\ell_2}$ e $\#\widehat{\Xi} > 1$, a exclusão de ξ_{ℓ_2} é concretizada, assim como novas tentativas de remoção de outros atributos $\xi_\ell \in \widehat{\Xi}$, enquanto não houver perda de separabilidade, isto é, $J[\widehat{\Xi}\backslash\xi_\ell] > J[\widehat{\Xi}]$ ou $\#\widehat{\Xi} = 1$.

Após o fluxo de remoção discutido, deve-se iniciar uma nova sequência "inclusão-exclusões" até que $\#\widehat{\Xi} = s$. O Código 9.3 apresenta uma implementação para este algoritmo.

```
x, y = make_classification(n_features=40,n_redundant=25,n_informative=15,
n_clusters_per_class=1,n_classes=15,n_samples=1000,random_state=123456)
```

Funções auxiliares a essa implementação[6] são apresentadas no Código 9.4. O propósito de `compute_info` é quantificar a separabilidade nos dados, representados pelos argumentos `x`[7] e `posY`[8] segundo a Equação 9.10 perante as matrizes `VE` (Equação 9.8) e `VI` (Equação 9.7). As funções `compute_info_add` e `compute_info_remove` quantificam a separabilidade causada após a adição ou remoção, respectivamente, no conjunto de atributos selecionados, expresso pela variável `Z`. Ao contrário, `W` representa o conjunto de atributos não selecionados ao longo da execução do algoritmo.

A aplicação do método SFFS sobre os mesmos dados utilizados no exemplo da Figura 9.4 proporciona uma seleção final diferente daquelas alcançadas pelos métodos SFS e SBS, conforme ilustrado na Figura 9.5. Esse fato decorre da possibilidade de remoção de atributos selecionados em iterações anteriores.

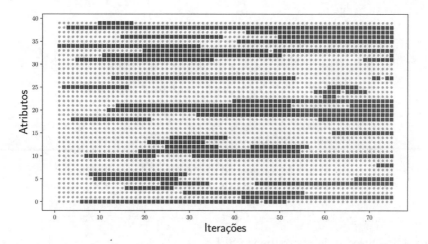

Figura 9.5 – Determinação do subconjunto de atributos com uso dos algoritmos SFFS. Quadrados escuros e círculos claros denotam como verdadeira e falsa a seleção do atributo, respectivamente.

Por analogia, o algoritmo SBFS parte de $\widehat{\Xi} = \Xi$ e compreende sucessivos processos de "exclusão-inclusões". Suas etapas podem ser facilmente induzidas através do algoritmo SFFS.

```
def SFFS(x,y):

    #Atributos disponíveis (W) e selecionados (Z)
    W = [i for i in range(atributos)]
```

---
[6]Mas também úteis na implementação dos métodos SFS e SBS.
[7]Um vetor com os dados.
[8]Um dicionário que associa cada posição de `x` a uma classe.

218   Reconhecimento de padrões: um estudo dirigido

```
5     Z = []
6
7     #Determina a posição de cada exemplo rotulado em x
8     labY ={}
9     for i in np.unique(y):
10        pos = np.where(y == i)
11        labY[i] = (pos[0]).tolist()
12
13    while len(Z) < n_sel:
14        indAdd = np.argmax(compute_info_gain_add(Z,W,x,labY))
15        Z.append(W[indAdd])
16        W.remove(W[indAdd])
17
18        Jadd = compute_info(Z,x,labY)
19
20        while True:
21            if (len(Z) <= 1) or (len(Z) == n_sel): break
22            indRem = np.argmax(
23                    compute_info_gain_remove(Z,x,labY))
24
25            tempZ = Z.copy(); tempZ.remove(Z[indRem])
26            Jrem = compute_info(tempZ,x,labY)
27
28            if (Jrem < Jadd) or (Z[-1] == Z[indRem]): break
29            else:
30                W.append(Z[indRem])
31                Z.remove(Z[indRem])
32
33    return np.int64(Z) #np.int64() para compatibilizar tipo
```

Código 9.3 – Seleção de atributos via SFFS.

```
1  #Computa medida de separabilidade diante dos atributos
2  #...listados em Z, dados os padrões x e rótulos posY
3  def compute_info(Z,x,posY):
4      m,_ = x.shape
5      #Média geral
6      mu = np.mean(x[:,Z],axis=0).reshape((1,len(Z)))
7      #Matrizes de variabilidade entre/intra classes
8      VE = np.zeros((len(Z),len(Z)))
9      VI = np.zeros((len(Z),len(Z)))
10
11     for j in range(0,len(labY)):
12         _x = x[posY[j],:]; _x = _x[:,Z]
13         mu_j = np.mean(_x,axis=0).reshape((1,len(Z)))
14         sig_j = np.cov(_x.T).reshape((len(Z),len(Z)))
15         VE += (len(posY[j])/m) *
```

Redução de dimensionalidade e seleção de atributos   219

```python
16                     np.dot((mu-mu_j).T,(mu-mu_j))
17             VI += (len(posY[j])/m) * sig_j
18
19      return np.linalg.det(VE+VI)/np.linalg.det(VI)
20
21  #Computa as medidas de separabilidade relacionadas
22  #...à inclusão de cada elemento de W em Z
23  def compute_info_gain_add(Z,W,x,posY):
24
25      m,_ = x.shape
26
27      vecJ = np.zeros(len(W))
28      for at in range(len(W)):
29          #Conjunto a ser avaliado
30          S = np.union1d(Z,W[at])
31          S = np.int64(S).tolist()
32          #Média geral
33          mu = np.mean(x[:,S],axis=0).reshape((1,len(S)))
34          #Matrizes de variabilidade entre/intra classes
35          VE = np.zeros((len(S),len(S)))
36          VI = np.zeros((len(S),len(S)))
37
38          for j in range(0,len(posY)):
39              _x = x[posY[j],:]; _x = _x[:,S]
40              mu_j = np.mean(_x,axis=0).reshape((1,len(S)))
41              sig_j = np.cov(_x.T).reshape((len(S),len(S)))
42
43              VE += (len(posY[j])/m) *
44                      np.dot((mu-mu_j).T,(mu-mu_j))
45              VI += (len(posY[j])/m) * sig_j
46
47          vecJ[at] = np.linalg.det(VE+VI)/np.linalg.det(VI)
48
49      return vecJ
50
51  #Computa as medidas de separabilidade relacionadas
52  #...à exclusão de cada elemento de Z
53  def compute_info_gain_remove(Z,x,posY):
54      m,_ = x.shape
55      vecJ = np.zeros(len(Z))
56      for item in range(len(Z)):
57          at = Z[item]
58          #Conjunto a ser avaliado
59          S = Z.copy(); S.remove(at)
60          #Média geral
61          mu = np.mean(x[:,S],axis=0).reshape((1,len(S)))
62          #Matrizes de variabilidade entre/intra classes
```

220 Reconhecimento de padrões: um estudo dirigido

```
63          VE = np.zeros((len(S),len(S)))
64          VI = np.zeros((len(S),len(S)))
65
66          for j in range(0,len(posY)):
67              _x = x[posY[j],:]; _x = _x[:,S]
68              mu_j = np.mean(_x,axis=0).reshape((1,len(S)))
69              sig_j = np.cov(_x.T).reshape((len(S),len(S)))
70              VE += (len(posY[j])/m) *
71                      np.dot((mu-mu_j).T,(mu-mu_j))
72              VI += (len(posY[j])/m) * sig_j
73
74          vecJ[item] = np.linalg.det(VE+VI)/np.linalg.det(VI)
75
76      return vecJ
```

Código 9.4 – Funções auxiliares à implementação de SFFS.

9.4 Exercícios

1. Fazendo uso das funções disponibilizadas no Código 9.4, implemente o algoritmo SBFS. Aplique a implementação efetuada sobre os dados simulados pelo Código 9.5 com intuito de selecionar 40 atributos.

2. Implemente os algoritmos SFS e SBS segundo as medidas de separabilidade definidas nas Equações 9.9, 9.10 e 9.11. Aplique essas implementações sobre os dados simulados pelo Código 9.5 a fim de selecionar 40 atributos.

3. Escolha um método de classificação e aplique-o na classificação dos dados originais (resultantes da simulação via Código 9.5) e após a seleção de atributos apontada por cada um dos métodos considerados nos Exercícios 1 e 2. Anteriormente ao processo de classificação, efetue uma divisão entre treino e avaliação, nas proporções 2/3–1/3, com uso da função `train_test_split`. Compare os resultados de classificação em termos do coeficiente tau.

4. Com apoio do método PCA:

   (i) Efetue uma projeção dos dados simulados pelo Código 9.5;

   (ii) Selecione as p primeiras componentes principais que retêm aproximadamente 95% da variabilidade dos dados;

   (iii) Faça uma divisão entre treino e avaliação, nas proporções 2/3–1/3, com a aplicação da função `train_test_split` sobre os dados originais e após projeção/seleção das p componentes;

(iv) Treine os métodos CART e SVM em relação a cada um dos conjuntos de dados (i.e., original e com p componentes) e avalie os respectivos resultados. Adote o procedimento *Grid Search* para parametrização dos métodos e o coeficiente kappa para quantificação dos desempenhos;

(v) Discuta os resultados.

```
from sklearn.datasets import make_classification

x,y = make_classification(n_features=100, n_redundant=50,
                          n_informative=50,
                          n_clusters_per_class=2,
                          n_classes=6, n_samples=6000,
                          random_state=0)
```

Código 9.5 – Simulação dos dados destinados aos exercícios da Seção 9.4.

Capítulo 10

Tópicos de regressão

Um modelo de regressão corresponde a um processo de inferência do comportamento de uma dada variável de interesse a partir do comportamento observado sobre um conjunto de uma ou mais variáveis explicativas. Na esteira das discussões e desenvolvimentos traçados até aqui, as variáveis mencionadas podem ser entendidas como os atributos dos padrões. Por sua vez, esse modelo capaz de explicar o comportamento de um atributo em função de outros atributos pode ser empregado como ferramenta de predição ou até reinterpretado para fins de classificação.

Diante dessas considerações, apesar dos "tópicos de regressão" não corresponderem essencialmente a um assunto de Reconhecimento de Padrões, sua importância de modo geral bem como a possibilidade de reinterpretar um resultado de regressão como uma classificação, ou até mesmo adaptar um método de classificação já visto como um modelo de regressão, são elementos que justificam sua inclusão neste livro.

Cabe ressaltar que não serão inclusos, nas discussões que seguem, maiores detalhes a respeito de medidas para avaliação da qualidade dos ajustes ou mesmo na seleção dos parâmetros.

10.1 Regressão linear

Com similaridade aos processos de classificação abordados nos capítulos anteriores, um modelo de *regressão linear* realiza previsões através da soma ponderada das componentes dos vetores de atributos, adicionada ainda a uma constante linear, também conhecida por "bias" ou termo de polarização. Segundo esta caracterização, dado $\mathbf{x} = [x_1, \ldots, x_n]^T \in \mathcal{X} \subseteq \mathbb{R}^n$, um modelo de Regressão Linear

224 Reconhecimento de padrões: um estudo dirigido

assume a forma:

$$\hat{y}(\mathbf{x}) = \theta_0 + \theta_1 x_1 + \theta_2 x_2 + \cdots + \theta_n x_n \tag{10.1}$$

em que $\hat{y}(\mathbf{x})$ se refere a uma estimação proporcionada por este modelo em relação ao vetor $\mathbf{x}$; θ_j, com $j = 0, \ldots, n$, são os parâmetros do modelo, sendo θ_0 o termo de polarização mencionado.

É usual, e um tanto quanto elegante, estruturar o modelo introduzido na forma matricial:

$$\hat{y}(\mathbf{x}) = \theta^T \mathbf{x}' \tag{10.2}$$

para o qual $\theta = [\theta_0, \theta_1, \ldots, \theta_n]^T$ e $\mathbf{x}' = [1, x_1, \ldots, x_n]^T$.

Devemos perceber que, na equação anterior, $\mathbf{x}$ foi estendido para um espaço $(n+1)$-dimensional, cuja primeira componente é sempre unitária a fim de acomodar o termo de polarização[1]. Para maior simplificação da notação nas discussões a seguir, $\mathbf{x}'$ será expresso por $\mathbf{x}$, porém não podemos perder a noção que o espaço de atributos foi estendido. Outro ponto que merece destaque refere-se ao espaço dos parâmetros que contêm θ, que, para compatibilidade da operação $\theta^T \mathbf{x}'$ (i.e., o produto interno), se torna equivalente ao espaço de atributos de $\mathbf{x}'$.

Em analogia aos métodos de classificação, o treinamento do modelo de regressão abrange a obtenção do valor adequado de cada um dos parâmetro θ_j, $j = 0, 1, \ldots, n$. Tal processo é guiado com base em informações disponíveis em $\mathcal{D} = \{(\mathbf{x}_i, y_i) \in \mathcal{X} \times \mathbb{R} : i = 1, \ldots, m\}$, em que y_i é uma resposta associada ao vetor $\mathbf{x}_i$. Em posse do modelo de regressão, torna-se possível estimar uma resposta $\hat{y}$ para um dado vetor $\mathbf{x}$ qualquer, esteja ele presente em $\mathcal{D}$ ou não, com uso da Equação 10.1 ou 10.2.

Uma vez que as informações existentes para construção do modelo de regressão estão em $\mathcal{D}$ e supondo que este conjunto possui amostras suficientes para descrever a população/objeto de estudo em si, torna-se razoável admitir que o modelo ajustado sobre $\mathcal{D}$ será capaz de generalizar o comportamento desta população/objeto.

Diante dessa motivação, os parâmetros ótimos θ_j relacionados ao modelo de regressão são obtidos através da noção de minimização da soma dos erros quadráticos entre valores estimados e observados. A seguinte função objetivo caracteriza este problema:

$$J(\theta) = \sum_{i=1}^{m} \left(\theta^T \mathbf{x}_i - y_i \right)^2 \tag{10.3}$$

---

[1]Este procedimento já foi considerado, pela primeira vez, no Capítulo 3.

Como já conhecido, o argumento θ que minimiza $J(\theta)$ equivale à solução da equação $\left.\dfrac{\partial J(\theta)}{\partial \theta_j}\right|_{j=0,\dots,n} = 0$. Genericamente, com relação a θ_j:

$$\frac{\partial J(\theta)}{\partial \theta_j} = \frac{\partial \sum_{i=1}^{m} \left(\theta^T \mathbf{x}_i - y_i\right)^2}{\partial \theta_j} = \sum_{i=1}^{m} \left[\frac{\partial \left(\theta^T \mathbf{x}_i - y_i\right)^2}{\partial \theta_j}\right]$$

$$= \sum_{i=1}^{m} \left[\frac{\partial \left(\theta^T \mathbf{x}_i - y_i\right)^2}{\partial \mathbf{z}} \cdot \frac{\partial \mathbf{z}}{\theta_j}\right] = \sum_{i=1}^{m} [2\mathbf{z}x_{ij}]$$

$$= 2 \sum_{i=1}^{m} \left[x_{ij} \cdot \left(\theta^T \mathbf{x}_i - y_i\right)\right] = 0$$

em que $\mathbf{z} = \theta^T \mathbf{x}_i - y_i$ foi adotado por conveniência e simplicidade junto da regra da cadeia.

O desenvolvimento obtido pode ser reorganizado na forma matricial, agora envolvendo todas as componentes de θ:

$$\mathbf{X}^T \left(\mathbf{X}\theta^T - \mathbf{Y}\right) = \mathbf{0} \Leftrightarrow \mathbf{X}\theta^T = \left(\mathbf{X}^T \mathbf{Y}\right) \Leftrightarrow \theta^T = \left(\mathbf{X}^T \mathbf{X}\right)^{-1} \left(\mathbf{X}^T \mathbf{Y}\right) \tag{10.4}$$

sendo $\mathbf{X} = \begin{bmatrix} 1 & x_{11} & x_{12} & \cdots & x_{1n} \\ 1 & x_{21} & x_{22} & \cdots & x_{2n} \\ \vdots & \vdots & \vdots & \ddots & \vdots \\ 1 & x_{m1} & x_{m2} & \cdots & x_{mn} \end{bmatrix}$, $\mathbf{Y} = \begin{bmatrix} y_1 \\ y_2 \\ \vdots \\ y_m \end{bmatrix}$.

Esse resultado mostra que θ é estimado de forma analítica desde que a inversa de $\left(\mathbf{X}^T \mathbf{X}\right)$ exista. O uso dessa forma torna-se impeditivo quando a dimensão de $\mathbf{X}$ é elevada a ponto de a quantidade de recursos computacionais disponíveis tornar-se insuficiente.

Uma outra alternativa para minimizar a função custo mostrada na Equação 10.3 é oferecida pelo algoritmo Gradiente Descendente. O conceito geral deste algoritmo envolve a realização de ajustes iterativos sobre θ. Ao longo deste processo iterativo, é observado o gradiente local de $J(\theta)$ com relação aos valores dos parâmetros em θ.

Antes de prosseguir, vale recordar o conceito de gradiente. De modo simplista, seja $f : \mathbb{R}^2 \to \mathbb{R}$ a função ilustrada na Figura 10.1. As componentes do domínio são denotadas por θ_0 e θ_1. Suponhamos agora um ponto estacionado na posição do domínio de coordenada $[\theta_0, \theta_1] = [a, b]$. O gradiente de f em $[a, b]$ consiste no vetor $\nabla f(\theta_0, \theta_1) = \left[\dfrac{\partial f}{\partial \theta_0}(a, b), \dfrac{\partial f}{\partial \theta_1}(a, b)\right]$, que aponta para a direção de maior variação e é proporcional à inclinação da superfície neste local.

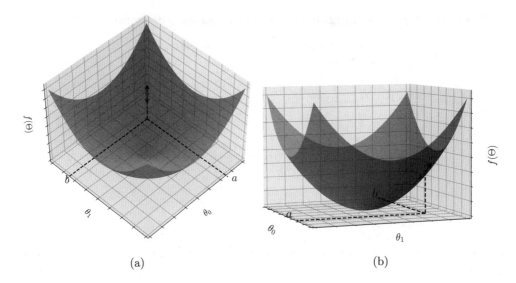

Figura 10.1 – Gradiente de f sobre a coordenada $[a, b]$, representado pelo vetor superior e que aponta para a direção de maior inclinação. A direção de maior declive, inversa ao vetor anterior, é apontada pelo vetor presente na porção inferior à $[a, b]$.

Com base no desenvolvimento anterior, sabemos que:

$$\nabla J(\theta) = \left[\frac{\partial J(\theta)}{\partial \theta_0}, \ldots, \frac{\partial J(\theta)}{\partial \theta_1}\right] = 2\mathbf{X}^T\left(\mathbf{X}\theta^T - \mathbf{Y}\right) \quad (10.5)$$

Por sua vez, a descrição feita sobre o algoritmo é traduzida na seguinte expressão:

$$\theta := \theta - \eta \nabla J(\theta) \quad (10.6)$$

em que $\eta \in \mathbb{R}_+$ se refere ao parâmetro denominado *taxa de aprendizado*. O sinal negativo dessa expressão tem finalidade de inverter o sentido do vetor gradiente, fazendo com que a busca pelos parâmetros percorra um caminho descendente em direção ao ponto de mínimo de J.

A respeito da taxa de aprendizado, seu valor deve ser escolhido cuidadosamente. Ao passo que valores muito pequenos podem levar a uma convergência lenta, a escolha de valores grandes pode causar divergência no processo.

Outro ponto que merece destaque refere-se ao cálculo do gradiente (Equação 10.5), que, ao envolver operações com matrizes $\mathbf{X}$ e $\mathbf{Y}$, cujo número de linhas equivale à quantidade de observações usadas no ajuste do modelo, pode tornar a convergência demasiadamente demorada. Nesse caso, a estratégia denominada Gradiente Descendente Estocástico [Saad, 1999] surge como alternativa no alívio do custo computacional. Assim, em vez de utilizar toda informação disponível em $\mathcal{D}$ para obter uma nova aproximação de θ, utiliza-se apenas uma observação do conjunto de treinamento, escolhido aleatoriamente. No entanto, vale destacar que o fator aleatório introduzido faz com que as aproximações não convirjam de maneira suave em direção ao ótimo global assim como não apresentará estabilidade na vizinhança da solução ótima.

10.2 Regressão polinomial

O modelo de regressão desenvolvido na seção anterior tem grande utilidade nos casos em que os dados podem ser descritos de forma simplificada, através de modelos lineares como retas, planos e hiperplanos. Contudo, seu emprego sobre dados cujo comportamento não demonstra tendência linear pode levar a conclusões irreais.

Apesar desta aparente limitação, as formalizações e desenvolvimentos realizados até aqui podem ser facilmente estendidos para uso em dados não lineares após uma simples consideração: remapear os vetores de atributos, em termos de potências das componentes originais, para um espaço de maior dimensionalidade.

Em nível de exemplificação, suponhamos um caso de regressão que deve ser realizado a partir de um conjunto de observações $\{(\mathbf{x}_1, y_1), \ldots, (\mathbf{x}_m, y_m)\}$, cujos vetores de atributos estão definidos em um espaço bi-dimensional. Um modelo linear ajustado para dados neste espaço possui a forma:

$$\hat{y}(\mathbf{x}) = \theta_0 + \theta_1 x_1 + \theta_2 x_2$$

Não obstante, ao visualizar a combinação dos vetores $\mathbf{x}_i$ com o respectivo escalar y_i, é verificada uma distribuição espacial cuja tendência se assemelha a uma superfície cúbica. Com isso, o modelo linear apresentado acima se torna insuficiente para gerar previsões sobre y quando fornecido um vetor $[x_1, x_2]$ qualquer. Porém, com conhecimento sobre o comportamento cúbico dos dados, logo se conclui que o modelo de regressão adequado deve ser expresso por:

$$\begin{aligned}\hat{y}(\mathbf{x}) = {} & \theta_0 + \theta_1 x_1^3 + \theta_2 x_2^3 + \theta_3 x_1^2 x_2 + \theta_4 x_1 x_2^2 + \\ & + \theta_5 x_1^2 + \theta_6 x_2^2 + \theta_7 x_1 x_2 + \theta_8 x_1 + \theta_9 x_2\end{aligned} \tag{10.7}$$

Ao considerar as seguintes mudanças de variáveis:

$$\begin{array}{lll} z_1 = x_1^3 & z_2 = x_2^3 & z_3 = x_1^2 x_2 \\ z_4 = x_1 x_2^2 & z_5 = x_1^2 & z_6 = x_2^2 \\ z_7 = x_1 x_2 & z_8 = x_1 & z_9 = x_2 \end{array}$$

228 Reconhecimento de padrões: um estudo dirigido

o modelo cúbico apresentado é reescrito por:

$$\hat{y}(\mathbf{x}) = \theta_0 + \theta_1 z_1 + \theta_2 z_2 + \theta_3 z_3 + \theta_4 z_4 +$$
$$+ \theta_5 z_5 + \theta_6 z_6 + \theta_7 z_7 + \theta_8 z_8 + \theta_9 z_9$$

levando à conclusão de que o mapeamento $[x_1, x_2] \mapsto [x_1^3, x_2^3, \ldots, x_1 x_2, x_1, x_2]$ transforma um modelo cúbico em linear.

Vale observar que a realização de remapeamentos polinomiais faz a dimensão do espaço de atributos aumentar espantosamente. Com uso de análise combinatória, conclui-se que o espaço de atributos remapeado possui dimensão $\dfrac{(n+d)!}{n!d!} - 1$, sendo n a dimensão original do espaço de atributos e d o grau do mapeamento polinomial considerado.

Por fim, uma vez efetuada a regressão linear sobre o espaço remapeado, os mesmos coeficientes $\theta_0, \ldots, \theta_9$ obtidos são utilizados no modelo cúbico definido sobre o espaço de atributos original (Equação 10.7).

A Figura 10.2 ilustra ajustes alcançados com modelos de regressão linear e polinomiais de ordem cinco e dez em relação a um conjunto de observações unidimensionais. O comportamento dos ajustes revela maior aderência em função do aumento da dimensão do espaço mapeado. Vale ressaltar que a minimização da soma dos erros quadráticos (Equação 10.3) foi utilizada nos ajustes apresentados. Como exemplo complementar, a Figura 10.3 ilustra modelos de regressão obtidos sobre observações bidimensionais.

10.3 Avaliação de subajustes e sobreajustes

Com base na noção de remapeamento polinomial, observamos que modelos mais complexos podem ser obtidos a partir do conceito de Regressão Linear. É importante ressaltar que o uso de modelos polinomiais de elevada ordem aumenta a capacidade de ajuste sobre os dados disponíveis no momento da regressão.

Uma regra de senso comum em análise de regressão afirma que "um bom modelo não deve ser simplista demais ao ponto de se tornar insuficiente para descrever a tendência dos dados, assim como demasiadamente sofisticado a ponto de se ajustar aos detalhes e pequenas variações dos dados". Em resumo, um bom modelo não deve ser subajustado ou sobreajustado.

A Figura 10.2 ilustra ajustes realizados sobre o mesmo conjunto de dados utilizado anteriormente, porém com modelos de diferentes ordens.

É evidente que os modelos linear e de ordem dez consistem, respectivamente, em casos de subajuste e sobreajuste. Por outro lado, supondo que não tivéssemos

Tópicos de regressão 229

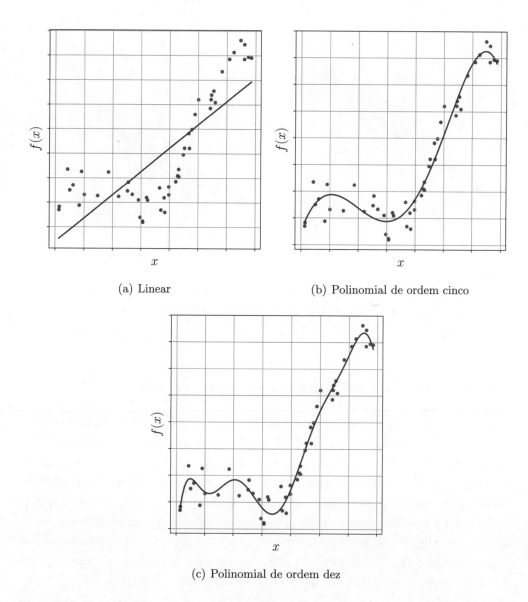

(a) Linear

(b) Polinomial de ordem cinco

(c) Polinomial de ordem dez

Figura 10.2 – Ajustes obtidos com modelos de regressão linear e polinomiais sobre dados unidimensionais.

noção sobre a tendência desses dados, que procedimento poderia ser tomado a fim de descobrir que um polinômio de ordem pode fornecer um ajuste razoável? Por que não quadrático, cúbico ou de ordem cem?

Um procedimento que pode guiar a escolha da ordem do modelo polinomial é baseado em sucessivas validações-cruzadas, utilizando diferentes quantidades de

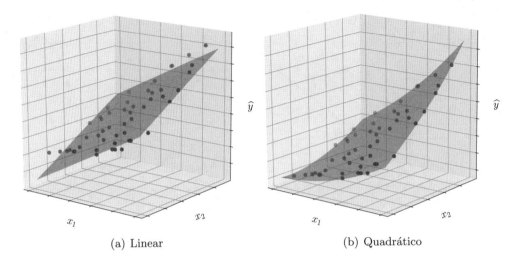

(a) Linear (b) Quadrático

Figura 10.3 – Ajustes obtidos com modelos de regressão linear e quadrática em um problema envolvendo duas variáveis preditoras.

dados para ajustar o modelo e avaliar as predições realizadas.

Partindo do conjunto de observações disponíveis para regressão, conforme já definido nas seções anteriores, é realizada uma divisão aleatória em dois subconjuntos disjuntos, sendo um deles destinado ao ajuste (treinamento) do modelo e outro, à validação do modelo ajustado. Uma vez efetuado o ajuste, com base nos dados do subconjunto de treinamento, é calculado seu desempenho em termos de *erro médio quadrático* com relação aos subconjuntos de treinamento e validação, separadamente. Desse modo, modelos (i.e., a sua ordem) que demonstram menores divergências entre as medidas computadas sobre os diferentes subconjuntos apontam para uma maior capacidade de generalização sobre os dados.

Formalmente, seja $\mathcal{D} = \{(\mathbf{x}_i, y_i) \in \mathcal{X} \times \mathbb{R} : i = 1, \ldots, m\}$ o conjunto de dados disponíveis para ajuste do modelo, são definidos os subconjuntos $\mathcal{D}_{tj}$ e $\mathcal{D}_{aj}$, com $j = 1, \ldots, q$, sendo $\mathcal{D} = \mathcal{D}_{tj} \bigcap \mathcal{D}_{aj}$ e $\#\mathcal{D}_{tj} < \#\mathcal{D}_{t(j+1)}$. Enquanto o subconjunto $\mathcal{D}_{tj}$ é destinado ao ajuste do modelo e "auto-avaliação", o conjunto $\mathcal{D}_{aj}$ pode ser entendido como uma fonte externa para validação do modelo obtido. A desigualdade de cardinalidade imposta entre $\mathcal{D}_{tj}$ e $\mathcal{D}_{t(j+1)}$ força ajustes e avaliações com diferentes quantidades de dados.

Considerando agora g_{dj} o modelo polinomial de grau d ajustado a partir de

$\mathcal{D}_{tj}$, sua avaliação com relação a $\mathcal{D}_{tj}$ e $\mathcal{D}_{aj}$ é expressa, respectivamente, por:

$$M_t(d;j) = \frac{1}{\#\mathcal{D}_{tj}} \sum_{(\mathbf{x}_i,y_i)\in\mathcal{D}_{tj}} (g_{dj}(\mathbf{x}_i) - y_i)^2 \tag{10.8}$$

$$M_a(d;j) = \frac{1}{\#\mathcal{D}_{aj}} \sum_{(\mathbf{x}_i,y_i)\in\mathcal{D}_{aj}} (g_{dj}(\mathbf{x}_i) - y_i)^2 \tag{10.9}$$

Posteriormente, a avaliação sobre todos os subconjuntos $\mathcal{D}_{tj}$ e $\mathcal{D}_{aj}$, com $j = 1,\ldots,q$, permite a seguinte quantificação geral:

$$M(d) = \sum_{j=1}^{q} (M_t(d;j) + M_a(d;j)) \tag{10.10}$$

Com uso desta expressão podemos medir com simplicidade a noção de erro de ajuste, e, principalmente, comparar modelos polinomiais de diferentes ordens. Por exemplo, sendo $M(d_1) < M(d_2)$, o modelo de ordem d_1 mostra-se mais adequado na modelagem dos dados de $\mathcal{D}$.

10.4   Regressão Ridge e Lasso

Uma alternativa para controlar efeitos de sobreajuste dos modelos é conduzindo sua regularização, usualmente obtida com a eliminação de termos que compõem o modelo, com a diminuição de sua ordem ou mesmo com a restrição dos valores de θ. Duas propostas amplamente conhecidas na literatura, denominadas Regressão Ridge (ou "de Cumeeira") e Regressão Lasso (*Least Absolute Shrinking and Selection Operator*), incorporam termos de regularização no processo de otimização da função objetivo que guia o ajuste dos parâmetros.

Iniciando pela Regressão Ridge, sua principal diferença em relação às discussões anteriores refere-se à inclusão do termo de regularização $\alpha \sum_{i=1}^{n} \theta_i^2$ junto da função objetivo, sendo $\alpha \in \mathbb{R}_+$ conhecido por *parâmetro de regularização*. Sob essa consideração, a função custo assume a forma:

$$J(\theta) = \sum_{i=1}^{m} (\theta^T\mathbf{x}_i - y_i)^2 + \alpha \sum_{j=1}^{n} \theta_j^2 \tag{10.11}$$

De forma análoga ao desenvolvimento apresentado na Equação 10.4, a configuração ótima para θ equivale à solução da equação $\dfrac{\partial J(\theta)}{\partial\theta} = 0$, que, por sua vez, leva à seguinte expressão:

$$\theta^T = \left(\mathbf{X}^T\mathbf{X} + \alpha\mathbf{I}_0\right)^{-1}\left(\mathbf{X}^T\mathbf{Y}\right) \tag{10.12}$$

em que $\mathbf{I}_0$ equivale à matriz identidade de ordem $(n+1) \times (n+1)$ cujo elemento da diagonal na primeira linha/coluna é nulo.

É importante ressaltar que o termo de regularização não participa do modelo de regressão, estando inserido apenas na função objetivo. Após obtidos $\theta_1, \ldots, \theta_n$, o termo de regularização pode ser estimado por $\frac{1}{2} \sum_{j=1}^{n} (\theta_j/(\sum_{k=1}^{n} |\theta_k|))^2$. Por fim, os parâmetros obtidos são utilizados no modelo de forma usual, seja linear ou polinomial.

Em relação à Regressão Lasso, o termo de regularização incorporado à função objetivo consiste na soma da amplitude dos parâmetros do modelo. Assim, a função objetivo fica caracterizada por:

$$J(\theta) = \sum_{i=1}^{m} \left(\theta^T \mathbf{x}_i - y_i\right)^2 + \alpha \sum_{j=1}^{n} |\theta_j| \qquad (10.13)$$

Com o acréscimo do termo regularizador, $J(\cdot)$ deixa de ser diferenciável em $\theta_j = 0$, para $j = 1, \ldots, n$. De qualquer forma, essa função pode ser minimizada com uso do Gradiente Descendente associado à noção de subgradiente em $\theta_j = 0$, assim:

$$\widetilde{\nabla} J(\theta) = \nabla J(\theta) + \alpha \, \mathrm{sgn}(\theta) \qquad (10.14)$$

em que $\nabla J(\theta)$ equivale ao vetor gradiente expresso na Equação 10.5 e $\mathrm{sgn}(\cdot)$ refere-se à função sinal aplicada a cada componente de θ, ou seja:

$$\mathrm{sgn}(\theta_i) = \begin{cases} -1, & \text{se } \theta_i < 0 \\ 0, & \text{se } \theta_i = 0 \\ +1, & \text{se } \theta_i > 0 \end{cases}$$

A Figura 10.4 ilustra ajustes obtidos com uso dos modelos Ridge e Lasso, ambos com parâmetro $\alpha = 1$, sobre os mesmos de dados considerados nos exemplos da Figura 10.2 após um mapeamento polinomial de grau cinco. Em comparação aos exemplos anteriores, verifica-se uma maior suavidade sobre o modelo final, efeito causado pela regularização dos termos.

Os modelos Ridge, Lasso ou linear são implementados na biblioteca Scikit-Learn através do módulo `linear_model`. De forma sintetizada, o Código 10.1 apresenta a instanciação desses modelos sobre dados remapeados por meio de um polinômio de grau cinco. Supondo um conjunto de observações/respostas relativas às variáveis `x`/`y`, tal remapeamento é efetuado pelas linhas 5 e 7, em que `pol = PolynomialFeatures(5)` determina um objeto que realiza o remapeamento mencionado, porém a transformação em si é efetuada por `polX = pol.fit_transform(x)`. A instanciação dos modelos linear, Ridge e Lasso ocorre

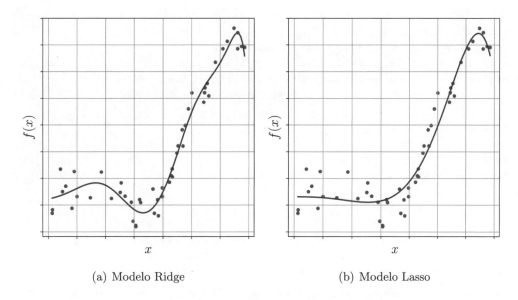

(a) Modelo Ridge (b) Modelo Lasso

Figura 10.4 – Ajustes obtidos com uso dos modelos Ridge e Lasso. Os dados originais foram remapeados segundo um polinômio de grau cinco.

nas linhas 10, 11 e 12; seguida pelos respectivos ajustes, via método `fit`, nas linhas 16, 17 e 18. Por sua vez, o método `predict` é aplicado sobre um conjunto de valores `xVals` definido sobre o intervalo entre o mínimo e o máximo de `x`, cuja finalidade é generalizar o comportamento absorvido pelos modelos de regressão. Os resultados destes modelos são expressos através das variáveis `yEstLinear`, `yEstRidge` e `yEstLasso`, cujas respectivas representações gráficas são dadas nas Figuras 10.2, 10.4(a) e 10.4(b).

Em especial, o parâmetro α é destacado nos modelos Ridge e Lasso em relação ao modelo linear. Outras parametrizações, como número máximo de iterações (`max_iter`) e tolerância (`tol`), controlam a convergência do método Lasso ou o método usado para obter os coeficientes do modelo Ridge, como o processo baseado na fatoração de Cholesky (i.e., `solver='cholesky'`). As possibilidades de parametrização são diversas, portanto é sugerida a constante leitura da documentação da biblioteca adotada.

```
1 from sklearn import linear_model
2 from sklearn.preprocessing import PolynomialFeatures
3
4 #Instanciação da função de mapeamento
5 pol = PolynomialFeatures(5)
6 #Remapeamento com pol. de grau cinco
7 polX = pol.fit_transform(x)
```

234 Reconhecimento de padrões: um estudo dirigido

```
8
9  #Instanciação do modelo
10 regLinear = linear_model.LinearRegression()
11 regRidge = linear_model.Ridge(alpha=1.0,solver='cholesky')
12 regLasso = linear_model.Lasso(alpha=1.0,max_iter=1000,
13                                          tol=10**-3)
14
15 #Ajuste do modelo
16 regLinear.fit(polX,y)
17 regRidge.fit(polX,y)
18 regLasso.fit(polX,y)
19
20 #Modelo de predição...
21 xVals = np.linspace(np.min(x),np.max(x),100).reshape(-1,1)
22 yEstLinear = regLinear.predict(pol.transform(xVals))
23 yEstRidge = regRidge.predict(pol.transform(xVals))
24 yEstLasso = regLasso.predict(pol.transform(xVals))
```

Código 10.1 – Regressão via modelos linear, Ridge e Lasso sobre dados após remapeamento polinomial.

10.5 Regressão Logit e Softmax

A Regressão Logística, ou simplesmente Logit, tem sido amplamente empregada na estimação de probabilidade de pertinência "elemento-classes" em casos de associação binária[2] [Hosmer et al., 2013]. Assim como feito para os modelos discutidos anteriormente, vamos admitir a existência e disponibilidade de um conjunto de observações $\mathcal{D} = \{(\mathbf{x}_i, y_i) \in \mathcal{X} \times \mathbb{R} : i = 1, \ldots, m\}$, salvo o detalhe que $y_i \in \{0, 1\}$ atua como indicador de classe.

O modelo que compreende esse tipo de regressão pode ser entendido como uma composição do modelo linear em uma função sigmoide, ou seja:

$$g(\mathbf{x}; \theta) = \frac{1}{1 + e^{-(\theta^T \mathbf{x})}} \tag{10.15}$$

O resultado gerado por $g(\mathbf{x}; \theta)$, devido a sua estrutura sigmoide possui imagem definida no intervalo $[0, 1]$. No contexto dos problemas de classificação, $g(\mathbf{x}_i; \theta) < 0,5$ implica que $\mathbf{x}_i$ deve pertencer à classe de indicador 0; analogamente, deverá estar associado à classe de indicador 1 quando $g(\mathbf{x}_i; \theta) \geq 0,5$. Outra observação que cabe mencionar refere-se ao valor gerado por $\theta^T \mathbf{x}$ na Equação 10.15. Ao passo que $\theta^T \mathbf{x} \to \infty$, o termo $e^{-(\theta^T \mathbf{x})} \to 0$, e, por sua vez, $g(\mathbf{x}; \theta) \to 1$. Por outro lado, se $\theta^T \mathbf{x} \to -\infty$, é simples notar que $g(\mathbf{x}; \theta) \to 0$.

---

[2]Ou seja, envolvendo apenas duas classes.

Os valores proporcionados por essa função podem ser interpretados como a probabilidade de $\mathbf{x}$ pertencer à classe de indicador 1. Nesta interpretação, o custo associado a uma única observação $\mathbf{x}$ pode ser modelado pela função:

$$h(\mathbf{x}_i, \theta) = \begin{cases} -\log\left(g(\mathbf{x}_i; \theta)\right), & \text{se } y_i = 1 \\ -\log\left(1 + g(\mathbf{x}_i; \theta)\right), & \text{se } y_i = 0 \end{cases} \tag{10.16}$$

Uma vez que $-\log\left(g(\mathbf{x}_i; \theta)\right)$ aumenta rapidamente quando $g(\mathbf{x}_i; \theta) \to 0$, o custo associado a um exemplo em $\mathcal{D}$ tal que $y_i = 1$ deve possuir maior peso no modelo (i.e., maior penalização). Da mesma forma, para $y_i = 0$ tal que $g(\mathbf{x}_i; \theta) \to 1$, o que não é um comportamento desejado, temos que o valor de $-\log\left(1 + g(\mathbf{x}_i; \theta)\right)$ também aumentará. Já em relação aos exemplos com bom comportamento, isto é, $g(\mathbf{x}_i; \theta) \to 1$ se $y_i = 1$ e $g(\mathbf{x}_i; \theta) \to 0$ se $y_i = 0$, a penalização associada é quase ou completamente nula.

Frente a esta discussão, surge a seguinte função objetivo:

$$J(\theta) = -\frac{1}{m} \sum_{i=1}^{m} \left[y_i \log\left(g(\mathbf{x}_i; \theta)\right) + (1 - y_i) \log\left(1 - g(\mathbf{x}_i; \theta)\right) \right] \tag{10.17}$$

Apesar da derivada da Equação 10.17 em relação a θ não proporcionar uma forma analítica, similar ao obtido no modelo linear, sua forma convexa permite convergência por algoritmos de otimização como o Gradiente Descendente. Nesse caso, a j-ésima componente do vetor gradiente é calculada por:

$$\frac{\partial J(\theta)}{\partial \theta_i} = \frac{1}{m} \sum_{i=1}^{m} \left[\left(\frac{1}{1 + e^{-(\theta^T \mathbf{x})}} - y_i \right) x_{ij} \right] \tag{10.18}$$

É importante perceber que a configuração adequada dos parâmetros faz com que o modelo sigmoide se desloque ao longo do espaço de atributos em busca da máxima classificação correta. A Figura 10.5 exibe, para o caso de única variável preditora, o efeito dos respectivos parâmetros (i.e., θ_1 e o bias θ_0) sobre o ajuste do modelo. Um exemplo de regressão Logit é ilustrada na Figura 10.6.

Conforme mostrado, a Regressão Logit lida com ajustes sobre duas classes, indicadas por $y_i = 1$ ou 0. Para problemas que envolvem um número maior de classes, o problema pode ser decomposto em subproblemas binários e, então, tratado por este modelo de regressão.

Além dessa estratégia, existe ainda o modelo Logit Multidimensional, também conhecido como Softmax [Bishop, 2006]. Segundo este modelo, para um dado vetor $\mathbf{x}_i$, é computada uma "pontuação" com relação a cada uma das classes que envolvem o problema através da seguinte função:

$$h(\mathbf{x}_i; k, \mathbf{\Theta}) = \theta_k^T \mathbf{x}_i \tag{10.19}$$

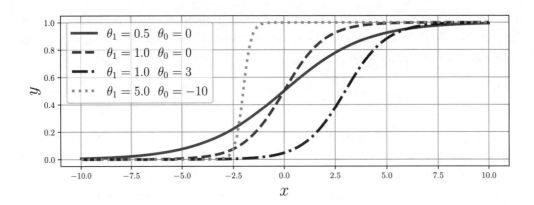

Figura 10.5 – Exemplos de função sigmoide diante de dados unidimensionais e diferentes parametrizações.

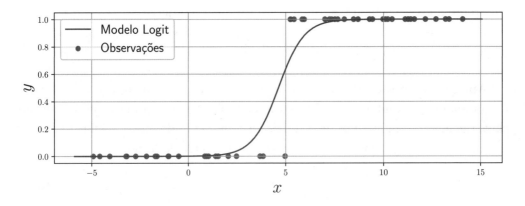

Figura 10.6 – Exemplo de regressão Logit.

sendo θ_k o vetor de parâmetros que proporcionará ajuste do modelo em relação à classe indicada por k. A matriz $\boldsymbol{\Theta}$, de ordem $c \times (n+1)$, organiza os vetores de parâmetros das diferentes classes, em que θ_k ocupa a k-ésima linha.

Uma vez computado $h(\mathbf{x}_i; k, \boldsymbol{\Theta})$ para $k = 1, 2, \ldots, c$, é realizado o cálculo da probabilidade de pertinência através de:

$$p(\mathbf{x}_i; k, \boldsymbol{\Theta}) = \frac{e^{h(\mathbf{x}_i; k, \theta)}}{\sum_{j=1}^{c} e^{h(\mathbf{x}_i; j, \theta)}} \qquad (10.20)$$

Em posse das probabilidades de pertinência associada a cada uma das classes, a escolha é determinada pela maximização da chance de ocorrência, ou seja:

$$\widehat{y} = \arg\max_{k} \ p(\mathbf{x}_i; k, \boldsymbol{\Theta}) \qquad (10.21)$$

Neste ponto, a grande questão que surge refere-se à determinação da matriz Θ. A função custo que permite estimá-la é expressa em termos de "entropia cruzada":

$$J(\Theta) = -\frac{1}{m}\sum_{i=1}^{m}\sum_{j=1}^{c}\delta_j(y_i)\log\left(p(\mathbf{x}_i;j,\Theta)\right) \tag{10.22}$$

em que $\delta_j(y_i) = \begin{cases} 1 \text{ se } y_i = j \\ 0 \text{ se } y_i \neq j \end{cases}$.

Por sua vez:

$$\nabla_k J(\Theta) = \frac{1}{m}\sum_{i=1}^{m}\left(p(\mathbf{x}_i;k,\Theta)\right) - \delta_k(y_i)\mathbf{x}_i \tag{10.23}$$

que viabiliza a otimização de J através do Gradiente Descendente ou outro método de otimização.

Para fins de exemplificação, a Figura 10.7 ilustra a aplicação dos modelos Logit e Softmax em problemas de classificação binária e multiclasses já considerados em comparações e discussões anteriores.

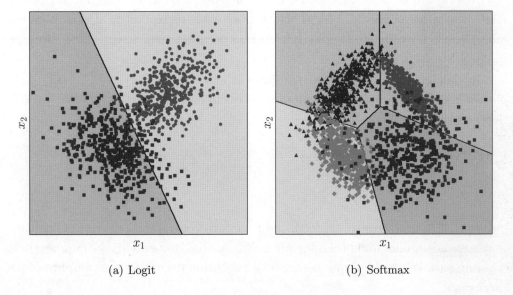

(a) Logit (b) Softmax

Figura 10.7 – Exemplos de classificação binária e multiclasses com uso dos modelos Logit e Softmax.

Os comandos exibidos no Código 10.2 são aplicáveis aos modelos Logit e Softmax, cuja distinção é dada pela natureza binária ou multiclasses do problema em questão. Nessas condições, conforme já suposto em exemplos anteriores, partindo

238 Reconhecimento de padrões: um estudo dirigido

de um conjunto de padrões de treinamento xD e yD, é feita a instanciação do modelo (linha 4), seguida pelo respectivo ajuste (linha 7) e predição (linha 10) sobre um conjunto de padrões xI.

```
1  from sklearn import linear_model
2
3  #Instanciação
4  regLogitSoftmax = linear_model.LogisticRegression()
5
6  #Ajuste do modelo
7  regLogitSoftmax.fit(xD,yD)
8
9  #Predição
10 yEst = regLogitSoftmax.predict(xI)
```

Código 10.2 – Classificação através dos modelos Logit e Softmax.

10.6 Regressão via SVM

Nos capítulos iniciais, foram discutidos diversos métodos de classificação, entre eles, o atrativo e versátil[3] SVM. No contexto da regressão de dados, algumas alterações relativamente simples e intuitivas permitem sua adaptação à este tipo de problema.

Inicialmente, partindo de um conjunto de observações $\{(\mathbf{x}_1, y_1), \ldots, (\mathbf{x}_m, y_m)\}$ e com base nas condições apresentadas no início da Seção 3.4.2, podemos estabelecer as relações:

(i) $\left(\mathbf{w}^T \mathbf{x}_i + b\right) - y_i \leq \epsilon + \xi_i,$

(ii) $y_i - \left(\mathbf{w}^T \mathbf{x}_i + b\right) \leq \epsilon + \hat{\xi}_i,$

sendo $\xi_i \geq 0$ uma variável de folga inserida para controlar divergências positivas e que excedem uma dada tolerância $\epsilon \in \mathbb{R}_+$; e, analogamente, $\hat{\xi}_i \geq 0$ um segundo tipo de variável de folga que controla divergências negativas com amplitude superior a ϵ.

Como consequência das relações apresentadas, $g(\mathbf{x}) = \mathbf{w}^T \mathbf{x} + b$ corresponde a um modelo de regressão que, quando aplicado sobre $\mathbf{x}_i$, revela um "desvio" entre o comportamento deste modelo e o valor esperado y_i. A determinação das variáveis ξ_i e $\hat{\xi}_i$, para $i = 1, \ldots, m$, que garantem o menor desvio entre $g(\mathbf{x}_i)$ e y_i

---

[3]Entre outras características que fazem dele um belíssimo método!

é alcançado com a otimização do problema [Webb and Copsey, 2011]:

$$\min_{\mathbf{w},b} \frac{1}{2}\mathbf{w}^T\mathbf{w} + C\sum_{i=1}^{m}\left(\xi_i + \hat{\xi}_i\right)$$

$$\text{sujeito a:} \begin{cases} \left(\mathbf{w}^T\mathbf{x}_i + b\right) - y_i \le \epsilon + \xi_i \\ y_i - \left(\mathbf{w}^T\mathbf{x}_i + b\right) \le \epsilon + \hat{\xi}_i \\ \xi_i, \hat{\xi}_i \ge 0; \ i = 1, \ldots, m \end{cases} \quad (10.24)$$

A forma *primal* da função lagrangeana obtida a partir de (10.24) equivale a:

$$L_P(\mathbf{w}, b, \xi, \hat{\xi}) = \frac{1}{2}\mathbf{w}^T\mathbf{w} + C\sum_{i=1}^{m}\left(\xi_i - \hat{\xi}_i\right) -$$

$$\sum_{i=1}^{m}\lambda_i\left[\xi_i + \epsilon - \left(\mathbf{w}^T\mathbf{x}_i + b - y_i\right)\right] - \sum_{i=1}^{m}\rho_i\xi_i - \quad (10.25)$$

$$\sum_{i=1}^{m}\hat{\lambda}_i\left[\hat{\xi}_i + \epsilon - \left(y_i - \mathbf{w}^T\mathbf{x}_i - b\right)\right] - \sum_{i=1}^{m}\hat{\rho}_i\hat{\xi}_i$$

em que $\xi_i, \hat{\xi}_i, \rho_i, \hat{\rho}_i \ge 0$ são multiplicadores de Lagrange.

Com finalidade de determinar o ponto crítico de L_p em relação aos parâmetros $\mathbf{w}$ e b e às variáveis de folga ξ_i e $\hat{\xi}_i$, para $i = 1, \ldots, m$, são equacionados:

$$\frac{\partial L_p}{\partial \mathbf{w}} = 0 \Leftrightarrow \mathbf{x} + \sum_{i=1}^{m}\left(\lambda_i - \hat{\lambda}_i\right)\mathbf{x}_i = 0 \quad (10.26)$$

$$\frac{\partial L_p}{\partial b} = 0 \Leftrightarrow \sum_{i=1}^{m}\left(\lambda_i - \hat{\lambda}_i\right) = 0 \quad (10.27)$$

$$\frac{\partial L_p}{\partial \xi_i} = 0 \Leftrightarrow C - \lambda_i - \rho_i = 0; i = 1, \ldots, m \quad (10.28)$$

$$\frac{\partial L_p}{\partial \hat{\xi}_i} = 0 \Leftrightarrow C - \hat{\lambda}_i - \hat{\rho}_i = 0; i = 1, \ldots, m \quad (10.29)$$

Por sua vez, a substituição de (10.26) a (10.29) em (10.25), proporciona a forma *dual* dada pela Equação (10.30), cuja maximização compreende o problema de otimização representado em (10.31):

$$L_D(\lambda_i, \hat{\lambda}_i) = -\frac{1}{2}\sum_{i=1}^{m}\sum_{j=1}^{m}\left(\lambda_i - \hat{\lambda}_i\right)\left(\lambda_j - \hat{\lambda}_j\right)\mathbf{x}_i^T\mathbf{x}_j +$$

$$\sum_{i=1}^{m}\left(\hat{\lambda}_i - \lambda_i\right)y_i - \epsilon\sum_{i=1}^{m}\left(\hat{\lambda}_i + \lambda_i\right) \quad (10.30)$$

$$\max_{\lambda_i, \hat{\lambda}_i} L_D(\lambda_i, \hat{\lambda}_i)$$

$$\text{sujeito a:} \begin{cases} \sum_{i=1}^{m} \left(\lambda_i - \hat{\lambda}_i \right) = 0 \\ 0 \le \lambda_i, \hat{\lambda}_i \le C/m; i = 1, \dots, m \end{cases} \tag{10.31}$$

onde λ_i e $\hat{\lambda}_i$ são novos multiplicadores de Lagrange associados à forma *dual*.

A solução deste problema de otimização permite determinar, através de (10.26), que $\mathbf{w} = \sum_{i=1}^{m} (\hat{\lambda}_i - \lambda_i) \mathbf{x}_i$. Por consequência, o modelo de regressão $g(\cdot)$ é reescrito por:

$$g(\mathbf{x}) = \sum_{i=1}^{m} (\hat{\lambda}_i - \lambda_i) \mathbf{x}_i^T \mathbf{x} + b \tag{10.32}$$

onde b pode ser estimado através da média aritmética dos valores $(y_i - \mathbf{w}^T \mathbf{x}_i - \epsilon)$ e $(y_j - \mathbf{w}^T \mathbf{x}_j + \epsilon)$, obtidos segundo os pares $(\mathbf{x}_i, y_i)$ e $(\mathbf{x}_j, y_j)$ tais que $0 < \hat{\lambda}_i, \hat{\lambda}_j < C/m$. Ainda, cabe destacar que o produto $\mathbf{x}_i^T \mathbf{x}$ observado em (10.32) pode ser substituído por uma função kernel conveniente.

A biblioteca Scikit-Learn oferece implementação para regressão de dados segundo os conceitos do método SVM por meio da função `SVR`. Conforme exemplificado no Código 10.3, sua instanciação, parametrização e aplicação ocorrem de forma análoga aos problemas de classificação (Código 3.4 e 4.3). A Figura 10.8 exibe ajustes sobre os dados utilizados nos exemplos anteriores, porém com uso de diferentes kernels e parâmetros. Ajustes não lineares são proporcionados com uso do kernel RBF, cujo aumento no parâmetro γ, como observado nos problemas de classificação, é responsável por aumentar a flexibilização/ajuste da superfície.

```
1 from sklearn import svm
2 regSVM = svm.SVR(kernel='rbf',gamma=1.0,
3                  epsilon=0.001,C=100)
4
5 #Ajuste do modelo
6 regSVR.fit(x,y)
7
8 #Modelo de predição...
9 xVals = np.linspace(np.min(x),np.max(x),100).reshape(-1,1)
10 yEst = regSVR.predict(xVals)
```

Código 10.3 − Regressão via SVM.

10.7 Regressão via CART

De forma resumida, o método CART (Seção 4.5) envolve uma sequência de decisões tomadas sobre os atributos dos padrões, levando, assim, à construção de

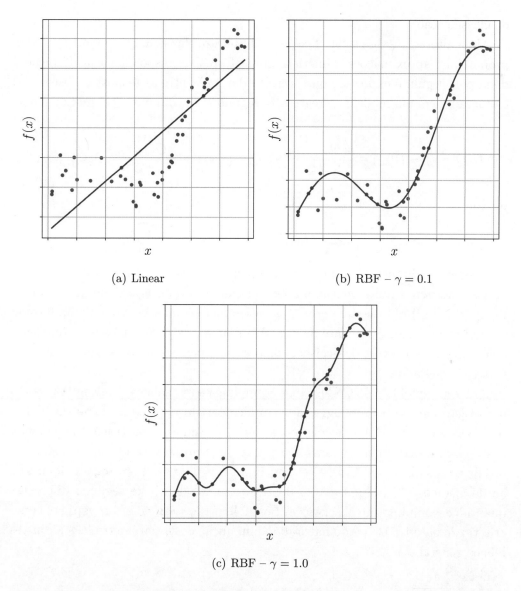

Figura 10.8 – Modelos de regressão obtidos via SVM sobre dados unidimensionais. Em todos os casos, foi adotado $C = 100$ e $\epsilon = 10^{-3}$.

um classificador. Tal construção é pautada pela redução de "impureza" (Equação 4.34) proporcionada ao subdividir um conjunto de padrões rotulados. Em posse do classificador, ao apresentar um padrão qualquer a este modelo, ele é submetido a tal sequência de decisões até que uma "folha" específica seja alcançada, a qual é responsável por atribuir uma das classes envolvidas no problema

242 Reconhecimento de padrões: um estudo dirigido

de classificação.

Uma alteração sobre a "verificação de impureza" faz com que o modelo CART proporcione aproximações numéricas como forma de resposta. Tal alteração é dada pela seguinte expressão que "verifica desvios" entre as respostas observadas e esperadas em um modelo de regressão, segundo um conjunto $\mathcal{Q}$ e um limiar τ_{kh}:

$$\Delta D(\mathcal{Q}; \tau_{kh}) = D(\mathcal{Q}) - \frac{\#\mathcal{Q}_{inf}(\tau_{kh})}{\#\mathcal{Q}} D(\mathcal{Q}_{inf}(\tau_{kh})) - \frac{\#\mathcal{Q}_{sup}(\tau_{kh})}{\#\mathcal{Q}} D(\mathcal{Q}_{sup}(\tau_{kh}))$$

(10.33)

sendo:

$$D(\mathcal{Q}) = \sum_{j=1}^{\#\mathcal{Q}} (y_i - y_{\mathcal{Q}})^2 \, ; \qquad y_{\mathcal{Q}} = \frac{1}{\#\mathcal{Q}} \sum_{j=1}^{\#\mathcal{Q}} y_i$$

Nessas condições, as "folhas" que ocupam a posição extrema nesta árvore de decisão induzem à aproximação numérica segundo o valor $y_{\mathcal{Q}}$. Cabe também destacar que $D(\mathcal{Q})$ representa o erro quadrático médio, valor este que é minimizado segundo a escolha conveniente de τ_{kh}. Ainda mais, os parâmetros que controlam o crescimento da árvore de decisão, como ψ e ζ[4], persistem nesta adaptação para regressão de dados.

O trecho exibido pelo Código 10.4 exemplifica a instanciação de `regCART` como um objeto `DecisionTreeRegressor`, implementado no módulo `tree` da biblioteca Scikit-Learn. Com exceção do critério que guia a construção do modelo, neste caso, o erro médio quadrático (`'mse'` – *mean square error*), os significados de `min_samples_split` (ψ) e `min_impurity_decrease` (ζ) seguem idênticos ao do Código 4.4. A Figura 10.9 ilustra exemplos de ajuste segundo diferentes quantidades mínimas de observações por "folha" (i.e., `min_samples_split`) como critério de parada. De modo natural, a diminuição deste parâmetro leva a ajustes menos generalistas.

```
1  #Instanciação do modelo
2  from sklearn.tree import DecisionTreeRegressor
3
4  regCART = DecisionTreeRegressor(criterion='mse',
5                      min_samples_split=10,
6                      min_impurity_decrease=10**(-7))
7
8  #Ajuste do modelo
9  regCART.fit(x,y)
10
11 #Modelo de predição...
```

---

[4]Vide Seção 4.5.

```
12  xVals = np.linspace(np.min(x),np.max(x),100).reshape(-1,1)
13  yEst = regCART.predict(xVals)
```

Código 10.4 – Regressão via CART.

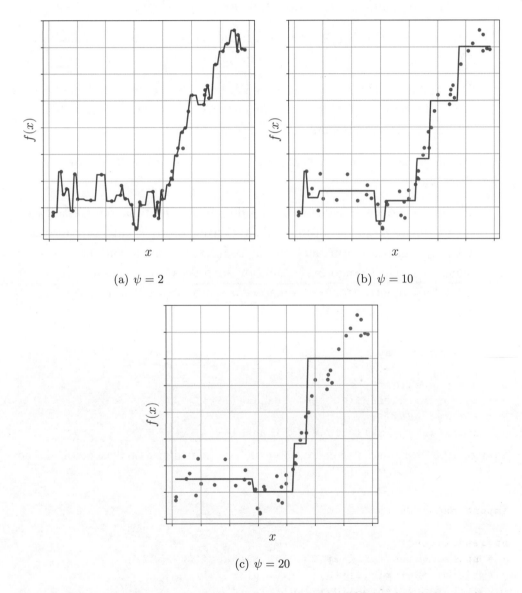

Figura 10.9 – Modelos de regressão obtidos via método CART sobre dados unidimensionais. Em todos os casos, foi adotado $\zeta = 10^{-7}$.

10.8 Exercícios

1. Implemente uma função que efetua o cálculo da Equação 10.10.

2. Com uso da implementação obtida no item anterior, avalie os ajustes proporcionados por modelos de primeiro grau (i.e., linear) e de ordens cinco e dez sobre o conjunto de dados simulados pelo Código 10.5.

3. Avalie os modelos Ridge e Lasso, ajustados sobre os dados simulados pelo Código 10.5, segundo o procedimento implementado no Exercício 1.

4. Determine modelos de regressão via SVM e CART sobre os dados simulados pelo o Código 10.5. Construa gráficos para demonstrar o ajuste segundo diferentes parametrizações e discuta os resultados.

5. Refaça o exercício anterior, porém com uso dos dados simulados pelo Código 10.6.

6. Realize uma comparação, nos termos do coeficiente kappa, das classificações geradas pelos métodos Softmax e SVM (kernel linear, estratégia multiclasses OVR e penalidade ajustada via *Grid Search*) sobre o conjunto de dados simulados pelo Código 5.1. Anterior ao processo de classificação, efetue uma divisão entre treino e avaliação, nas proporções 2/3–1/3, com uso da função `train_test_split`.

```
1  import numpy as np
2
3  np.random.seed(0)
4  x = np.random.uniform(0,7,50).reshape(-1,1)
5  y = x + np.cos(x)*x +
6      np.random.normal(0,1,len(x)).reshape(-1,1)
```

Código 10.5 – Simulação de dados, sobre um espaço de dimensão dois, destinados aos exercícios da Seção 10.8.

```
1  import numpy as np
2
3  np.random.seed(0)
4  x = np.random.uniform(-20,20,200).reshape(100,2)
5  y = x[:,0]**2 + x[:,1]**2 + 2*x[:,0]*x[:,1]
6      + np.random.normal(0,1,100)
```

Código 10.6 – Simulação de dados, sobre um espaço de dimensão três, destinados aos exercícios da Seção 10.8.

Apêndice A

Brevíssima introdução ao Python

A.1 Um pouco de história

O projeto que levou ao desenvolvimento da linguagem Python teve início em 1989, por Guido Van Rossum, enquanto atuava no CWI (*Centrum Wiskunde & Informatica* – Centro de Matemática e Ciência da Computação) em Amsterdã, Holanda. A motivação de Guido para o desenvolvimento desta nova linguagem surgiu durante sua participação no desenvolvimento do projeto Amoeba[1] [Tanenbaum et al., 1991]. Segundo sua percepção, havia ausência de uma linguagem que permitisse escrever programas intermediários, que não exigisse a complexidade de um código escrito em C, linguagem adotada na codificação do sistema Amoeba, e maior versatilidade que Shell Script, também usada neste sistema. A primeira versão, Python 0.9, foi lançada em fevereiro de 1991, mas a versão estável (1.0) é datada de janeiro de 1994. A versão mais atual é a 3.8.0, lançada em 14 de outubro de 2019.

O nome da linguagem surgiu em homenagem ao programa de televisão *Monty Python's Flying Circus*. Entretanto, a imagem da linguagem passou a ser associada à cobra píton após a publicação do livro *Programming Python* [Lutz, 1996] pela editora O'Reilly, que tradicionalmente escolhe animais para ilustrar as capas de seus livros, e, de maneira oportuna, não teve dúvidas com relação à escolha.

Após sua criação, a comunidade dedicada ao aprimoramento da linguagem

---

[1] Liderado pelo famoso professor e pesquisador Andrew Tanenbaum, o projeto Amoeba compreendia o desenvolvimento de um sistema operacional que fosse capaz de interpretar uma rede de computadores como uma única máquina.

246 Reconhecimento de padrões: um estudo dirigido

Python tem aumentado cada vez mais. Entre várias características desta linguagem, destacam-se: o efeito de sua sintaxe na geração de códigos limpos; código aberto; maior produtividade; facilidade de aprendizado; compreensão de uma linguagem multiplataforma e multiparadigma; e ampla utilização.

A.2 Alguns itens de revisão

Esta seção tem o objetivo de discutir, através de exemplos rápidos, alguns itens fundamentais na linguagem Python. É certo que muitos tópicos de grande relevância não estão incluídos nas discussões que seguem, porém a opção adotada aqui é realmente fomentar um apanhado superficial. Serão abordados o seguintes itens:

- Variáveis

- Comandos de entrada/saída padrão – `print`, `input`

- Operadores aritméticos, lógicos e relacionais

- Importação de biblioteca – `import ...` `[as ...]`

- Arrays

- Plotagem

- Funções

- Funções anônimas – `lambda`

- Comando de decisão – `if...` `elif...` `else`

- Comando de repetição – `for...`

- Comando de repetição – `while...`

- Lendo e escrevendo em arquivos

- Algumas funções da biblioteca Numpy

Variáveis

De modo distinto de linguagens como C e Java, não há necessidade quanto à declaração das variáveis e respectivos tipos de dados antes do seu uso. O tipo de dado, por exemplo, `float`, `int`, `bool`, entre outros, será estabelecido pela própria linguagem de acordo com a *atribuição* realizada. No trecho de código abaixo, podemos verificar que as atribuições, denotadas pelo símbolo "=", determinam que as variáveis x e y serão de tipo int (i.e., um número inteiro) e float (i.e., um número que usa *ponto flutuante* como sistema de codificação), respectivamente. É definida, ainda, a variável str, a qual armazenará uma string (i.e., uma sequência de caracteres) como conteúdo. Além disso, o código introduz duas alternativas para realização de comentários, uma orientada por linha, que desconsidera quaisquer caracteres posteriores ao símbolo "#", e outra orientada por trechos de uma ou mais linhas, delimitadas pela sequência """, antes do início e após o término da sequência que se deseja considerar como comentário.

```
1  #0 'hashtag' é usado para comentários de uma linha
2
3  x = 5              #'x' é uma var. do tipo 'inteiro'
4  y = 3.1415         #'y' é outra var. do tipo 'float'
5  s = "RP é legal!"  #'s' é uma 'string', também é var.!
6
7  """Comentários em blocos são feitos com uso de três
8  aspas duplas para abrir e fechar o bloco"""
```

Comandos entrada/saída padrão

Durante a interação "usuário-computador", é muito comum que informações sobre o comportamento de determinado programa sejam exibidas ao usuário através da tela do computador, assim como o usuário pode transmitir informações para o computador por meio do teclado. Neste contexto, o comando print é usado na comunicação "computador→usuário" e, por sua vez, o comando input tem finalidade de interação "usuário→computador". Abaixo são ilustrados dois usos distintos do comando print na linha 2, que deve apenas imprimir o valor da variável x, e na linha 5, que combina o conteúdo das variáveis x e y na string formatada '1aVar = %d 2aVar = %f', em que %d equivale a uma posição da expressão que será substituída pelo número inteiro armazenado em x e %f compreende uma segunda posição que será substituída pelo conteúdo de y.

Em relação a y, seu conteúdo é definido pelo usuário através do comando input, que deve apresentar "informe um número" como forma de notificar a necessidade de repassar uma informação ao computador. Uma vez que a informação capturada pelo input é uma string, a conversão de tipo realizada em float(y) transforma tal sequência de caracteres em um numeral a ser inserido na posição do código %d citado anteriormente. O comando type tem como funcionalidade apresentar o tipo da variável empregada como argumento; se ele for y, o retorno esperado será str (i.e., uma string).

```
1  x = 10
```

248 Reconhecimento de padrões: um estudo dirigido

Tabela A.1 – Relação de operadores aritméticos, lógicos e relacionais.

Tipo	Operador	Descrição
Aritmético	+ - * /	operadores usuais
	// %	divisão inteira e resto
	**	exponenciação
	+= -= *= /= %= **=	atribuição aritmética
Lógico	and or	conectivos
	not	negação
Relacional	> >= < <=	comparação de ordem
	== !=	igualdade e desigualdade

```
2 print(x)
3 y = input('Informe um número: ')
4 type(y)
5 print('1aVar = %d   2aVar = %f' %(x,float(y)))
```

Supondo que, ao executar o código acima, o usuário tenha informado o valor 10.2, as seguintes informações deverão aparecer na tela:

```
10
Informe um número: 10.2
<class 'str'>
1aVar = 10  2aVar = 10.200000
```

Operadores aritméticos, lógicos e relacionais

De modo geral, os operadores aritméticos, lógicos e relacionais seguem a sintaxe comumente adotada por outras linguagens. A Tabela A.1 sumariza os diferentes operadores.

As duas maiores diferenças surgem com relação aos operadores de exponenciação (**) e divisão inteira (//). No caso da linguagem Python, a operação de potenciação é nativa (i.e., não exige uso de biblioteca ou implementação) e a divisão inteira não é definida implicitamente com base no tipo das variáveis[2].

No trecho abaixo, são apresentados alguns exemplos de uso dos operadores mencionados. Para fins de comparação, são mostrados a seguir os resultados obtidos em cada operação.

```
1 x = 10
```

---

[2]É comum, em outras linguagens, que x/y represente uma divisão inteira (i.e., possíveis restos de divisão são descartados) se x e y forem ambas do tipo int. Este operador foi introduzido na linguagem Python a partir da versão 2.2.

Brevíssima introdução ao Python   249

```
2 y = 2
3 print(x+y, x**y)
4 print((x+y)%2 == 0)
5 print("(x**y) > (10**3): ", (x**y)>(10**3))
6 print("not((x**y) > (10**3)): ", not((x**y)>(10**3)))
```

```
12 100
True
(x**y) > (10**3): False
not((x**y) > (10**3)): True
```

Importação de biblioteca

Suponhamos que seja preciso computar o valor do seno de $\pi/2$ (i.e., $\sin(\pi/2)$). Uma forma intuitiva e direta de efetuar tal cálculo é apresentado nos comandos abaixo:

```
1 pi = 3.1415
2 res = sin(pi/2) #...espero que seja 1
3 print(res)
```

Entretanto, o resultado obtido será diferente do esperado, conforme aponta a mensagem "NameError: name 'sin' is not defined". Simplesmente, a função seno não existe.

```
-------------------------------------------------
NameError              Traceback (most recent call last)
<ipython-input-18-f32026ea2cc9> in <module>
      1 pi = 3.1415
----> 2 res = sin(pi/2) #...espero que seja 1
      3 print(res)

NameError: name 'sin' is not defined
```

Uma forma de contornar esta questão é fazendo uso de bibliotecas de funções disponíveis para a linguagem Python, como é o exemplo da biblioteca `math`, importada através do comando `import`. Uma vez realizada a importação desta biblioteca, a função seno e mesmo a constante π tornam-se disponíveis via `math.sin` e `math.pi` e, logo, permitem alcançar o resultado esperado.

```
1 import math
2 #pi = 3.1415                    #...não precisa mais!
3 res = math.sin(math.pi/2) #...ainda espero que seja 1
4 print(res)
```

A respeito do processo de importação, vale mencionar que é possível efetuar a importação de toda ou apenas parte das funções contidas em uma dada biblioteca

250 Reconhecimento de padrões: um estudo dirigido

assim como estipular apelidos para as importações. O trecho de código abaixo ilustra a importação da biblioteca numpy, renomeada np, através do comando as, a fim de facilitar a codificação. Outro exemplo é mostrado na importação apenas da coleção de funções pyplot[3] contidas na biblioteca Matplotlib [Hunter, 2007]. Neste caso, em vez de fazer referência a matplotlib.pyplot sempre que necessário, simplificamos com o apelido plt.

```python
import numpy as np
import matplotlib.pyplot as plt
```

Arrays

Arrays são estruturas elementares na maioria das linguagens de programação. Trata-se de variáveis indexadas, cuja definição e uso frequentemente os coloca em comparação aos vetores. Entre diferentes ferramentas disponíveis, a biblioteca Numpy [Van Der Walt et al., 2011] fornece suporte para operarmos sobre *arrays* numéricos.

No exemplo apresentado abaixo, a função zeros permite a criação de um *array* de três componentes, inicialmente nulas. Através do acesso aos índices, via [0] a [2], são realizadas atribuições.

```python
import numpy as np
x = np.zeros(3)
print('Primeiro print: ',x)
x[0] = 0; x[1] = 1; x[2] = 2
print('Segundo print:  ', x)
```

```
Primeiro print:  [0. 0. 0.]
Segundo print:   [0. 1. 2.]
```

Neste segundo exemplo, a função linspace é usada para criar o *array* x de 4 posições, cujos valores são igualmente espaçados entre 1 e 10. Posteriormente, o valor por trás de cada uma das posições é elevado à potência de 2 e, então, atribuído à variável y.

```python
import numpy as np
x = np.linspace(1,10,4) #início,fim,quantidade
y = x**2
print('x = ',x)
print('y = ',y)
```

---

[3]Pyplot é uma interface que aproxima a matplotlib da sintaxe e funcionalidades do MATLAB em relação à construção de gráficos.

```
x = [ 1.   4.   7.  10.]
y = [ 1.  16.  49. 100.]
```

Plotagem

O Python oferece grande facilidade quanto à geração de gráficos. Para este propósito, as funções da biblioteca `matplotlib`, especialmente da interface `pyplot`, destacam-se como ferramentas potenciais. O simples exemplo apresentado abaixo mostra o uso da função `plot`. Em seu primeiro uso (linha 5), é gerado um gráfico da função seno, em cor clara (`color='lightgreen'`) e linha tracejada (`linestyle='dashed'`) e largura 2 (`linewidth=2`), com valores de abscissa em $[-2\pi, 2\pi]$. Em seguida, é sobreposto o gráfico da mesma função, porém sem linha contínua (`linewidth=0`), na forma de marcadores quadrados (`marker='s'`) de tamanho 3 (`markersize=3`) e em cor escura (`color='darkred'`). A inclusão de títulos aos eixos e ao gráfico é realizada via `plt.xlabel('eixo X')`, `plt.ylabel('eixo Y')` e `plt.title('`$f(x) = sin(x)$`')`, respectivamente. O comando `plt.show()` exibe o gráfico após sua confecção, conforme ilustrado na Figura A.1.

```
1 import numpy as np
2 import matplotlib.pyplot as plt
3 x = np.linspace(-2*np.pi,2*np.pi,100)
4 y = np.sin(x)
5 plt.plot(x,y,linewidth=2,color='lightgreen',linestyle='dashed')
6 plt.plot(x,y,linewidth=0,color='darkred',markersize=3,marker='s')
7 plt.xlabel('eixo X'), plt.ylabel('eixo Y')
8 plt.title('f(x)=sin(x)'), plt.show()
```

Funções

Funções são úteis na modularização dos programas, possibilitando melhor manutenção e simplificação dos códigos. No Python, a palavra-chave `def` atua na declaração[4] de funções, seguida pelo respectivo nome e lista de parâmetros. Além disso, o corpo/bloco da função é definido através da indentação[5]. Nos trechos de código apresentados, são utilizados quatro espaços para indentação, porém outras quantidades podem ser consideradas pelo programador.

O exemplo a seguir implementa a função `parabola`, que recebe quatro argumentos como entrada (`x,a,b,c`) e gera como retorno o valor `a*x**2 + b*x + c`. No trecho de código seguinte, a função `parabola` é usada na construção de um gráfico.

---

[4]Esta palavra-chave tem outros usos além do mencionado, porém ficaremos restritos a este.
[5]Trata-se de um neologismo da palavra *indentation*, cuja tradução é "recuo".

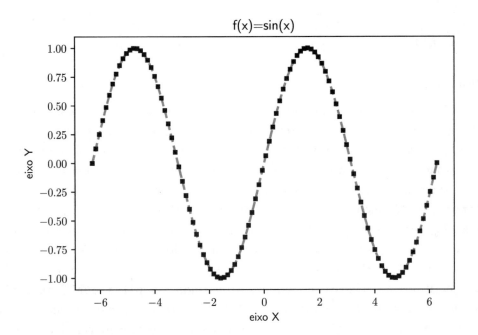

Figura A.1 – Exemplo de gráfico gerado com plot.

```
def parabola(x,a,b,c):
    y = a*x**2 + b*x + c
    return y
```

```
x = np.linspace(-2,2,10)
z = parabola(x,2,1,1)
plt.plot(x,z,linewidth=2,color='green',linestyle='dashed')
plt.plot(x,parabola(x,-2,1,3),
         color='darkred',linestyle='dotted')
plt.xlabel('eixo X'), plt.ylabel('eixo Y')
```

Uma alternativa, conhecida por "expressões lambda", permite a definição de funções em uma forma simplificada. Para tal, é empregado o comando lambda, cuja sintaxe é:

    nome da função = lambda var1,...,varN : expressão

O uso deste comando é exemplificado no trecho de código abaixo, cujo resultado gerado é idêntico ao apresentado na Figura A.2.

```
par_anonima = lambda x, a, b, c: a*x**2 + b*x + c
plt.plot(np.linspace(-2,2,10),
         par_anonima(np.linspace(-2,2,10),2,1,1))
```

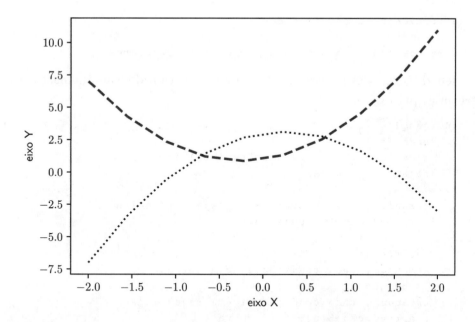

Figura A.2 – Uso de função na construção do gráfico do exemplo anterior.

Estrutura de decisão if... elif... else...

No Python, as estruturas de decisão podem ser construídas de acordo com as sintaxes apresentadas a seguir. Mais uma vez, devemos nos atentar à indentação do código.

Uma estrutura condicional simples consiste em:

```
if condição:
    comandos, caso a condição seja verdadeira
```

A estrutura condicional "auto-complementar" é da forma:

```
if condição:
    comandos, caso a condição seja verdadeira
else:
    comandos, caso a condição seja falsa
```

Ainda, uma estrutura condicional agrupada segue a sintaxe:

```
if condição 1:
    comandos, caso verdadeira a condição 1
elif condição 2:
    comandos, caso a condição 1 seja falsa
    e a condição 2 seja verdadeira
elif condição 3:
    comandos, caso falsas as condições 1 e 2,
```

254 Reconhecimento de padrões: um estudo dirigido

```
8       e verdadeira a condição 3
9  else:
10      comandos, caso falsas todas condições anteriores
```

Além dos exemplos genéricos apresentados, é permitido o aninhamento destas estruturas, por exemplo:

```
1  if condição 1:
2      if condição 1.1:
3          comandos, caso as condições 1 e 1.1
4          sejam verdadeiras
5      else:
6          comandos, caso a condição 1 seja verdadeira
7          e a condição 1.1 seja falsa
8  else:
9      if condição 2:
10         comandos, caso condição 2 seja verdadeira
11     elif condição 3:
12         comandos, caso condições 1 e 2 sejam falsas
13         e a condição 3 sja verdadeira
14     elif condição 4:
15         comandos, caso condições 1, 2, 3 sejam falsas e
16         a condição 4 seja verdadeira
17     else:
18         comandos, caso todas condições anteriores
19         sejam falsas
```

O código abaixo verifica a paridade do conteúdo de x através do uso da estrutura de decisão auto-complementar.

```
1  if x%2 == 0:
2      print('%d é par!'%x)
3  else:
4      print('%d é ímpar!'%x)
```

Estrutura de repetição for... e while...

A estrutura de repetição for segue a sintaxe apresentada no exemplo a seguir. Novamente, a indentação define o escopo do bloco. É comum sua associação com o comando range(inicio,fim,passo), que atua como um contador de iteração. O uso de np.linspace(inicio,fim,quantidade), assim como qualquer outra estrutura indexada, é permitido.

```
1  for i in range(0,5,2):
2      print(i)
```

0 2 4

Brevíssima introdução ao Python   255

Com relação à estrutura `while`, sua sintaxe é:

```
1  while condição:
2      bloco de comandos a ser repetido...
3      ...enquanto a condição permanecer verdadeira
```

No exemplo que segue, essa estrutura de repetição é usada no cálculo de um somatório e na concatenação de caracteres que constrói a expressão da soma:

```
1  n = 1;
2  soma = 0;
3  st = ''
4  while n <= 5:
5      soma += (1/n)
6      st += '+ (1/'+str(n)+')'
7      n += 1
8  print(st,' = ',soma)
```

```
+ (1/1) + (1/2) + (1/3) + (1/4) + (1/5) = 2.283333333333333
```

Lendo e escrevendo em arquivos

A manipulação de arquivos na programação amplia a capacidade de comunicação entre diferentes programas e respectivos resultados de processamento. Em Python, a abertura de arquivos é efetuada por `variável = open(caminho,opção)`, em que `opção` pode ser, entre outras alternativas, `'w'` ou `'r'`, caso a abertura aconteça com finalidade de escrita ou leitura, respectivamente. O `caminho` refere-se ao local e/ou nome do arquivo considerado no processo de leitura ou escrita. A `variável` pode ser iterada diretamente em um `for`.

No exemplo a seguir, suponha que `dados.txt` contêm três linhas com três valores em cada uma delas, sendo estes separados por espaço. Assim, segundo essa organização, os valores vão de 1 até 9. O resultado impresso por `print(x,' ',y,' ',z)` será análogo ao conteúdo do arquivo `saida.txt`.

```
1  nomeEntrada = 'dados.txt'
2  nomeSaida = 'saida.txt'
3
4  arqEntrada = open(nomeEntrada,'r')
5  arqSaida = open(nomeSaida,'w')
6
7  for linha in arqEntrada:
8      v = linha.split()
9      x, y, z = float(v[0]), float(v[2]), float(v[2])
10     arqSaida.write('%f %f %f\n' % (x,y,z))
```

256 Reconhecimento de padrões: um estudo dirigido

```
11    print(x,' ',y,' ',z)
12 arqEntrada.close()
13 arqSaida.close()
```

```
1.0   3.0   3.0
4.0   6.0   6.0
7.0   9.0   9.0
```

Algumas funções da biblioteca Numpy

Durante as discussões sobre importação de bibliotecas e *arrays*, foi feita menção à Numpy, uma importante biblioteca/classe destinada a aplicações envolvendo cálculo numérico e álgebra linear. Entre uma ampla gama de funções e métodos disponibilizados aos objetos do tipo Numpy, cabe destacar: `shape`; `argmax` e `argmin`; `where`; `count_nonzero`; `dot`; `T`; `hstack` e `vstack`.

O trecho de código abaixo, e suas respectivas saídas, exemplifica a aplicação dessas funcionalidades sobre uma matriz `mat` e um par de vetores `v1` e `v2`. Tais elementos figuram como "objetos Numpy" após sua instanciação nas linhas 3, 4 e 5. Por sua vez, essas variáveis incorporam alguns métodos da "classe Numpy", entre eles o `argmin`, `argmax`, `dot`, `T`, etc.

O método `shape`, conforme aparece nas linhas 7 e 8, permite identificar o número de componentes em cada dimensão de um objeto Numpy. No caso exemplificado, a matriz `mat` é composta por duas linhas e três colunas. Nestas condições, `mat.shape` resulta em um vetor com as quantidades em cada uma das dimensões, o que justifica o uso dos índices [0] e [1] ao fim das linhas de código.

O `argmax`, seja na forma de função[6] ou método[7], destaca-se como uma ferramenta útil na identificação de índices associados ao maior valor definido dentro de um *array*. As linhas 10 a 13 mostram a aplicação do `argmax` a fim de identificar a posição e, em seguida, o maior valor dentro observado em `v1`. Em analogia, `argmin` procede de modo similar na identificação de índices associados ao menor valor.

Uma forma de conduzir consultas mais específicas, em comparação a `argmin` e `argmax`, é oferecida pela função `where`. Segundo o exemplo apresentado (linhas 16–18), são obtidos os índices de `v1` cujo valor associado é superior a quatro. Ainda, em determinadas aplicações, a contagem de valores não nulos[8] em um *array* é proporcionada pela função `count_nonzero`, conforme codificado nas linhas 20 e 21.

---

[6]Quando derivado diretamente da classe Numpy via `np.argmax`.

[7]Quando a variável/objeto do tipo Numpy acessa uma funcionalidade nativa de seu tipo.

[8]...ou de valor lógico-booleano `True`.

O produto matricial é implementado por dot, seja na forma de método (linhas 23–24) ou função (linha 25). Para variáveis que correspondem a vetores, dot efetua o produto interno. A transposição matricial é determinada pelo método T, conforme exemplificado na linha 27.

Por último, quando há necessidade de enfileirar ou empilhar o conteúdo de diferentes *arrays* com intuito de construir novos *arrays*, é indicado o uso das funções hstack ou vstack, respectivamente. As linhas 29 a 32 exemplificam esse tipo de operação sobre os vetores v1 e v2.

```python
import numpy as np

mat = np.array(([1,2,3],[4,5,6]))
v1 = np.array(([2,3,5,7]))
v2 = np.array(([0,2,0,-2]))

print('Num. linhas: ', mat.shape[0])
print('Num. colunas: ', mat.shape[1])

print('\nMétodo para obter posição do máximo valor
       no vetor: ', v1.argmax())
print('Posição do máximo via função:', np.argmax(v1))
print('Valor do máximo em v1: ', v1[np.argmax(v1)])
print('Valor do mínimo em v2: ', v2[np.argmin(v2)])

print('\nLocalizar em v1 as posições cujos valores
       associados são maiores que 4): ')
print(np.where(v1 > 4)[0])

print('\nQuantidade de valores não nulos: ',
       np.count_nonzero(v2))

print('\nProduto interno entre v1 e v2
       (via método de v1): ',v1.dot(v2))
print('...ou via função:', np.dot(v1,v2))

print('\nTransposição matricial:'); print( mat.T )

print('\nEnfileiramento (horizontal): ')
print( np.hstack((v1,v2)) )
print('Empilhamento (vertical): ')
print( np.vstack((v1,v2)) )
```

```
Num. linhas:  2
Num. colunas:  3

Método para obter posição do máximo valor no vetor:  3
Posição do máximo via função: 3
Valor do máximo em v1:  7
Valor do mínimo em v2:  -2

Localizar em v1 as posições cujos valores associados
são maiores que 4):
[2 3]

Quantidade de valores não nulos:  2

Produto interno entre v1 e v2 (via método de v1):  -8
...ou via função: -8

Transposição matricial:
[[1 4]
 [2 5]
 [3 6]]

Enfileiramento (horizontal):
[ 2  3  5  7  0  2  0 -2]
Empilhamento (vertical):
[[ 2  3  5  7]
 [ 0  2  0 -2]]
```

A.3 Exercícios

1. Faça um programa que, dado $n \in \mathbb{Z}$, apresente os n primeiros elementos de Sequência de Fibonacci. Use a função `input` para leitura de n.

2. Faça um programa que calcule as raízes da equação $ax^2 + bx + c = 0$ através da fórmula de Báskara. Os coeficientes a, b e c devem ser inseridos pelo usuário (use a função `input`).

3. Calcule média, desvio padrão e coeficiente de variação de uma série de dados inserida pelo usuário. Para isso, primeiramente defina o número n de entradas que serão lidas e, em seguida, efetue a leitura dos n valores. Faça uso da função `input`.

4. Implemente uma função, denominada `primo`, para verificar se um dado

$n \in \mathbb{Z}$ é primo.

5. Implemente a função `far2cels` que, dado um valor em graus Fahrenheit, retorne o valor em Celsius.

6. Dado um número $z \in \mathbb{Z}_+^*$, exiba todos os valores $x, y \in \mathbb{Z}_+^*$, caso existam, tais que $x^2 + y^2 = z^2$.

7. Faça uma função que calcule o produto interno entre dois vetores fornecidos pelo usuário. Denomine-a `prod_interno` e crie a documentação dela.

8. Escreva um programa que verifica se um dado número é triangular. $x \in \mathbb{Z}$ é triangular se $x = a \cdot (a + 1) \cdot (a + 2)$ para algum $a \in \mathbb{Z}$ e $a < x$.

9. Implemente a função `soma_matriz` que efetue a soma matricial. Além de efetuar a operação, tal função deve verificar a compatibilidade entre as matrizes antes de efetuar a operação.

10. Implemente a função `mult_matriz` que efetue a multiplicação matricial. Além de efetuar a operação, tal função deve verificar a compatibilidade entre as matrizes antes de efetuar a operação. Use a função implementada anteriormente para o cálculo do produto interno.

11. Implemente a função `check_orto` que verifica se dois vetores são ortogonais, tal que seja retornado 1 em caso positivo e 0 caso contrário. Inclua a documentação desta função.

12. Implemente a função `transposta` que retorna a transposição de uma dada matriz qualquer.

13. Calcule o ângulo, em graus, entre dois vetores com base em conceitos de norma e produto interno, como definidos pela Geometria Analítica. Lembre que a $||(a, b)|| = \sqrt{\langle(a, b), (a, b)\rangle}$, sendo $\langle \cdot, \cdot \rangle$ o operador produto interno

14. Escreva um programa que plote o gráfico de $f(x) = x^2 - 2x - 3$ em um dado intervalo definido (a, b).
Plote também o gráfico de $g(x) = \frac{f(x) - f(x-h)}{h}$, sendo h a diferença entre dois valores consecutivos, também definidos pelo usuário.

15. A distribuição discreta de Poisson é dada por: $f(k; \lambda) = \dfrac{e^{-\lambda} \lambda^k}{k!}$, em que $\lambda \in \mathbb{R}$ é um parâmetro que representa o número de ocorrências de determinado fenômeno, modelado pela variável aleatória X, e k é o número de ocorrências

observadas. Assim, se X é modelada por tal distribuição, denotamos $X \sim \mathcal{P}_o(\lambda)$. A função $f(k; \lambda)$ fornece a probabilidade de haver k ocorrências segundo o parâmetro λ. Nessas condições:

a) Implemente uma função que computa $f(k; \lambda)$.

b) Para um dado λ, plote a função de distribuição $f(k; \lambda)$ para $k = 0, 1, \ldots, z$, tal que $f(z; \lambda) \leq 10^{-5}$. Lembre-se que Poisson é uma distribuição discreta.

c) Sendo $X \sim \mathcal{P}_o(\lambda)$, compute $P(X \leq p)$ com λ e p dados pelo usuário.

16. Implemente um programa que faça a leitura de dados de um arquivo (gravar dados da Tabela A.2 em um arquivo e usar no exercício) e compute as seguintes estatísticas:

a) Média e desvio padrão de cada variável (coluna), separadamente;

b) Média e desvio padrão de todos os dados;

c) Coeficiente de Correlação de Pearson entre cada par de variáveis. Tal coeficiente determina o nível de relação entre dois conjuntos de observações, em que $+1$ indica relação positiva perfeita (o aumento do valor de uma variável também provoca o aumento da outra), -1 indica relação negativa perfeita (o aumento do valor de uma variável provoca a diminuição da outra). Valor 0 indica que não há relação entre as variáveis. Valores intermediários indicam relações intermediárias. O valor deste coeficiente é computado por:

$$\rho = \frac{\sum_{i=1}^{n}(x_i - \bar{x}) \cdot (y_i - \bar{y})}{\sqrt{\sum_{i=1}^{n}(x_i - \bar{x})^2} \cdot \sqrt{\sum_{i=1}^{n}(y_i - \bar{y})^2}}.$$

d) Faça um programa que escreva as estatísticas computadas nos itens anteriores em um arquivo de texto.

Tabela A.2 – Dados observados sobre variáveis X, Y e Z.

X	Y	Z
9,14	7,46	6,58
8,14	6,77	5,76
8,74	12,74	7,71
8,77	7,11	8,84
9,26	7,81	8,47
8,1	8,84	7,04
6,13	6,08	5,25
3,1	5,39	12,5
9,13	8,15	5,56
7,26	6,42	7,91
4,74	5,73	6,89

Apêndice B

Distribuições gaussianas

B.1 Distribuição gaussiana univariada

A distribuição gaussiana univariada, também denominada distribuição normal, apresenta ampla aplicação em diferentes áreas da ciência. Tal distribuição é expressa por:

$$p(x; \mu, \sigma^2) = \frac{1}{\sqrt{2\pi\sigma^2}} e^{-\frac{(x-\mu)^2}{2\sigma^2}} \;;\quad x \in \mathbb{R} \tag{B.1}$$

em que μ e σ^2 são parâmetros associados.

Através de alterações sobre estes parâmetros, torna-se possível modificar determinados aspectos dessa distribuição, conforme ilustrado na Figura B.1.

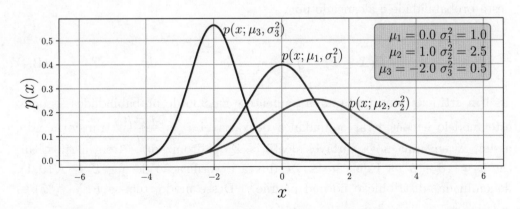

Figura B.1 – Exemplos de distribuição gaussiana univariada.

Independentemente dos parâmetros considerados, é assegurado que

262 Reconhecimento de padrões: um estudo dirigido

$\int_{\mathbb{R}} p(x; \mu, \sigma^2) dx = 1$. Ainda, devido à simetria da distribuição em relação a $x = \mu$, podemos afirmar que $\int_{-\infty}^{0} p(x; \mu, \sigma^2) dx = \int_{0}^{\infty} p(x; \mu, \sigma^2) dx = \frac{1}{2}$.

Para fins de simplificação de notação, $X \sim \mathcal{N}(\mu, \sigma^2)$ indica que a variável aleatória[1] X segue distribuição gaussiana univariada com parâmetros μ e σ^2.

Em termos práticos, uma dada variável aleatória X pode seguir, ou podemos assumir que ela segue, distribuição gaussiana univariada. Porém, é comum que os parâmetros μ e σ^2 responsáveis por sua modelagem segundo a Equação B.1 sejam desconhecidos a princípio. Entretanto, com o conhecimento de um conjunto de observações $\{x_1, \dots, x_m\}$, torna-se possível estimar estes parâmetros e tão logo determinar $p(x; \mu, \sigma^2)$ que modela o comportamento de X. Com uso de técnicas como a estimação por máxima verossimilhança (Seção 2.6.1), são obtidos os seguintes estimadores para a distribuição em questão:

$$\widehat{\mu} = \frac{1}{m} \sum_{i=1}^{m} x_i \tag{B.2}$$

$$\widehat{\sigma}^2 = \left(\frac{1}{m-1} \sum_{i=1}^{m} (x_i - \widehat{\mu})^2 \right)^{\frac{1}{2}} \tag{B.3}$$

em que $\widehat{\mu}$ e $\widehat{\sigma}^2$ são estimativas para os parâmetros μ e σ^2 que modelam X.

. Assim que realizada a parametrização do modelo, torna-se possível calcular a probabilidade de eventos como $X \geq \tilde{x}$, isto é, "observar a ocorrência de um valor igual ou superior a $\tilde{x}$ segundo a variável aleatória X". Formalmente, o cálculo desta probabilidade é alcançado por:

$$P(X \leq \tilde{x}) = \int_{-\infty}^{\tilde{x}} \frac{1}{\sqrt{2\pi\widehat{\sigma}^2}} e^{-\frac{(x - \widehat{\mu})^2}{2\widehat{\sigma}^2}} dx \tag{B.4}$$

Um artifício importante no tratamento e cálculo de probabilidades segundo este modelo é considerar a mudança de variável $z = \dfrac{x - \widehat{\mu}}{\widehat{\sigma}}$, transformando, assim, X em uma nova variável aleatória Z "padronizada". Com a substituição $x = z\sigma + \mu$ na Equação B.1, é direta a verificação de que $Z \sim \mathcal{N}(0, 1)$, denominada "distribuição normal padrão". Desse modo, tem-se $P(X \leq \tilde{x}) \equiv P\left(Z \leq \dfrac{\tilde{x} - \widehat{\mu}}{\widehat{\sigma}} \right) \equiv P(Z \leq \tilde{z})$. Esta propriedade motiva o uso de tabelas com

---

[1]Uma variável aleatória pode ser entendida como uma função, cujo domínio equivale ao espaço amostral e retorno gerado depende de fatores aleatórios.

Apêndice A – Brevíssima introdução ao Python   263

valores de $P(Z \leq \tilde{z})$ pré-computados, evitando, assim, o cálculo integral compreendido na Equação B.4.

Um importante resultado relacionado à distribuição gaussiana univariada e que merece destaque é conhecido como Teorema Central do Limite. Segundo este teorema, a soma de diferentes variáveis aleatórias converge para uma distribuição gaussiana ao passo que aumenta o número de variáveis aleatórias que contribuem para esta soma.

B.2   Distribuição gaussiana multivariada

A distribuição gaussiana multivariada surge como extensão natural da sua versão univariada, sendo esta definida por:

$$p(\mathbf{x}; \mu, \Sigma) = \frac{1}{(2\pi)^{\frac{n}{2}} |\Sigma|^{\frac{1}{2}}} e^{-\frac{1}{2}(\mathbf{x}-\mu)^T \Sigma^{-1}(\mathbf{x}-\mu)}; \quad \mathbf{x} \in \mathbb{R}^n \tag{B.5}$$

Neste caso, $\mathbf{x}$ refere-se a uma observação, representada por um vetor n-dimensional, fato este que denomina a respectiva variável aleatória X como "multivariada". De modo análogo ao caso univariado, $X \sim \mathcal{N}(\mu, \Sigma)$ denota que a variável aleatória multivariada X é distribuída conforme o modelo gaussiano multivariado com parâmetros μ e Σ.

Sem esforço, podemos notar que o expoente $\left(\dfrac{x - \mu}{\sigma}\right)^2$ observado na Equação B.1 equivale a $(x - \mu)(\sigma^2)^{-1}(x - \mu)$, que, por sua vez, é similar à forma multivariada $(\mathbf{x} - \mu)^T \Sigma^{-1} (\mathbf{x} - \mu)$ verificada na Equação B.5. Outra semelhança é observada sobre a constante de normalização $\dfrac{1}{\sqrt{2\pi\sigma^2}}$, alterada para a forma $\dfrac{1}{(2\pi)^{\frac{n}{2}} |\Sigma|^{\frac{1}{2}}}$.

Supondo a existência de uma amostra $\{\mathbf{x}_1, \ldots, \mathbf{x}_m\}$, os parâmetros μ e Σ são estimados por máxima verossimilhança, respectivamente, por:

$$\widehat{\mu} = \frac{1}{m-1} \sum_{i=1}^{m} \mathbf{x}_i \tag{B.6}$$

$$\widehat{\Sigma} = \frac{1}{m-1} \sum_{i=1}^{m} (\mathbf{x}_i - \mu)^T (\mathbf{x}_i - \mu) \tag{B.7}$$

sendo $\widehat{\mu}$ denominado vetor médio e $\widehat{\Sigma}$, matriz de covariância.

Em relação ao parâmetro Σ, é observada a seguinte estrutura:

$$\Sigma = \begin{bmatrix} \sigma_1^2 & \sigma_{12} & \cdots & \sigma_{1n} \\ \sigma_{21} & \sigma_2^2 & \cdots & \sigma_{2n} \\ \vdots & \vdots & \ddots & \vdots \\ \sigma_{n1} & \sigma_{n2} & \cdots & \sigma_n^2 \end{bmatrix} \quad (B.8)$$

em que σ_i^2 equivale à variância em relação à i-ésima componente dos vetores contidos na amostra observada, assim como $\sigma_{ij} = \sigma_{ji}$ representa a covariância entre a i e j-ésima componentes das observações.

Nas Figuras B.2 e B.3 são ilustrados exemplos de distribuição gaussiana multivariada, sobre os quais podemos notar o comportamento dos parâmetros e o efeito na forma da distribuição. Quanto mais as covariâncias aumentam em amplitude, maior é a dependência/tendência demonstrada entre as componentes. As variâncias e as componentes do vetor médio mantêm o significado de "desvio" e "tendência" dos dados observados.

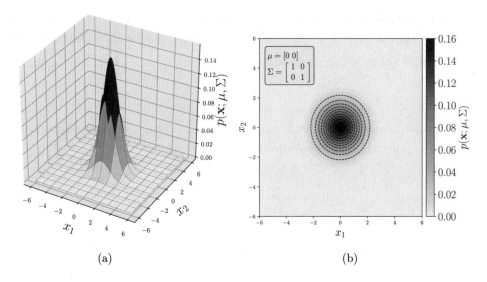

(a)   (b)

Figura B.2 – Gaussiana multivariada padrão.

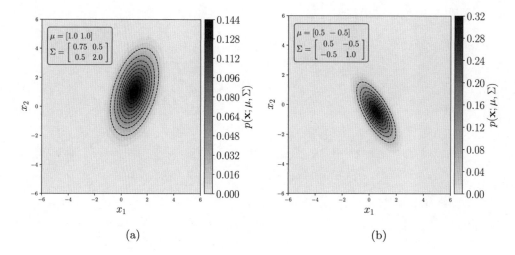

Figura B.3 – Gaussiana multivariada com média fora da origem e matrizes de covariância distintas.

Referências

Ball, G. and Hall, D. (1965). Isodata: A novel method of data analysis and pattern classification. Technical report, Stanford Research Institute, Menlo Park.

Bergstra, J. and Bengio, Y. (2012). Random search for hyper-parameter optimization. *The Journal of Machine Learning Research*, 13(null):281–305.

Bezdek, J. C. (1981). *Pattern Recognition with Fuzzy Objective Function Algorithms*. Kluwer Academic Publishers, USA.

Bishop, C. M. (2006). *Pattern Recognition and Machine Learning (Information Science and Statistics)*. Springer-Verlag, Berlin, Heidelberg.

Breiman, L., Friedman, J. H., Olshen, R. A., and Stone, C. J. (1984). *Classification and regression trees*. The Wadsworth statistics/probability series. Wadsworth & Brooks/Cole Advanced Books & Software, Monterey, CA.

Bruzzone, L. and Persello, C. (2009). A novel context-sensitive semisupervised svm classifier robust to mislabeled training samples. *IEEE Transactions on Geoscience and Remote Sensing*, 47:2142–2154.

Buitinck, L., Louppe, G., Blondel, M., Pedregosa, F., Mueller, A., Grisel, O., Niculae, V., Prettenhofer, P., Gramfort, A., Grobler, J., Layton, R., VanderPlas, J., Joly, A., Holt, B., and Varoquaux, G. (2020). *Scikit-Learn User Guide*.

Burges, C. J. C. and Crisp, D. J. (2000). Uniqueness of the svm solution. In Solla, S. A., Leen, T. K., and Müller, K., editors, *Advances in Neural Information Processing Systems 12*, pages 223–229. MIT Press.

Byrd, R. H., Lu, P., Nocedal, J., and Zhu, C. (1995). A limited memory algorithm for bound constrained optimization. *SIAM Journal of Scientific Computing*, 16:1190–1208.

Caliński, T. and Harabasz, J. (1974). A dendrite method for cluster analysis. *Communications in Statistics*, 3(1):1–27.

Camps-Valls, G., Tatyana, V. B., and Zhou, D. (2007). Semi-supervised graph-based hyperspectral image classification. *IEEE Transactions on Geoscience and Remote Sensing*, 45:2044–3054.

Chang, C.-C. and Lin, C.-J. (2011). LIBSVM: A library for support vector machines. *ACM Transactions on Intelligent Systems and Technology*, 2:27:1–27:27. Software available at http://www.csie.ntu.edu.tw/ cjlin/libsvm.

Chapelle, O., Schölkopf, B., and Zien, A. (2006). *Semi-Supervised Learning*. MIT Press, Cambridge, MA.

Cohen, J. (1960). A Coefficient of Agreement for Nominal Scales. *Educational and Psychological Measurement*, 20(1):37.

Congalton, R. G. and Green, K. (2009). *Assessing the Accuracy of Remotely Sensed Data*. CRC Press, Boca Raton.

Cortes, C. and Vapnik, V. (1995). Support-vector networks. In *Machine Learning*, pages 273–297.

Cover, T. M. (1965). Geometrical and statistical properties of systems of linear inequalities with applications in pattern recognition. *IEEE Transactions on Electronic Computers*, EC-14(3):326–334.

Dunn, J. C. (1973). A fuzzy relative of the isodata process and its use in detecting compact well-separated clusters. *Journal of Cybernetics*, 3(3):32–57.

Everitt, B., Landau, S., Leese, M., and Stahl, D. (2011). *Cluster Analysis*. Wiley Series in Probability and Statistics. Wiley.

Fisher, R. A. (1922). On the Mathematical Foundations of Theoretical Statistics. *Phil. Trans. Roy. Soc. Lond.*, A222:309–368.

Géron, A. (2019). *Mãos à Obra: Aprendizado de Máquina com Scikit-Learn & TensorFlow*. Alta Books.

Grahan, J., Knuth, D., and Patashnik, O. (1995). *Matematica concreta: fundamentos para a ciencia da computação*. LTC.

Hall, A. (1967). Methods for demonstrating resemblance in taxonomy and ecology. *Nature*, 214:830–831.

Haykin, S. (2007). *Redes Neurais: Princípios e Prática*. Artmed.

Hosmer, D., Lemeshow, S., and Sturdivant, R. (2013). *Applied Logistic Regression*. Wiley Series in Probability and Statistics. Wiley.

Hsu, C., Chang, C., and Lin, C. (2010). A Practical Guide to Support Vector Classification. Technical report, Department of Computer Science, National Taiwan University.

Hunter, J. D. (2007). Matplotlib: A 2d graphics environment. *Computing in Science & Engineering*, 9(3):90–95.

Joachims, T. (1999a). Advances in kernel methods. chapter Making large-scale support vector machine learning practical, pages 169–184. MIT Press, Cambridge, MA, USA.

Joachims, T. (1999b). Transductive inference for text classification using support vector machines. In *Proceedings of ICML-99, 16th International Conference on Machine Learning*, pages 200–209, Bled, SL. Morgan Kaufmann Publishers, San Francisco, US.

Kingma, D. P. and Ba, J. (2014). Adam: A method for stochastic optimization. Published as a conference paper at the 3rd International Conference for Learning Representations, San Diego, 2015.

Kohonen, T. (2001). *Self-Organizing Maps*. Springer-Verlag, Berlim, 3 edition.

Lima, E. L. (2014). *Elementos de Topologia Geral*. SBM, 3 edition.

Lloyd, S. (1982). Least squares quantization in pcm. *IEEE Transactions on Information Theory*, 28(2):129–137.

Lorena, A. C., de Leon Ferreira de Carvalho, A. C. P., and Gama, J. (2009). A review on the combination of binary classifiers in multiclass problems. *Artificial Intelligence Review*, 30:19–37.

Lutz, M. (1996). *Programming Python*. O'Reilly & Associates, Inc., USA.

Marill, T. and Green, D. (1963). On the effectiveness of receptors in recognition systems. *IEEE Transactions on Information Theory*, 9(1):11–17.

Martínez-Muñoz, G. and Suárez, A. (2010). Out-of-bag estimation of the optimal sample size in bagging. *Pattern Recognition*, 43(1):143 – 152.

Matthews, B. (1975). Comparison of the predicted and observed secondary structure of t4 phage lysozyme. *Biochimica et Biophysica Acta (BBA) - Protein Structure*, 405(2):442 – 451.

Mcculloch, W. and Pitts, W. (1943). A logical calculus of ideas immanent in nervous activity. *Bulletin of Mathematical Biophysics*, 5:127–147.

Minsky, M. and Papert, S. (1969). *Perceptrons: An Introduction to Computational Geometry*. MIT Press, Cambridge, MA, USA.

Montgomery, D. C. (2016). *Estatística aplicada e probabilidade para engenheiros*. Grupo Gen, Rio de Janeiro, 6th edition.

Mood, A. M., Boes, D. C., and Graybill, F. A. (1974). *Introduction to the theory of statistics*. McGraw-Hill, 3th edition.

Negri, R. G. (2013). *Máquina de Vetores de Suporte Adaptativa ao Contexto: formalização e aplicações em Sensoriamento Remoto*. PhD thesis, Tese (Doutorado), Instituto Nacional de Pesquisas Espaciais (INPE), São José . . . .

Pearson, K. (1901). On lines and planes of closest fit to systems of points in space. *Philosophical Magazine*, 2:559–572.

Pedregosa, F., Varoquaux, G., Gramfort, A., Michel, V., Thirion, B., Grisel, O., Blondel, M., Prettenhofer, P., Weiss, R., Dubourg, V., et al. (2011). Scikit-learn: Machine learning in python. *Journal of machine learning research*, 12(Oct):2825–2830.

Platt, J. C. (1999). *Fast Training of Support Vector Machines Using Sequential Minimal Optimization*, pages 185–208. MIT Press, Cambridge, MA, USA.

Poole, D. (2016). *Álgebra Linear: uma introdução moderna*. Cengage Learning, 2nd edition.

Pudil, P., Novovičová, J., and Kittler, J. (1994). Floating search methods in feature selection. *Pattern Recognition Letters*, 15(11):1119 – 1125.

Qi, H.-N., Yang, J.-G., Zhong, Y.-W., and Deng, C. (2004). Multi-class svm based remote sensing image classification and its semi-supervised improvement scheme. Number 5, pages 3146–3151. International Conference on Machine Learning and Cybernetics.

Rijsbergen, C. J. V. (1979). *Information Retrieval*. Butterworth-Heinemann, USA, 2nd edition.

Rosenberg, A. and Hirschberg, J. (2007). V-measure: A conditional entropy-based external cluster evaluation measure. In *Proceedings of the 2007 Joint Conference on Empirical Methods in Natural Language Processing and Computational Natural Language Learning (EMNLP-CoNLL)*, pages 410–420, Prague, Czech Republic. Association for Computational Linguistics.

Rosenblatt, F. (1958). The perceptron: A probabilistic model for information storage and organization in the brain. *Psychological Review*, pages 65–386.

Rousseeuw, P. J. (1987). Silhouettes: A graphical aid to the interpretation and validation of cluster analysis. *Journal of Computational and Applied Mathematics*, 20:53 – 65.

Saad, D. (1999). *On-Line Learning in Neural Networks*. Publications of the Newton Institute. Cambridge University Press.

Saul, L. K. and Roweis, S. T. (2000). An introduction to locally linear embedding. Technical report.

Schölkopf, B. and Smola, A. J. (2002). *Learning with kernels : support vector machines, regularization, optimization, and beyond*. Adaptive computation and machine learning. MIT Press.

Shawe-Taylor, J. and Cristianini, N. (2004). *Kernel Methods for Pattern Analysis*. Cambridge University Press, New York, NY, USA.

Silva, I., Spatti, D., and Flauzino, R. (2016). *Redes Naurais Artificiais para Engenharias e Ciências Aplicadas*. Artliber.

Stweart, J. (2017). *Cálculo*, volume 2. Cengage Learning, 4 edition.

Subramanya, A. and Talukdar, P. P. (2014). *Graph-Based Semi-Supervised Learning*. Synthesis Lectures on Artificial Intelligence and Machine Learning. Morgan & Claypool.

Tanenbaum, A. S., Kaashoek, M. F., van Renesse, R., and Bal, H. E. (1991). The amoeba distributed operating system — a status report. *Computer Communications*, 14(6):324 – 335.

Theodoridis, S. and Koutroumbas, K. (2008). *Pattern Recognition*. Academic Press, San Diego, 4th edition.

Thomas, G. B., Weir, M. D., and Hass, J. (2012). *Cálculo*, volume 2. Pearson Education do Brasil, São Paulo, 12 edition.

Van Der Walt, S., Colbert, S. C., and Varoquaux, G. (2011). The numpy array: a structure for efficient numerical computation. *Computing in Science & Engineering*, 13(2):22.

Vapnik, V. and Kotz, S. (2006). *Estimation of Dependences Based on Empirical Data: Empirical Inference Science (Information Science and Statistics)*. Springer-Verlag, Berlin, Heidelberg.

Vapnik, V. N. (1998). *Statistical Learning Theory*. Wiley, New York, NY, USA.

Webb, A. R. and Copsey, K. D. (2011). *Statistical Pattern Recognition*. John Wiley & Sons, Ltd, 3rd edition.

West, D. B. (2000). *Introduction to Graph Theory*. Prentice Hall, 2 edition.

Whitney, A. W. (1971). A direct method of nonparametric measurement selection. *IEEE Transactions on Computers*, C-20(9):1100–1103.

Yu, T. and Zhu, H. (2020). Hyper-parameter optimization: A review of algorithms and applications.

Zadeh, L. (1965). Fuzzy sets. *Information and Control*, 8(3):338 – 353.

Zhang, T. (2004). Solving large scale linear prediction problems using stochastic gradient descent algorithms. In *ICML 2004: Proceedings of the Twenty-First International Conference on Machine Learning. Omnipress*, pages 919–926.

Zhu, J., Zou, H., and Rosset, S. T. H. (2009). Multi-class adaboost. *Statistics and Its Interface*, 2(3):349–360.

Zhu, X. and Goldberg, A. B. (2009). *Introduction to Semi-Supervised Learning*. Morgan & Claypool Publishers.

Índice remissivo

Árvore
  binária, 108
  de decisão, 110
Índice
  precision, 188
  recall, 188
  Calinski-Harabasz, 191

Acerto global, 182
Acurácia do produtor e do usuário, 182
AdaBoost, 125
Agrupamento, 133
  baseado na soma dos quadrados, 148
  hierárquico, 135
  nebuloso, 134
  rígido, 134
  sequencial, 141
AL (*average-link*), 138
Aprendizado
  não supervisionado, 17
  semissupervisionado, 17, 163
  supervisionado, 17
Atributo, 16, 18
Autotreinamento, 170
Avaliação, 181

Backpropagation, 83
Bagging, 124
Bayes

combinação envolvendo o conceito de, 118
Naive, 29
regra de, 23
Bootstrap, 124
BSAS (*Basic Sequential Algorithm Scheme*), 141

CART (*Classification and Regression Trees*), 111
CL (*complete-link*), 136
Classe, 18
  indicador de, 18
Classificador, 19
  combinação de, 117
  linear, 55
  linear generalizado, 98
  não linear, 81
  polinomial, 98
Classificação, 16
  linearmente separável, 57
  não linearmente separável, 57
  não supervisionada, 133
Coeficiente
  de correlação de Matthews, 188
  kappa, 182
  Silhueta, 191
  tau, 184
Completude, 193

Conjunto
de classificação, 19
de treinamento, 17, 19
Cotreinamento, 171

Dendrograma, 135
Dissimilaridade, 135
Distância
euclidiana, 34
Mahalanobis, 33

EM (*Expectation-Maximization*), 38
Entropia
cruzada, 237
da Informação, 111
das classes, 193
Espaço
característico, 105
de atributos, 18, 105
de classes, 18
de indicadores, 18
Estimação por máxima verossimilhança, 35
Estratégia multiclasse, 75

FKM (*Fuzzy K-Means*), 150
Floresta aleatória – *vide* RF, 127
Função
kernel, 106
de ativação, 90
de verossimilhança, 24, 35
de vizinhança topológica, 157
densidade de probabilidade, 35
discriminante, 30, 59, 67
lagrangeana *dual*, 70, 72, 239
lagrangeana *primal*, 69, 71, 239
log-verossimilhança, 37

Gaussiana

multivariada, 32, 263
univariada, 37, 261
GMM (*Gaussian Mixture Model*), 38,
145, 167
Gradiente Descendente, 59, 87, 225
Grid search, 196

Hiperparâmetros, 195
Hiperplano, 67
Hipótese
de suavidade dos rótulos, 174
do aprendizado semissupervisionado, 164
Homogeneidade, 193

Impureza, 111, 241

Janelas de Parzen, 42

K-vizinhos mais próximos, 43
KM (*K-Means*), 149
KNN (*K-Nearest Neighbors*), 43

Lagrange
função, 70
multiplicadores de, 69, 239, 240

Maldição da dimensionalidade, 204
MAP (*maximum a posteriori*), 28
Margem de separação, 67
Matriz
de afinidade, 174
de confusão, 182
de covariância, 32, 205, 263
de espalhamento intra e entre-
classes, 213
de pertinência, 175
de rótulos, 175
grau, 175
MBSAS (*Modified BSAS*), 143

Índice remissivo 275

Medida
  F_β, 188
  V, 193
  F1-Score, 188
ML (*maximum likelihood*), 28
MLP (*Multilayer Perceptron*), 82
Modelagem baseada em grafo, 174
Modelo de mistura, 37
Modelo de Mistura de Gaussianas – *vide* GMM, 38
máquina de vetores suporte – *vide* SVM, 67
Método do histograma, 40

Neurônio, 58, 156

p-valor, 183
Padrão, 16, 18
PCA (*Principal Component Analysis*), 205
Perceptron, 58, 81
  sequencial, 63
Probabilidade
  a posteriori, 24
  a priori, 24
Python, 19, 245

Randomized search, 196
Razão
  de variância, 207
  de verossimilhança, 27
RBFN (*Radial Basis Function Net*), 100
Reconhecimento de Padrões, 15
  processo de, 15
Rede neural, 82, 100, 156
Redução de dimensionalidade, 20, 203
Regra
  da soma, 119

do mínimo, do máximo e da mediana, 121
do produto, 118
Regressão, 21, 223
  Lasso, 232
  linear, 223
  Logit Multidimensional (ou Softmax), 235
  Logística (ou Logit), 234
  polinomial, 227
  Ridge, 231
  via CART, 240
  via SVM, 238
RF (*random forest*), 127
Rotulação de agrupamentos, 165

SAMME (*Stagewise Additive Modelling using Multiclass Exponential loss-function*), 126
SBFS (*Sequential Backward Floating Selection*), 217
SBS (*Sequential Backward Selection*), 214
Seleção de atributos, 20, 203, 211
Separação entre agrupamentos, 148, 191
SFFS (*Sequential Forward Floating Selection*), 216
SFS (*Sequential Forward Selection*), 214
SL (*single-link*), 136
SOM (*self-organizing maps*), 156
SSE (*Sum of Squared Errors*), 65
Stacking, 122
Superfície de decisão, 30
SVM (*support vector machine*)
  linear, 67
  não linear, 105

Taxa de aprendizado, 90
Teorema
Central do Limite, 263
de Cover, 98
de Mercer, 105

Validação cruzada, 196
Variabilidade interna, 148, 191
Variedade (*manifold*), 208
Variáveis de folga, 71, 238
Vetor médio, 32, 149, 205, 213, 263
Vetores suporte, 69
Votação por maioria, 122

Ward, 137

GRÁFICA PAYM
Tel. [11] 4392-3344
paym@graficapaym.com.br